MOTIVE VOM URKNALL BIS HEUTE

ZEICHENREISE

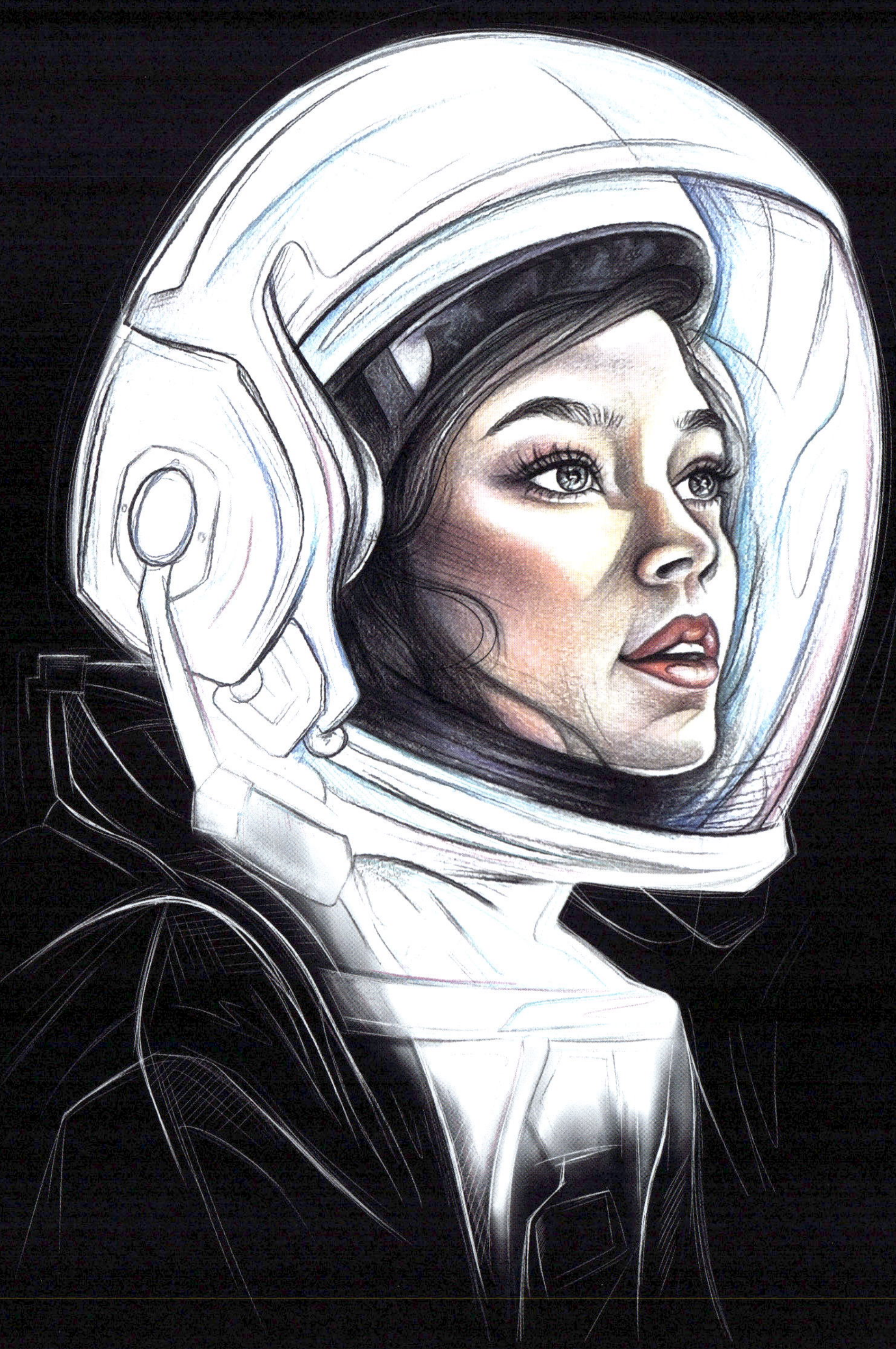

MOTIVE VOM URKNALL BIS HEUTE

ZEICHENREISE

MIT STEP-ANLEITUNGEN
& ALLEN WICHTIGEN GRUNDLAGEN VON

KRISTINA.KRD

EMF

EIN BUCH DER
EDITION MICHAEL FISCHER

INHALT

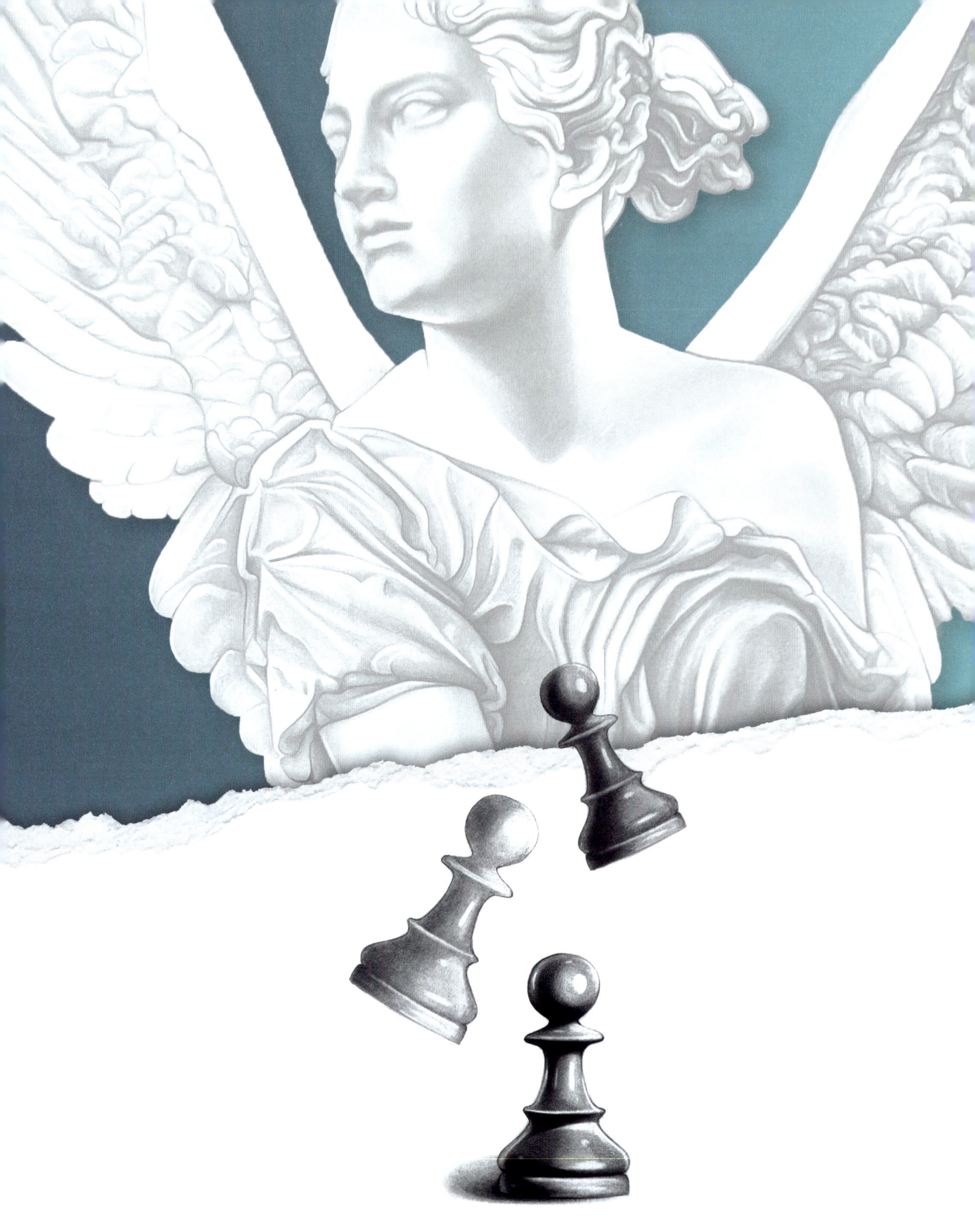

VORWORT

Darf ich dir zu deinem neuen Hobby gratulieren? Herzlichen Glückwunsch! Ich finde es super, dass du dir etwas Neues aneignen möchtest. Aber auch wenn du schon länger zeichnest, ist es wundervoll, dass du noch dabei bist und versuchst, dich zu verbessern. Eines kann ich dir verraten: Ich habe das Gefühl, mit den Jahren wird für mich die Kunst immer mehr zum Entspannungsritual. Für mich gibt es nichts auf der Welt, was ich lieber machen würde, und daher möchte ich so vielen Menschen wie möglich das beibringen, was ich am besten kann, und zwar das Zeichnen. Selbst wenn du denkst, dass du kein Talent zum Zeichnen hast, wirst du es lernen können! Viele denken, dass das nicht möglich sei, aber das stimmt nicht. Was zählt, sind die Übung und der Wille.

In dieses Buch habe ich mein ganzes Herzblut gesteckt und mit aller Mühe versucht, jedes Thema so verständlich wie möglich zu erklären, um dir den Einstieg so reibungslos wie möglich zu machen. Aber nicht nur das macht dieses Projekt für mich so besonders. Wir schreiben es nämlich von Anfang bis zum Ende zu zweit, denn in mir schlummert ein weiterer kleiner Picasso. Mein Sohn wird ungefähr zur selben Zeit zur Welt kommen, wie dieses Buch erscheint. Das macht das Projekt zu etwas ganz Besonderem für mich.

Und nun wünsche ich dir viel Spaß auf deiner Zeichenreise!

Kristina Konradi

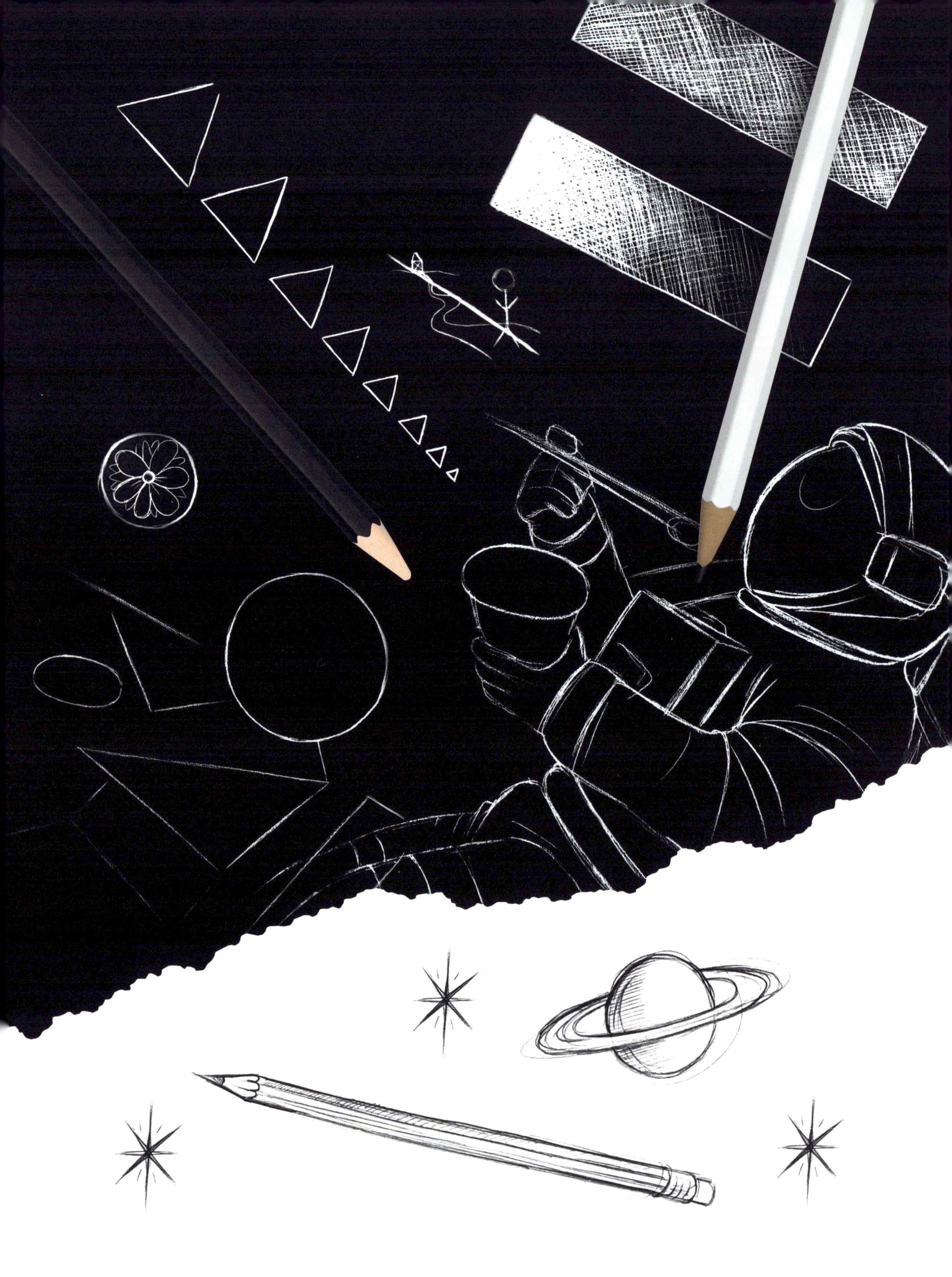

GRUNDLAGEN

DIE ZEICHENREISE BEGINNT

Ich nehme dich nun mit auf eine Zeichenreise. Auf dieser wirst du für dich noch unbekannte Techniken kennenlernen und viele Motive zeichnen lernen. Ich verrate dir, welche Materialien du fürs Zeichnen benötigst, führe dich in die Welt der Formen ein und gebe dir viele Übungen an die Hand, um dich mit deinem Stift, Papier und den Techniken vertraut zu machen. Nebenbei lernst du auch meine besten Tipps und Tricks fürs Zeichnen kennen.

WIR DURCHLAUFEN FOLGENDE STATIONEN:

S. 11: Zuerst musst du für deine Reise packen – In diesem Kapitel verrate ich dir, welche Materialen du fürs Zeichnen benötigst.

S. 21: Danach machen wir uns auf den Weg und bestreiten die erste Etappe der Reise. Du findest in diesem Kapitel viele Übungen, um dich mit deinen Materialien vertraut zu machen.

S. 31: Im dritten Teil lernst du neue Techniken kennen, vergleichbar mit neuen Orten und Kulturen auf einer richtigen Reise. Du magst sie im ersten Moment vielleicht ungewöhnlich finden, aber nach ein paar Übungen wirst du dich schon fast wie zu Hause fühlen.

S. 57: Im vierten Kapitel kannst du dich dann zurücklehnen und die Reise genießen. Ich zeige dir, wie meine eigene Zeichenreise angefangen hat, und gebe dir noch ein paar Tipps und Inspirationen für deinen eigenen Weg mit.

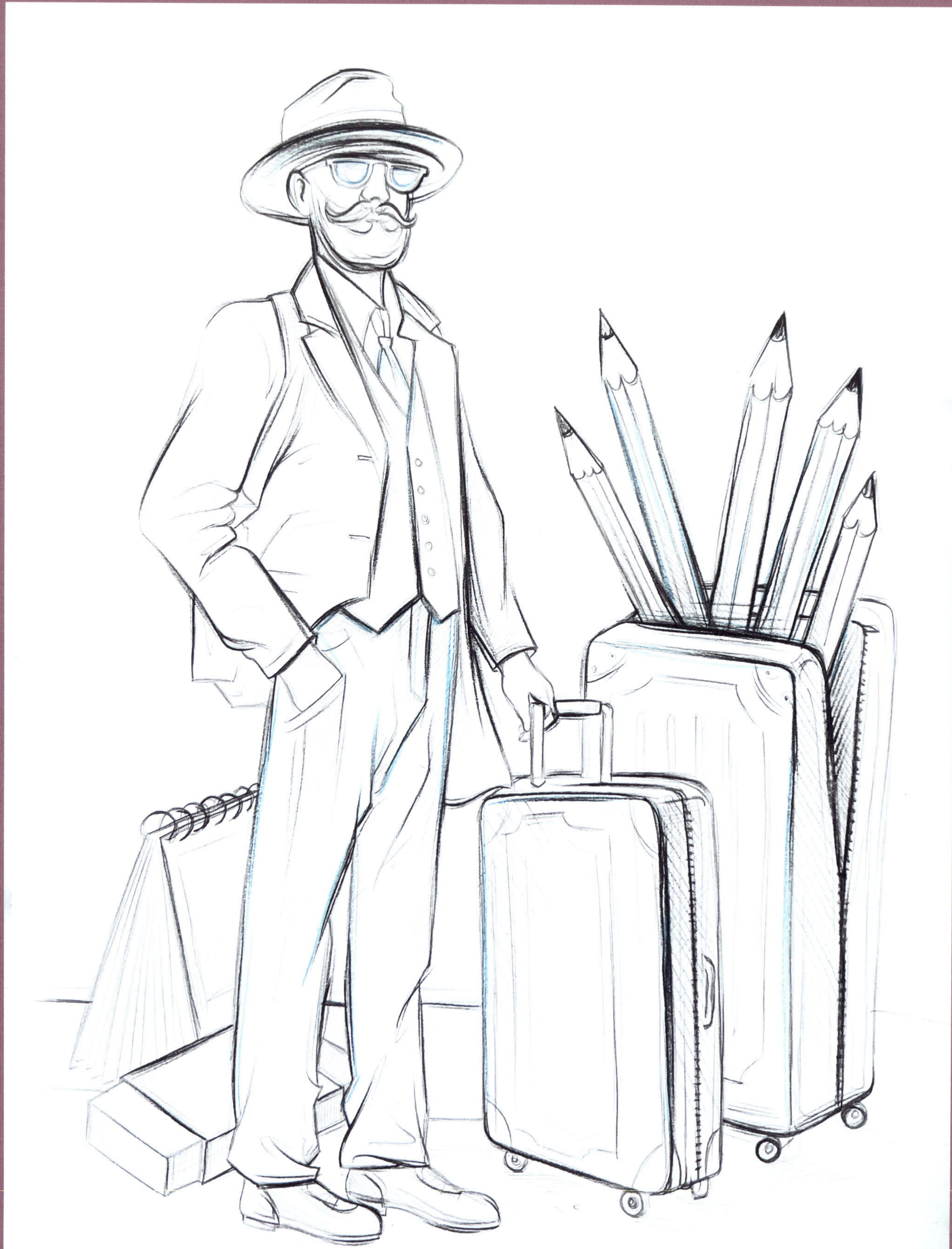

PACKEN

DER ERSTE STEP AUF DEINER ZEICHENREISE

Packe mit mir deinen Koffer und mache dich mit dem nötigen Material für das Zeichnen vertraut. Das meiste wirst du wahrscheinlich sowieso schon zu Hause haben. Hast du dir die Materialien herausgesucht und eventuell neue Utensilien eingekauft, musst du nur noch deinen Arbeitsplatz vorbereiten und dann kannst du dich auch schon auf den Weg zu deinen ersten Zeichnungen machen.

STIFTE

Auch wenn der Bleistift wie der langweiligste Gegenstand auf der Welt klingt, sorgt er bei vielen für große Verwirrung. Und das nur wegen zwei kleinen Buchstaben.

DER „RICHTIGE" BLEISTIFT

Vorab kann ich dir verraten, dass das Resultat deiner Zeichnung nicht von der Wahl deines Bleistiftes abhängt. Viele denken, die Qualität der Materialien spielt eine wesentliche Rolle, wenn es um die Zeichenskills geht. Das ist ein Mythos, denn du musst kein superteures Kunstmaterial kaufen, um gute Ergebnisse zu erzielen. Nur durch Disziplin und viel Übung kannst du besser werden.

Trotzdem gibt es natürlich Zeichenmaterial, welches angenehmer in der Anwendung ist. Z. B. gibt es Stifte, die sich besser spitzen lassen, besser in der Hand liegen und sich besser wegradieren lassen. Genauso ist es bei Radiergummis, Papier, Spitzern usw. Wenn man täglich stundenlang zeichnet, lohnt es sich, Material anzuschaffen, welches in der Handhabung besser ist. Die Qualität hat dennoch nichts mit dem Preis zu tun. Ich möchte niemanden dazu ermutigen, sich das beste und teuerste Material anzuschaffen. Insbesondere, wenn du Anfänger*in bist, reicht es vollkommen aus, das zu benutzen, was du zu Hause herumliegen hast, wie einen einfachen Bleistift und einen Radiergummi.

TIPP

Wenn dich der Glanz der Bleistifte grundsätzlich stört, greife zu matten Bleistiften.

BLEISTIFTSTÄRKEN

Falls du später vom Skizzieren zum realistischeren Zeichnen übergehen möchtest, lohnt es sich, zumindest drei bis vier verschiedene Bleistifte anzuschaffen, um Kontraste einfacher setzen zu können. Das erkläre ich dir auf Seite 55 noch genauer. Erst einmal klären wir hier ein für alle Mal, was es mit den mysteriösen Buchstaben auf sich hat. Und wenn du es nach ein paar Tagen wieder vergessen hast, macht das nichts. Auch ich kann mir diese Bezeichnungen immer noch nicht merken, obwohl ich hauptberuflich Künstlerin bin. Ich sehe aber mittlerweile an der Mine, um welche Stärke es sich handelt.

WOFÜR STEHEN DIE BUCHSTABEN?

Beim Kauf von Bleistiften lohnt es sich, auf deren Härtegrad zu achten. Und wie findet man diesen heraus? Anhand der Buchstaben, die auf jedem Bleistift angegeben sind! Es gibt, wie du vielleicht weißt, verschiedene Stärken von Bleistiften, das heißt, einige malen sehr viel heller als andere, wenn man denselben Druck anwendet. Dazu gibt es insgesamt vier Bezeichnungen: B, H, HB und F, und manchmal findet man neben den Buchstaben zusätzlich eine Zahl. Aber kommen wir erst einmal zu den vier Kürzeln. Die Bezeichnungen sind Abkürzungen von englischen Begriffen.

B	**„black“ = schwarz**
HB	**„hard black“ = mittelhart**
F	**„firm“ = fest**
H	**„hard“ = hart**

Hier habe ich dir die vier Bleistiftstärken einmal aufgezeichnet, damit du den Unterschied direkt siehst.

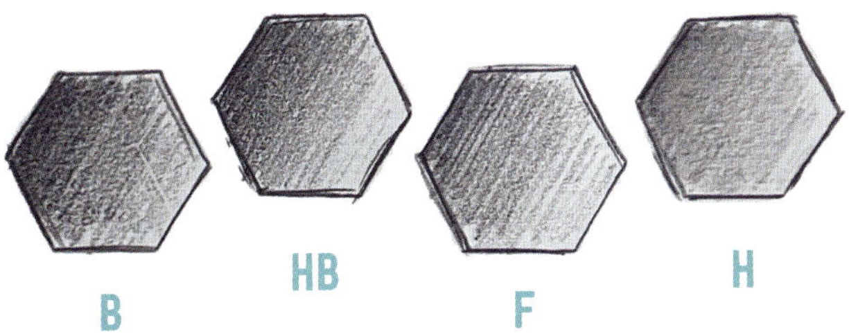

Bei den Härtegraden wird zwischen weichen und harten Minen unterschieden. Dabei geben die weichen Stifte viel mehr Pigment ab als die harten und malen dadurch dunkler. Sie eignen sich daher ideal zum Schattieren oder um dunklere Details auszuarbeiten. Mit diesen können auch große dunkle Flächen ausgemalt werden. Die harten Bleistifte eignen sich besser für Vorskizzen, sehr feine Linien und um leichte Schattierungen zu setzen. Ich verwende z. B. harte Bleistifte, um die Haut bei einem Porträt zu skizzieren und um sehr feine Härchen zu zeichnen.

UND WOFÜR STEHT DIE ZAHL?

Manchmal steht vor den Buchstaben eine Zahl. Diese gibt einen weiteren Härtegrad an, und zwar eine noch feinere Abstufung der vier Stärken. Je größer die Zahl, desto weicher/härter ist der Stift.

8B ist beispielsweise ein extrem dunkler Stift, im Gegensatz zu 2B. Der ist zwar auch noch sehr dunkel, weil es ja ein weicher Bleistift ist, aber eben heller als 8B.

2H ist hell, weil es ein harter Bleistift ist, 6H ist aber noch ein wenig heller und feiner.

TIPP

*Ich persönlich finde es völlig ausreichend, sich jeweils einen harten (H), mittelharten (HB) und weichen (B) Bleistift anzuschaffen. Für Anfänger*innen ist das eine ideale Basis.*

DRUCKBLEISTIFTE

Als wäre das nicht verwirrend genug, gibt es noch eine weitere Art von Bleistift. Aber keine Sorge, es ist nicht so kompliziert wie zuvor, und ich kann sie jedem absolut empfehlen, egal ob Anfänger*in oder Profi. Und zwar sind das Druckbleistifte. Die einzigen Nachteile sind, dass man mit ihnen nicht großflächig schraffieren kann und es nicht so viele Härtegrade auf dem Markt gibt. Meist gibt es die Minen nicht in allen Stärken zu kaufen. Dafür werden aber unterschiedlich dicke Minen im Handel angeboten, standardmäßig in 0,3 mm, 0,5 mm und 0,7 mm, wobei ich auch schon dickere Minen gesehen habe. Am häufigsten benutze ich 0,5 mm. Zum Skizzieren oder für Vorskizzen sind sie das perfekte Tool, denn man muss sie nie spitzen, was einem viel Arbeit erspart. Außerdem liegen sie besser in der Hand, da sie ein Gehäuse wie ein Kugelschreiber besitzen.

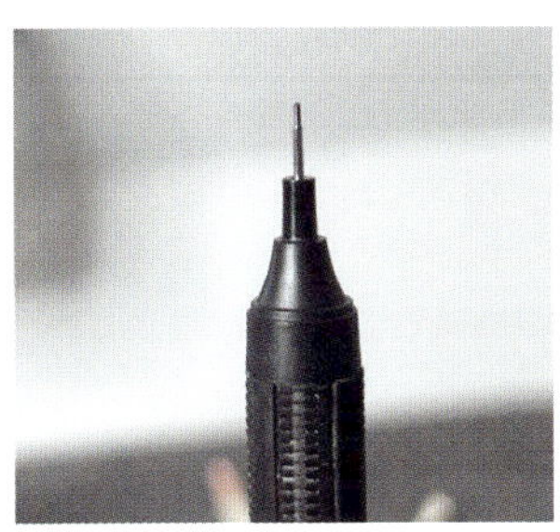

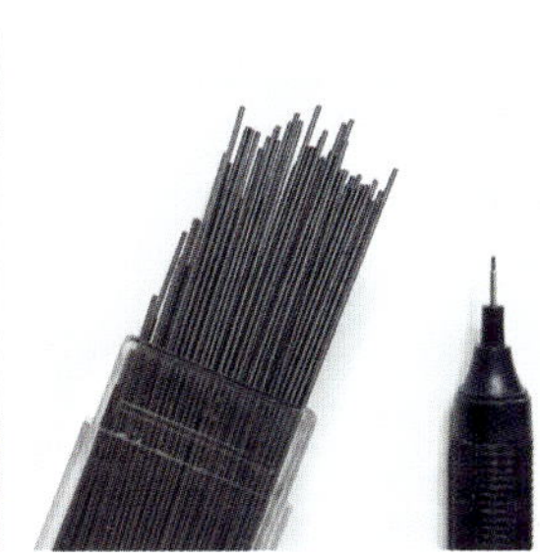

BUNTSTIFTE

Auch wenn ich für meine Zeichnungen hauptsächlich den Bleistift verwende, kommen hin und wieder Buntstifte zum Einsatz. Zum einen, weil ich Lust auf Farbe habe, zum anderen gehört in manchen Zeichnungen aus meiner Sicht ein farblicher Akzent dazu. Mit Buntstiften kannst du skizzieren, aber auch Flächen füllen. Die wichtigsten Tipps zu diesem Medium erfährst du, wenn du weiterliest.

ANSCHAFFUNG

Wenn du richtig mit dem Zeichnen durchstarten möchtest, spielst du vielleicht mit dem Gedanken, dir neue Buntstifte anzuschaffen. Wahrscheinlich wirst du bei der Suche total überrumpelt sein von der riesigen Auswahl an Optionen und den vielen Farben. Aquarellstifte, Pastellstifte, Vollminenstifte bis hin zu Kreidestiften, das kann sehr verunsichernd sein. Auch hier ist die beste Lösung, ein Fachgeschäft aufzusuchen und sich einmal durchzuprobieren. Eine Alternative ist, sich viele unterschiedliche Stifte einzeln anzuschaffen. Dadurch hast du die Möglichkeit, die Stifte ausführlicher zu testen, und du merkst auch, welche Stifte gut mit deinem Papier harmonieren, welche Farben dir am besten gefallen usw. Für den Anfang reichen übrigens wenige Farben, denn genau wie bei flüssigen Materialien wie z. B. Acryl oder Öl lassen sich auch die Farben der Buntstifte mischen.

Sobald du dich für eine Stiftsorte entschieden hast, kannst du dir am besten ein kleines Set kaufen, das bietet so gut wie jeder Hersteller an.

WICHTIGE ASPEKTE FÜR DIE KAUFENTSCHEIDUNG

Es gibt gewisse Aspekte, über die du dir vor deinem Einkauf Gedanken machen solltest. Dies kann dir deine Kaufentscheidung erleichtern und dich vor Fehlkäufen schützen. Stelle dir dafür folgende Fragen: Welche Art von Zeichnungen möchtest du erschaffen? Wie realistisch möchtest du zeichnen? Wie groß soll deine Zeichnung werden? Auf die dazugehörigen Themen werde ich im Folgenden näher eingehen.

STILRICHTUNG

Es ist sinnvoll, im Vorhinein festzulegen, welche Art von Zeichnungen du erschaffen möchtest. Da würde ich mich zunächst an einem einzigen Stil orientieren. Sich direkt alle Stilrichtungen auf einmal vorzunehmen, führt zu nichts. Mit der Zeit kannst du das selbstverständlich auch tun, aber alles nacheinander. Überlege dir erst einmal, welcher Zeichenstil dir am besten gefällt. Zeichentrick/Comic, fotorealistisch, abstrakt, ...?

Es ist wichtig zu wissen, was du zeichnen möchtest, bevor du mit dem Zeichnen beginnst. Wenn dir beispielsweise sehr grobe oder fast schon abstrakte Motive gefallen, sind für dich Materialien wie Kreidestifte oder Aquarellstifte am besten geeignet. Die lassen sich super verblenden, teilweise auch mit Pinsel und Wasser. Wenn du einen fotorealistischen Stil verfolgen möchtest, benötigst du genau das Gegenteil: Künstlerstifte, die sich so wenig wie möglich verblenden lassen, damit du sehr fein arbeiten kannst.

DETAILS

Mit dem Stil hängen auch die Details in deiner Zeichnung zusammen. Das bedeutet, dass du dir überlegen solltest, wie sehr du dein Bild ausarbeiten möchtest und wie detailreich es sein soll. Vielleicht möchtest du weder extrem fotorealistisch (sehr viele Details) noch abstrakt (wenig bis gar keine Details) zeichnen, dann sind für dich weiche Holzstifte am besten geeignet. Die Art und Weise des Zeichnens sowie die Detailtiefe entscheiden also darüber, welches Material du benutzen solltest. Überdenke diesen Aspekt unbedingt, bevor du dir extra Kunstmaterial anschaffst. So vermeidest du unnötige Käufe, weil du vorher ganz genau geplant hast, wie du dein Kunstwerk zeichnen möchtest.

GRÖßE

Wie groß soll deine Zeichnung werden? Gefallen dir ausschließlich kleinere Formate? Oder möchtest du später mal riesengroße Bilder zeichnen? Auch wenn man z. B. mit Stiften, die sich gut verblenden lassen, nicht besonders fein zeichnen kann, sieht es bei riesigen Formaten ganz anders aus, da du nicht mehr extrem detailliert zeichnen musst, um eine fotorealistische Zeichnung zu erreichen.

KOMBINATIONEN

Du merkst schon: Den perfekten Stift kann ich dir nicht empfehlen; es kommt eben darauf an, was du vorhast. Ein Richtig oder Falsch gibt es beim Zeichnen nun mal nicht. Es gibt allerdings die Option, Materialien zu kombinieren. Wenn du große Flächen füllen möchtest, klappt das mit Kohle (für Bleistiftzeichnungen), Pan Pastel oder Kreidestiften (für bunte Zeichnungen) am besten und sieht gleichmäßiger aus. Anschließend kannst du mit Künstlerstiften mehr Details in deine Zeichnung einarbeiten.

QUALITÄT

Bei Buntstiften gibt es übrigens tatsächlich einen großen Zusammenhang zwischen Qualität und Preis. Hier trifft "teuer gleich besser" meiner Meinung nach zu. Allerdings gibt es bei Holzstiften grundsätzlich nicht so große Preisunterschiede. Die Marken, die du im Künstlerbedarf kaufen kannst, sind meist zu empfehlen. Kaufe dir am besten direkt einen Malkasten oder ein kleines Set an Stiften. Zum einen sind sie insgesamt preiswerter und zum anderen ist dort schon eine gute Auswahl an Farben vorhaben, die sich als Grundausstattung gut eignen.

Ich zeichne am liebsten mit den Polychromos von Faber-Castell. Die Farben haben eine sehr hohe Leuchtkraft und lassen sich extrem gut schichten. Außerdem ist mir aufgefallen, dass die Mine extrem selten bricht, vor allem beim Spitzen oder wenn der Stift mal runterfällt.

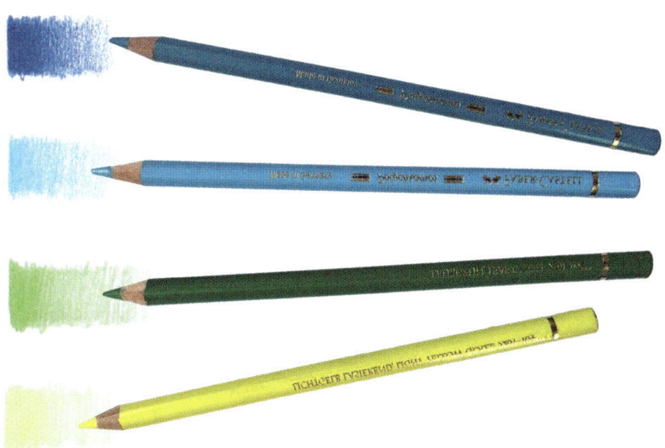

PAPIER

Neben den richtigen Stiften ist der passende Maluntergrund wichtig für deine Zeichenreise. Denn gute Stifte bringen dir nichts, solange du kein adäquates Papier hast. Dabei gibt es auch einige No-Gos und wichtige Kriterien, die du kennen solltest.

Vorab kann ich dir schon mal verraten, dass es keine große Rolle spielt, auf welchem Papier du zeichnest. Wichtig ist nur, dass es reinweiß ist, nutze also keine karierten oder linierten Blätter.

Ich höre extrem oft die Ausrede, „Ich kann mir so ein Zeichenpapier nicht leisten, also kann ich auch nicht anfangen zu zeichnen". Das ist Blödsinn, denn es reicht das Papier aus, welches du schon zu Hause hast. Und wenn du merkst, du möchtest dein Material ein wenig upgraden, dann findest du hier ein paar hilfreiche Tipps für deine Kaufentscheidung.

DICKE DES PAPIERS

Wenn du dich bereits mit Papiersorten auseinandergesetzt hast, ist dir bestimmt schon mal aufgefallen, dass auf jedem Block eine Zahl mit der Angabe g/m² zu sehen ist. Das steht für Gramm pro Quadratmeter und damit wird die Grammatur, die Dicke des Papiers, angegeben. Je größer die Zahl, desto dicker ist das Papier. Auf diese Angabe solltest du achten, wenn du aufwendige und große Zeichnungen umsetzen möchtest. Es macht nämlich einen Unterschied, ob du eine kleine Zeichnung in einem Skizzenbuch oder ein großes detailliertes Bild zeichnen möchtest.

In Skizzenbüchern radierst du tendenziell nicht sehr viel und arbeitest auch nicht mit vielen Schichten, daher reicht ein dünneres Papier. Allerdings sollte es auch nicht zu dünn sein – ich persönlich zeichne nicht gerne auf Papier mit weniger als 90 g/m². Bei zu dünnem Papier bei Skizzenbüchern kann sich die Zeichnung durchdrücken oder beim Radieren knittert es schnell oder reißt sogar ein.

Bei großen Zeichnungen solltest du dich für eine höhere Grammatur von 120 bis 190 g/m² entscheiden, da man bei diesen tendenziell viel radiert, eine Schicht nach der anderen gezeichnet und das Papier somit mehr strapaziert wird.

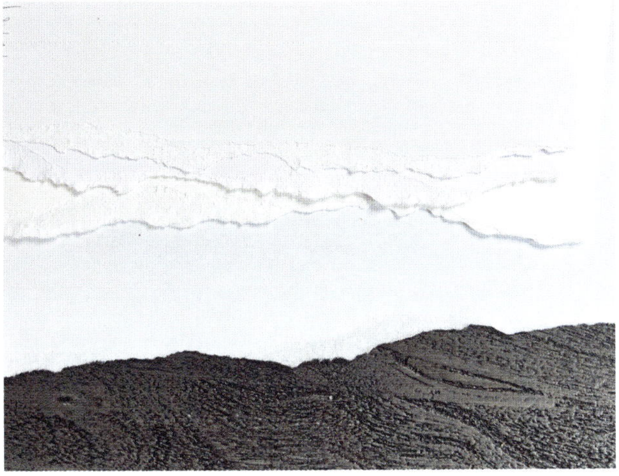

Hier kannst du erkennen, wie die Papiere aussehen. Jedoch empfehle ich dir auch hier, einmal beim Künstlerbedarf vorbeizuschauen und das Papier dort mit eigenen Händen zu fühlen. So bekommst du ein viel besseres Gefühl dafür, welches dir am ehesten zusagt.

Zum Glück ist auf den meisten Blöcken angegeben, wofür der Block geeignet ist. Denn auch hier gibt es große Unterschiede, ob das Papier für eine Bleistiftzeichnung gemacht worden ist oder für Aquarellfarben.

Papiere für nasse Materialien sind überwiegend sehr grob und rau. Das hat den Grund, dass sich das Papier möglichst wenig wellt durch das Wasser. Wenn du so ein Papier für eine Bleistiftzeichnung benutzt, würde die raue Oberfläche total stören und ein unebenes Ergebnis erzielen. Wenn das allerdings dein Ziel ist, kannst du auch gerne mit Bleistiften auf Aquarellpapier zeichnen, in der Kunst gibt es keine Tabus. Falls du aber realistische Bilder mit vielen Einzelheiten zeichnen möchtest, dann achte auf die Empfehlungen der Hersteller, die auf den Zeichenblöcken stehen.

FARBGEBUNG

Es gibt auch in der Farbgebung Unterschiede: Weiß ist nicht gleich weiß. Papiere, die gebleicht worden sind, sind tatsächlich komplett weiß. Bei den meisten Papieren wird allerdings aus umweltfreundlichen Gründen darauf verzichtet, und das Papier hat einen leicht cremefarbenen Touch. Die Unterschiede sind kaum erkennbar. Ich finde aber, um den maximalen Kontrast zu erzielen, eignen sich gebleichte Papiere am besten.

GRÖßE

Es klingt banal, wenn es darum geht, sich für eine Größe zu entscheiden, aber auch dabei gibt es einiges zu beachten. Skizzenbücher wähle ich persönlich in der Größe A6 oder A5, aber keinesfalls größer. Das hat den Grund, dass eine Skizze nicht so perfekt ausgearbeitet ist und auf einem zu großen Format komisch aussehen kann, weil sie so wenig Platz einnimmt oder das Blatt einfach zu leer aussieht. Ein kleines Blatt zu füllen ist viel einfacher, und es entsteht nicht direkt eine Blockade, wie wenn du vor einem riesigen Blatt sitzt. Außerdem verliert sich das Auge auf einem kleinen Blatt nicht so sehr, und Proportionen werden dir deutlich leichter fallen.

TIPP

Häufig ist die Perspektive ungünstig, wenn du ein großes Blatt auf dem Tisch liegen hast und zeichnen möchtest. Das, was weiter weg ist, zeichnen wir dann automatisch größer, was falsch aussehen kann. Daher solltest du große Blätter beim Zeichnen am besten gerade vor dir anbringen, z. B. auf einer Staffelei oder an der Wand.

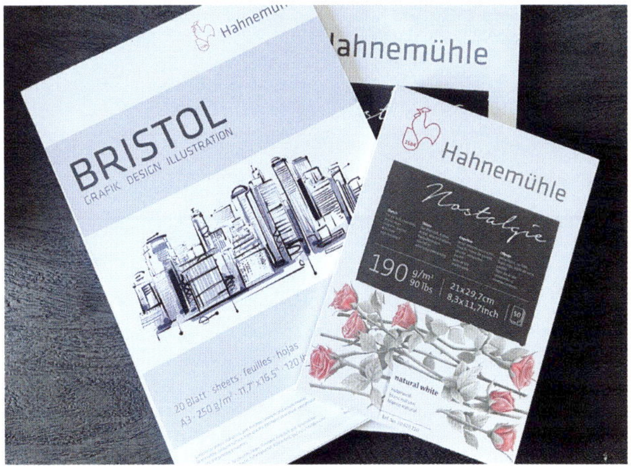

LICHT AM ARBEITSPLATZ

Du hast nun die Packliste vollständig abgehakt. Es fehlen nur noch ein paar organisatorische Kleinigkeiten, bis es endlich auf Tour gehen kann. Lass uns mal überprüfen, ob dein Arbeitsumfeld gut geeignet ist und was du noch verbessern kannst, um dir deine Zeichenpraxis zu vereinfachen.

Erst letztens musste ich daran denken, dass ich in meinem Kinderzimmer, als ich mit dem Zeichnen angefangen habe, keinen perfekten Arbeitsplatz hatte. Das Licht war miserabel. Mich hat das erstaunlicherweise aber nie gestört, und ich habe einfach viel draußen gezeichnet, dort herrschen die besten Lichtverhältnisse. Heute wäre ein schlecht ausgeleuchteter Arbeitsplatz für mich ein Graus, und anders als früher bin ich total unmotiviert und verärgert, wenn ich beim Zeichnen kein gutes Licht habe.

TAGESLICHT

Wenn du einen festen Arbeitsplatz hast, solltest du deinen Tisch am besten so platzieren, dass er direkt vor deinem Fenster steht, denn so kannst du tagsüber das Tageslicht optimal nutzen. Wenn sich das Fenster hinter dir befindet, ist es im Raum zwar immer noch hell, aber beim Zeichnen wirst du merken, dass es einen erheblichen Unterschied ausmacht. Noch optimaler ist es, wenn du deinen Schreibtisch seitlich zum Fenster stellst. Wenn du Rechtshänder*in bist, sollte sich das Fenster links von dir befinden. So entstehen keine lästigen Schatten.

LAMPE

Da wir Künstler*innen meistens Nachteulen sind, sitzen wir am liebsten abends und nachts an unseren Werken. Daher ist ein kleines Licht nicht wegzudenken. Als Lampe kannst du eine gewöhnliche Schreibtischlampe verwenden. Wichtig ist hierbei nur, dass du dein Licht so positionieren kannst, wie es am besten für dich passt.

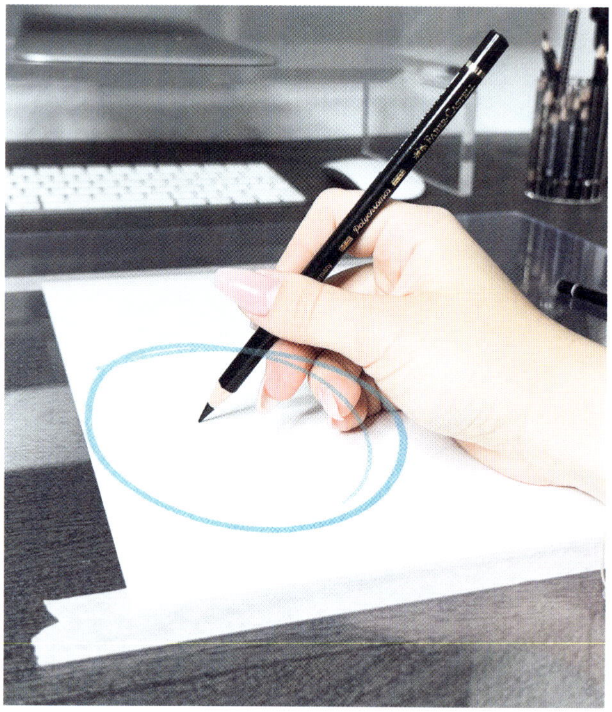

Wie oben erwähnt, gilt für:

1. **Rechtshänder*innen = Licht auf die linke Seite**

2. **Linkshänder*innen = Licht auf die rechte Seite**

Bei Lampen ist der Schattenwurf viel störender als bei Tageslicht, denn wenn die Lichtquelle so nah an deiner Hand ist, wirft der Stift sehr starke Schatten, wodurch du gar nicht mehr erkennst, was du überhaupt zeichnest.

AM ARBEITSPLATZ

Bei mir hat es Jahre gedauert, bis ich ein perfektes Ordnungssystem für all meine Stifte, Papiere usw. gefunden habe. Ein Arbeitsplatz ist superwichtig und kann dich sogar motivieren, mehr zu zeichnen. Schaffe dir ein paar Gläser oder andere Aufbewahrungsmöglichkeiten für deine Materialien an. Das bewirkt Wunder, glaub mir.

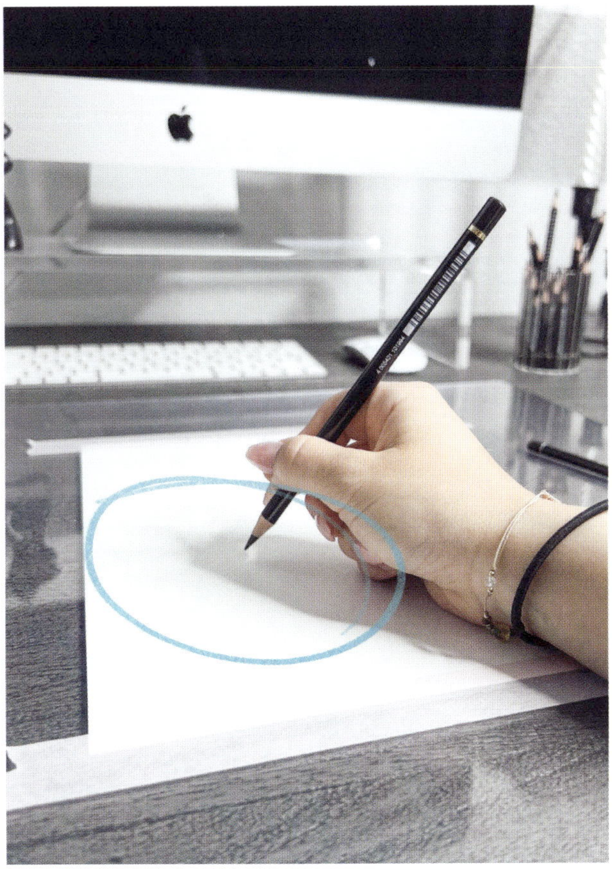

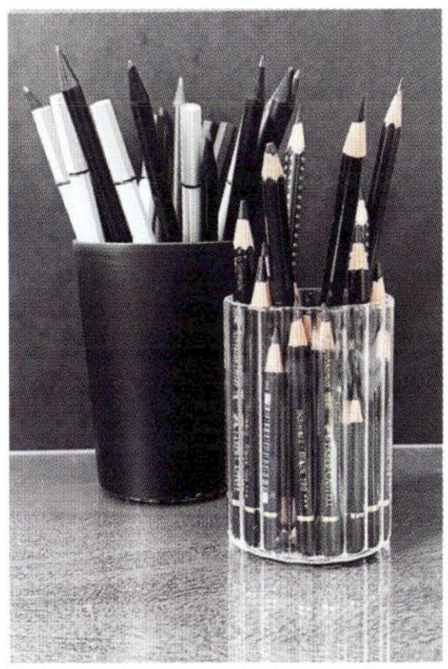

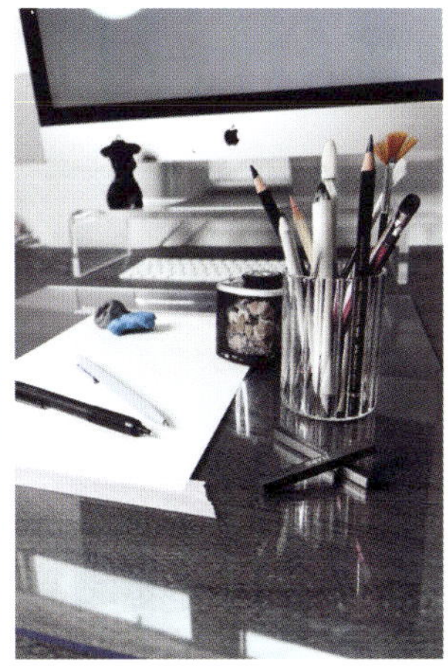

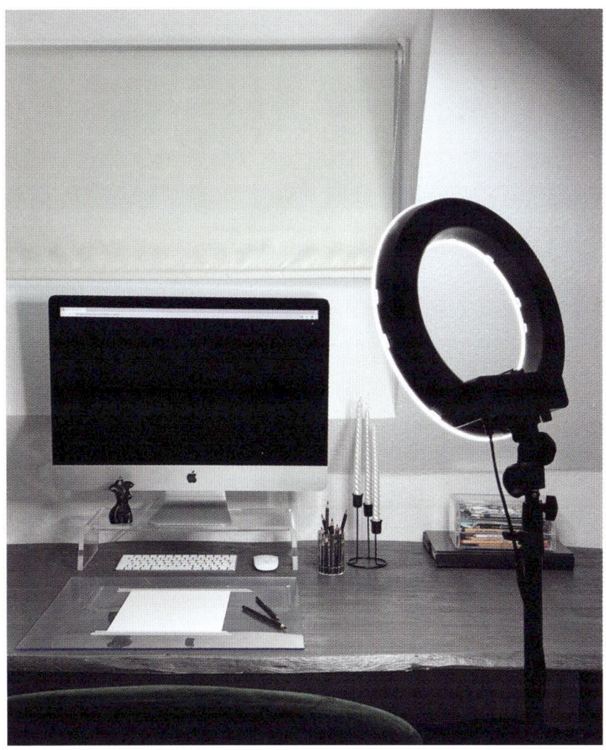

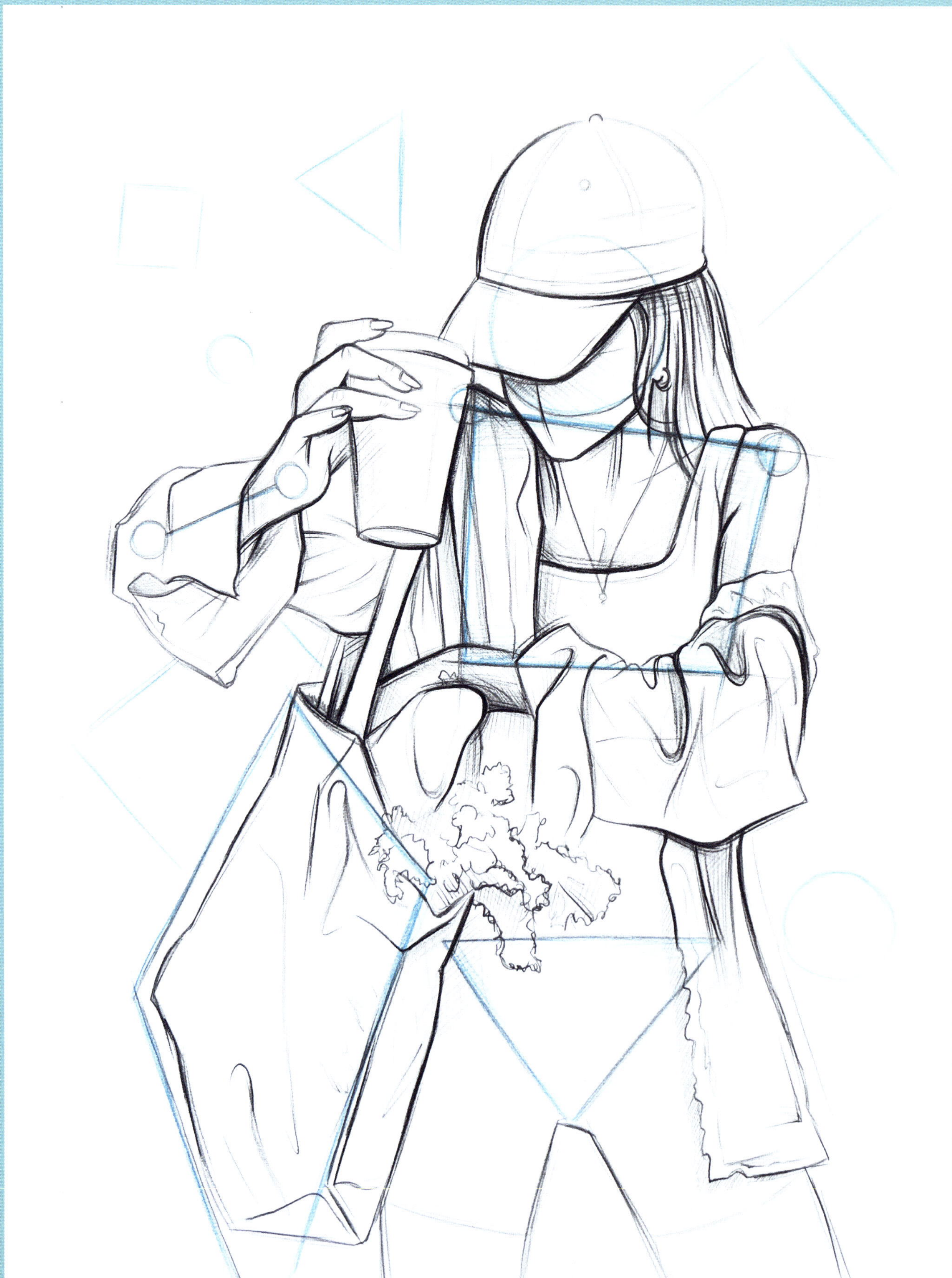

LOSFAHREN

DER ZWEITE STEP AUF DEINER ZEICHENREISE

An diesem Punkt hast du alle deine Pläne und Vorbereitungen getroffen und deinen Koffer gepackt. Worauf wartest du dann noch? Lass uns endlich losfahren! Das wird eine aufregende und unvergessliche Erfahrung.

Ich möchte dir ein paar Übungen vorstellen, die essenziell für den Einstieg ins Zeichnen sind. Diese Übungen eignen sich auch dann, wenn du schon fortgeschritten bist, lasse dieses Kapitel also am besten nicht aus.

LINIENFÜHRUNG

Wage dich nun langsam an das Zeichnen heran, indem du erste Übungen mit den Stiften und deinem Papier ausführst. So wärmst du dich auf und lernst gleichzeitig wichtige Zeichenskills kennen. Hierbei kannst du bei jeder Übung verschiedene Bleistifte und Papiersorten testen, um ein Gefühl für deine Materialien zu bekommen.

Wie so vieles im Leben sehen bei einem Profi die schwersten Dinge aus, als könnte sie jeder nachmachen, in Wahrheit schafft man es dann aber nicht mal ansatzweise so gut. Damals, während meiner Ausbildung als Grafikdesignerin, mussten wir ständig Übungen zur Linienführung machen. Die ganze Klasse hat sich immer total darüber geärgert. Wir hatten eine Lehrerin, die schon Ewigkeiten im Dienst war, und wir waren alle der Meinung, das wäre eben ihre altmodische Art zu unterrichten. Aber wenn ich heute daran zurückdenke, an all die lästigen Stunden, bin ich mir ziemlich sicher, dass wir sehr schnell unsere Zeichenskills verbessern konnten. Diese Lehrerin ging nach unserem ersten Lehrjahr in Rente, und die Klassen, die nach uns in die Schule kamen, waren nie so perfektionistisch und so gut im Umgang mit Stift und Papier wie wir.

ÜBUNG: GERADE LINIEN

Die Übung an sich ist einfach. Schnapp dir ein Blatt Papier und fang an, von oben nach unten Linien zu ziehen. Die Linien sollten so gerade wie möglich sein. Stell dir vor, du bist das Lineal. Klingt einfach, ist es aber nicht und macht sich sehr negativ bemerkbar in deinen Bildern, wenn du das nicht übst, das sehe ich sehr häufig bei Anfänger*innen. Denn beim Zeichnen brauchst du oft gerade Linien.

ÜBUNG: KREISE UND SCHNECKE

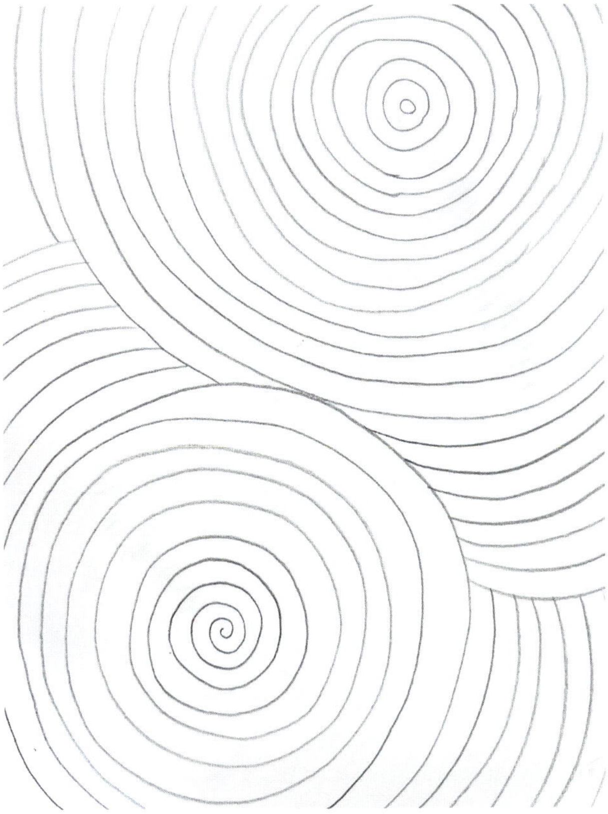

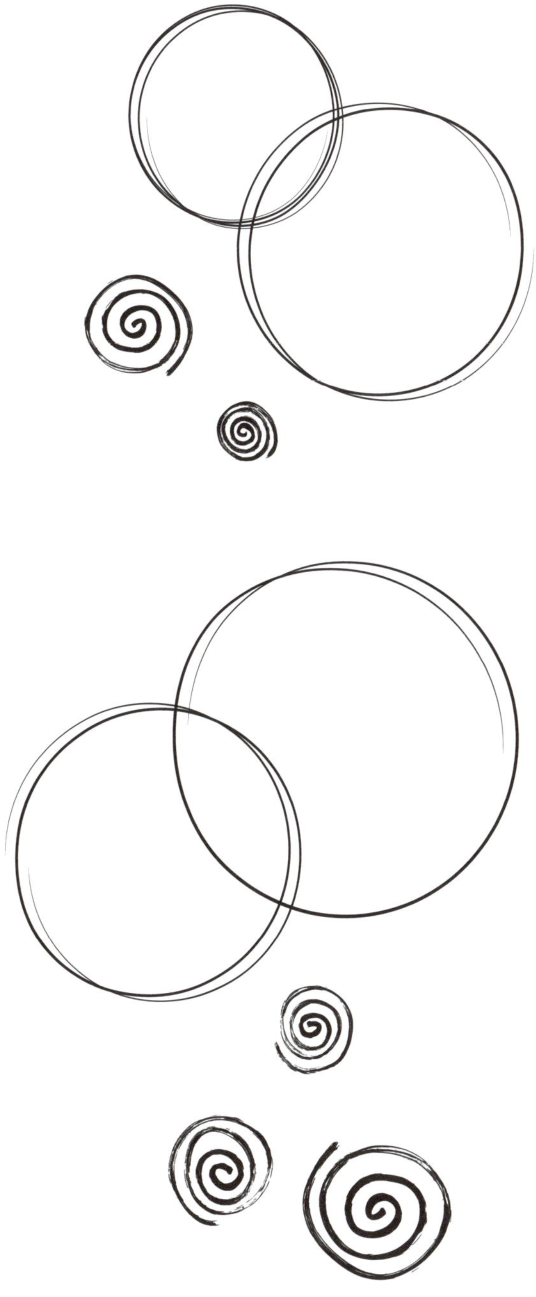

Die zweite Übung ist ähnlich, nur malen wir jetzt keine geraden Linien, sondern Kreise. Das heißt, du fängst mit einem kleinen Kreis an (für den ersten Kreis kannst du z. B. einen Zirkel verwenden) und dann umrandest du diesen Kreis, bis dein ganzes Blatt mit Kreisen gefüllt ist. Achte dabei darauf, dass der Abstand zu dem kleineren Kreis immer gleich groß bleibt und du auch wirklich bei einem Kreis bleibst und die Form sich nicht nach und nach in ein Oval verwandelt. Das ist gleichzeitig eine supergute Übung, um das Zusammenspiel von deinem Auge und deiner Hand zu trainieren.

Eine Variante dieser Übung ist die Schnecke. Sie ist etwas schwieriger, weil deine Linie nicht unterbricht und du daher den Stift lange auf dem Papier führen musst. Probiere beide Varianten am besten einmal aus, dann merkst du auch schnell, wo es noch hapert.

DEINE HANDBEWEGUNG

Wir alle haben eine natürliche Handbewegung. Diese solltest du unbedingt kennen und nutzen. Denn du wirst merken, dass deine Zeichnungen nicht mehr so abgehackt aussehen, wenn du dein Handgelenk benutzt.

ÜBUNG: GEBOGENE LINIEN

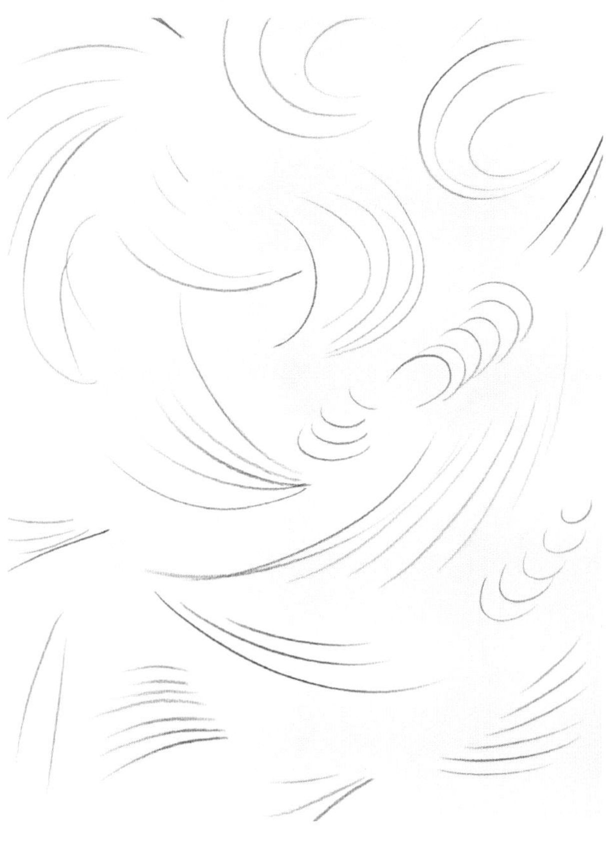

Wärme dein Handgelenk auf, indem du mit etwas Schwung einige Linien zeichnest. Dabei müssen diese keinen bestimmten Winkel haben oder sonstige Kriterien erfüllen. Probiere, die Linien in verschiedene Richtungen zu schwingen, mal von links nach rechts, mal von unten nach oben, stark gebogen, leicht geschwungen usw. Das hat zusätzlich den Effekt, dass dein Handgelenk aufgewärmt wird, denn "kritzeln" befreit. Das Ziel bei dieser Übung ist es rauszufinden, welche Handbewegung dir am besten liegt. So weißt du mit der Zeit, wie du dein Blatt wenden musst, während du ein Bild skizzierst. Besser wäre es sogar noch, alle Winkel aus dem Handgelenk gut zeichnen zu können und die Handbewegungen, die dir noch nicht so gut gelingen, mehr zu üben. Denn dann kannst du dein Blatt auf einen festen Untergrund kleben. Das kommt dir bei großen Formaten sehr zugute, da du das Papier dann nicht drehen kannst, wie es dir gerade passt. Daher ist es von Vorteil, in alle Richtungen zeichnen zu können.

ÜBUNG: RECHTECK MIT LINIEN AUSFÜLLEN

Beim Schraffieren sollte deine Handbewegung so locker wie möglich sein. Denn wenn du deinen gesamten Arm zum Zeichnen verwendest, werden deine Linien sehr groß und lang, so kannst du die Linien nicht besonders gut kontrollieren. Wenn du jedoch aus dem Handgelenk malst, sind die Linien, die entstehen, viel kleiner. So kannst du den Stift viel einfacher führen und die entstandene Fläche kontrollieren.

Als Übung kannst du dir zunächst ein Rechteck aufzeichnen, dabei kannst du gerne ein Lineal verwenden. Das Innere der Form schraffierst du dann mit kleinen Strichen.

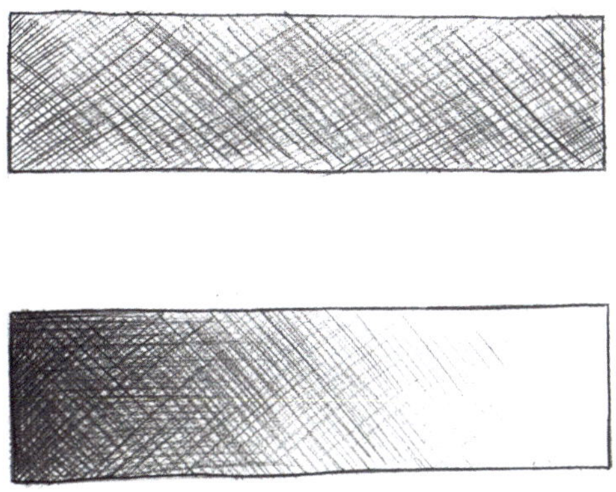

Zum einen trainierst du damit deine Handbewegung, und der Stift wird dir vertrauter. Zum anderen bekommst du ein Gefühl dafür, wie sehr du den Stift aufdrücken solltest, und du wirst mit der Zeit einen gleichmäßigen Abstand der Linien hinbekommen. Der nächste Step wäre dann, einen Verlauf zu kreieren. Wichtig ist bei dieser Übung, wirklich nur mit Linien zu arbeiten. Zum richtigen Schraffieren von ganzen Flächen kommen wir später.

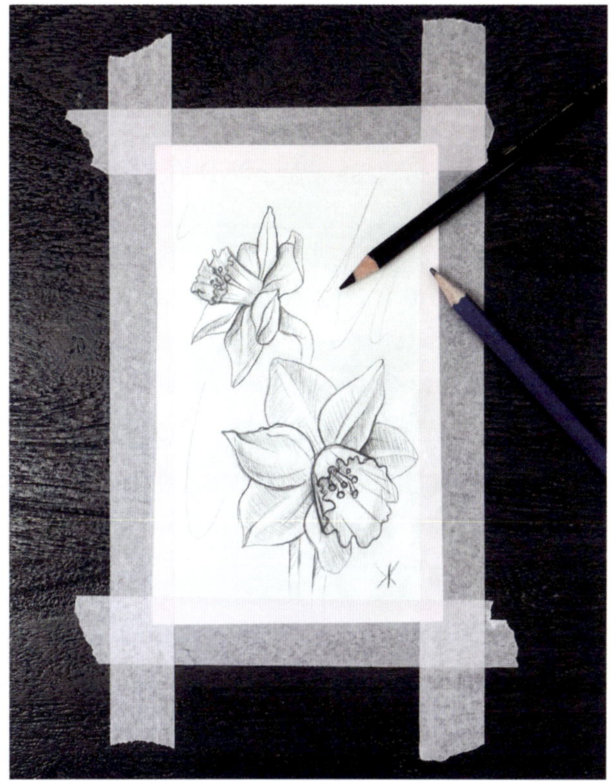

ÜBUNG: BILD ZEICHNEN

Als Nächstes wird es etwas schwieriger. Ich tue mich selbst dabei leider sehr schwer, denn im Alltag ist es superlästig. Ich kann mein Blatt einfach nicht gerade halten, sondern drehe es ständig hin und her, den Punkt hatte ich zuvor schon erwähnt. Um das zu vermeiden, kannst du dir angewöhnen, von Anfang an das Blatt auf eine feste Oberfläche wie deinen Tisch zu kleben. Dies ist eine etwas fortgeschrittenere Übung. Du kannst das ja mal bei einem Motiv deiner Wahl ausprobieren (gerne kannst du dir dafür auch eine Anleitung ab Seite 67 aussuchen).

Du wirst vielleicht während des Zeichnens merken: An manchen Stellen ist es etwas schwieriger, den richtigen Winkel zu treffen, ohne das Blatt zu drehen. Das konntest du bei der ersten Übung bestimmt schon feststellen. Am besten übst du genau diesen Winkel etwas häufiger. Es ist natürlich kein Muss, um gut zeichnen zu lernen, und du kannst dein Papier drehen und wenden, wie du möchtest, aber wenn du Anfänger*in bist, würde ich es empfehlen, dir von Beginn an anzugewöhnen, das Blatt aufzukleben und nicht zu wenden.

Wenn du irgendwann sehr große Formate wie z. B. A2 oder A1 zeichnen möchtest, dann ist das extrem wichtig, da du solche großen Blätter immer auf einem festen Untergrund befestigst.

Übrigens möchten die meisten Leute, die gut zeichnen können, ihr Talent nutzen und diese Fähigkeit im Beruf anwenden. Wenn du z. B. tätowieren, Hochzeitsmalerei etc. machen möchtest, dann ist es superwichtig, jeden Winkel von einer Position aus zeichnen zu können.

FLÄCHEN ZEICHNEN

Die Reise geht weiter! Merkst du schon, wie du dich veränderst und die Welt um dich herum mit anderen Augen siehst? Nun werden wir das Thema der Flächen erkunden. Wie sie entstehen und wie du es schaffst, gleichmäßige Flächen zu zeichnen, wirst du in diesem Kapitel deiner Reise erfahren. Auch hier habe ich ein paar kleine Übungen für dich vorbereitet.

ÜBUNG: DEN STIFT RICHTIG HALTEN

Da dein Handgelenk nun aufgewärmt ist, bist du bereit für die nächsten Übungen. Fangen wir mit der einfachen Variante an. Hier ist es wichtig, wie du deinen Stift in der Hand hältst. Bei allen bisherigen Übungen hast du den Stift wie beim Schreiben gehalten. Beim Schraffieren ist es aber wichtig, den Stift relativ schräg zu halten, damit eine größere Fläche pigmentiert wird. Außerdem brauchst du beim Schraffieren keine perfekt angespitzten Bleistifte, das kann sogar eher ein Nachteil sein. Denn wenn dein Stift zu spitz ist, entstehen sehr scharfe Kanten, die bei einer gleichmäßigen Fläche nicht erwünscht sind.

Um ein Motiv zu skizzieren, hältst du den Stift relativ gerade, wie beim Schreiben. Wenn du aber schraffierst, sollte der Stift so flach wie möglich angewinkelt sein.

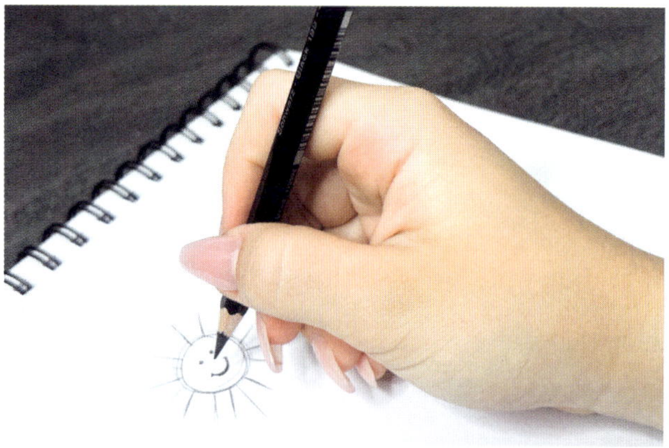

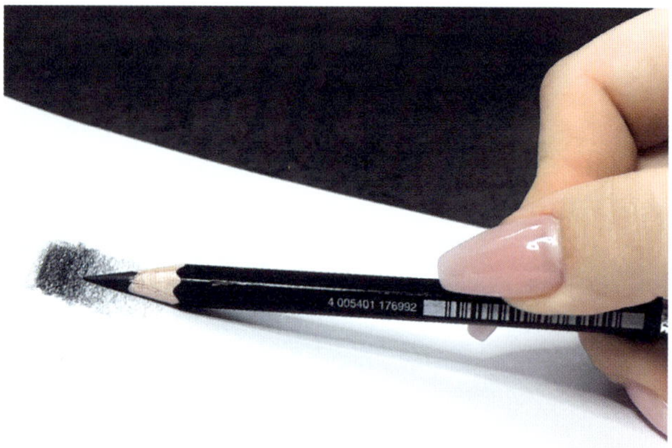

ÜBUNG: SCHRAFFIEREN

Bei dieser Übung nimmst du deinen Bleistift, wie beschrieben, schräg in die Hand und fängst an, eine Fläche zu schraffieren. Je größer die Fläche am Ende ist, desto besser. Ich würde dir ungefähr die Größe deiner Handfläche empfehlen. Beim Schraffieren solltest du immer so vorgehen:

1. Schraffiere zuerst einen kleinen Teil, möglichst mit blassen Rändern. Außerdem solltest du gerade Kanten vermeiden. Achte immer darauf, aus dem Handgelenk zu arbeiten, nicht mit dem kompletten Arm.

2. Zeichne mehrere Flächen aneinander und benutze am besten unterschiedliche Bleistiftstärken. Dadurch puzzelst du sozusagen immer mehr und mehr Flächen aneinander, bis du die gewünschte Flächengröße erreicht hast.

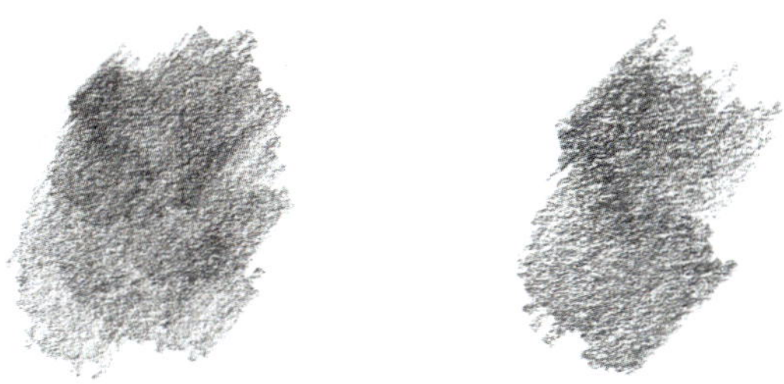

3. Ganz wichtig ist nun der Feinschliff. Stellen, die noch ein wenig unordentlich aussehen, kannst du etwas ausbessern. Hierzu verwendest du am besten einen angespitzten Stift und hältst ihn nicht mehr so angewinkelt. Der Stift sollte außerdem eine geringere Stärke haben als der Bleistift, mit dem du vorher schraffiert hast.

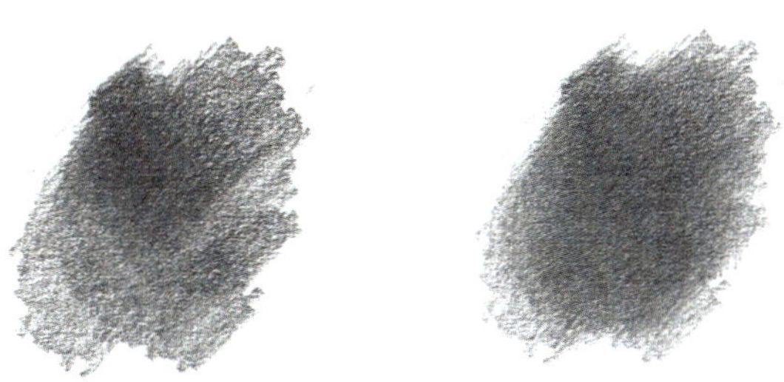

ACHTUNG!

Alle Werkzeuge, die man zum Verblenden verwendet, lässt du bei diesen Übungen weg. Du musst unbedingt erst mal lernen, mit dem Stift eine optimale Basis zu schaffen, bevor es ans Verwischen geht.

ÜBUNG: VERLAUF ZEICHNEN

Mit dieser Übung lernst du, einen Verlauf zu zeichnen. Dabei ist das Grundprinzip genau gleich wie bei der Fläche, nur dass du immer weniger aufdrücken musst. Das Schwierige hierbei ist es, einen gleichmäßigen Verlauf hinzubekommen.

Beide Übungen kannst du noch mal üben, indem du dir wieder ein Rechteck anzeichnest und dieses ausmalst. Achte dabei darauf, dass du an den Rändern nicht dunkler oder heller wirst.

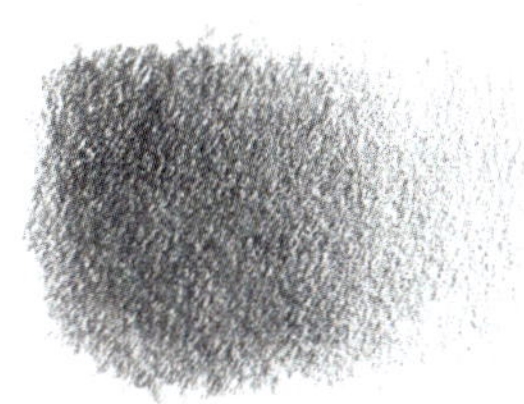

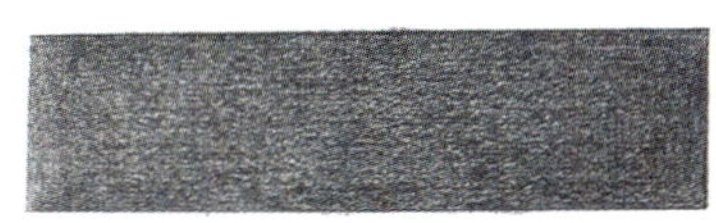

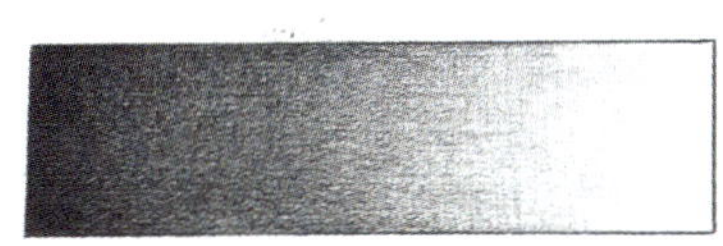

TIPP

Es spielt hier noch keine Rolle, welche Bleistiftstärke du verwendest. Erst wenn du an einer Zeichnung arbeitest, ist es wichtig, wie hell oder dunkel die Fläche ist. Je nach gewünschter Helligkeit wählst du dann die Stärke.

FORMEN ZEICHNEN

Die nächste Station, die wir angehen, ist eine wichtige Grundlage für das nächste Kapitel. Beim Zeichnen ist es essenziell, zunächst einmal supersimpel geometrische Formen zeichnen zu können, und zwar ohne Lineal, Zirkel oder andere Hilfsmittel. Diese Utensilien werden dir beim Zeichnen von Bildern nicht immer weiterhelfen, daher solltest du dich gar nicht erst an sie gewöhnen. Deshalb zeige ich dir hier ein paar Tricks, wie deine Formen frei Hand gezeichnet symmetrischer werden.

QUADRAT

Ein Quadrat frei Hand zeichnen zu lernen, ist gleichzeitig eine tolle Übung zum Zeichnen von geraden Linien. Nebenbei schulst du dadurch dein Auge für Symmetrie. Probiere es einfach mal aus. Achte dabei darauf, dass alle Seiten gleich lang sind. Wenn es dir schwer fällt, skizziere zuerst einmal ein Kreuz. So hast du Hilfslinien, an denen du dich orientieren kannst, um die vier Kanten in gleichem Abstand zueinander zu zeichnen.

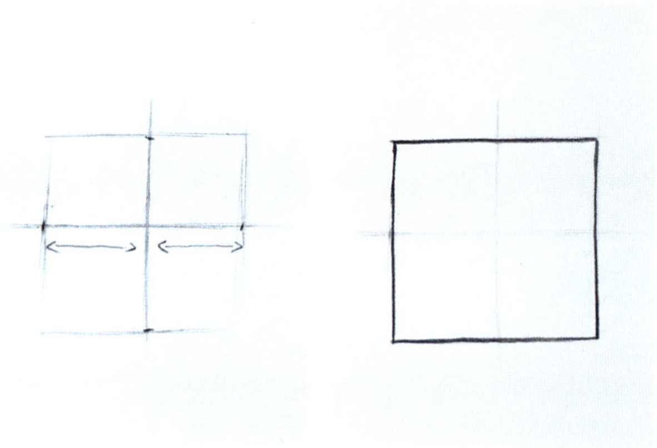

DREIECK

Beim Dreieck ist es hilfreich, dir erst einmal die Mittellinie anzuzeichnen. Von dort aus malst du im rechten Winkel eine weitere Linie, um einen Überblick darüber zu bekommen, ob beide Seiten gleich lang sind.

Wenn du ein bisschen geübt hast, probiere es auch mal ohne Hilfslinien aus. Variiere die Form und zeichne gerne auch ganz lange Dreiecke oder superschmale.

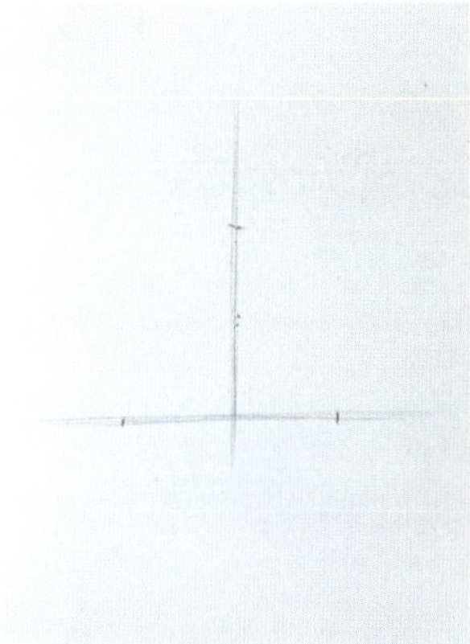

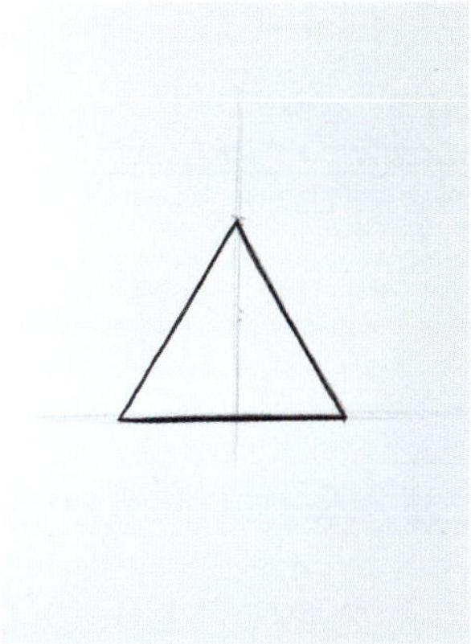

TIPP

Je kleiner du zeichnest, desto einfacher ist es, die richtigen Proportionen zu treffen, da es übersichtlicher ist als eine riesige Zeichnung. Außerdem gibt es bei kleinen Zeichnungen nicht so viel Raum für Abweichungen. Du kannst bei jeder Form erst mal winzig klein anfangen und diese dann immer größer zeichnen.

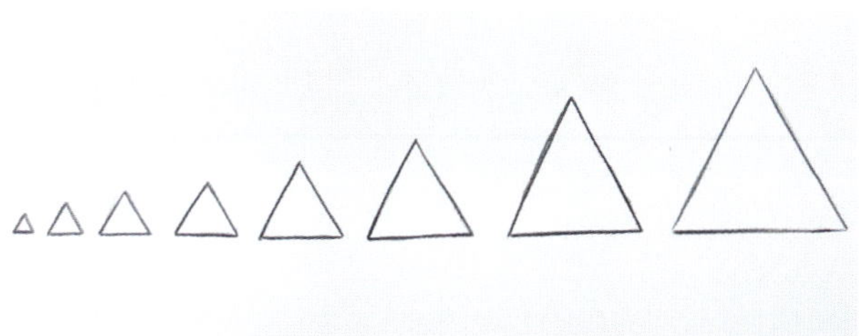

KREIS

Der Kreis gilt als die Königsdisziplin beim Zeichnen. Viele denken, es sei superschwer ihn frei Hand aufs Papier zu bringen, aber auch hier hilft dir ein ganz einfaches Kreuz. Jetzt kannst du auf allen vier Linien kleine Markierungen setzen, die von der Mitte aus denselben Abstand haben. Nun kannst du die vier Markierungen mit jeweils einem Bogen verbinden. Bessere den Kreis noch etwas aus, wenn er schief geworden ist. Wenn es immer noch nicht so gut klappt, zeichne zusätzlich zu dem Kreuz noch mal ein Kreuz, welches versetzt ist, so hast du dann acht Hilfslinien.

Keine Angst, irgendwann hast du den Dreh raus, und du musst natürlich nicht jedes Mal in der Praxis zuerst komplizierte Hilfslinien zeichnen. Stell sie dir einfach in Gedanken vor.

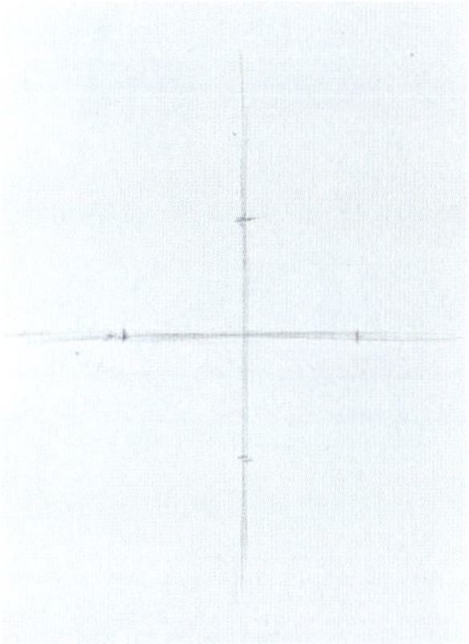

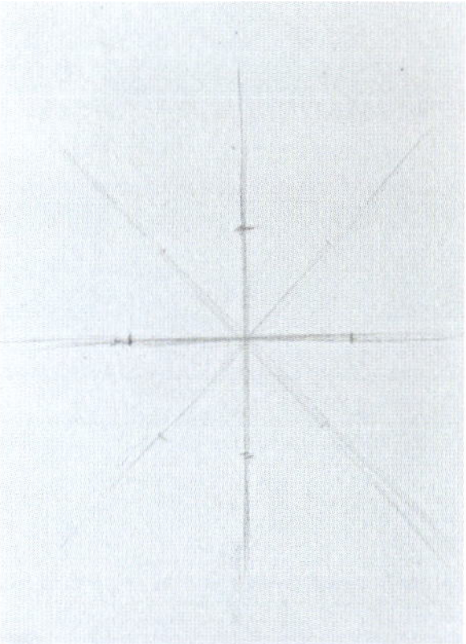

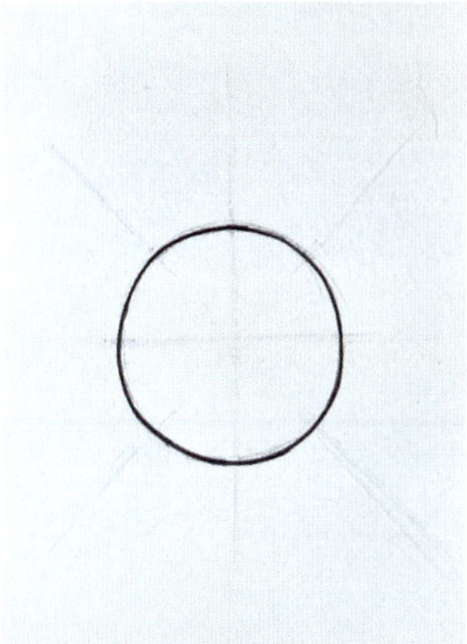

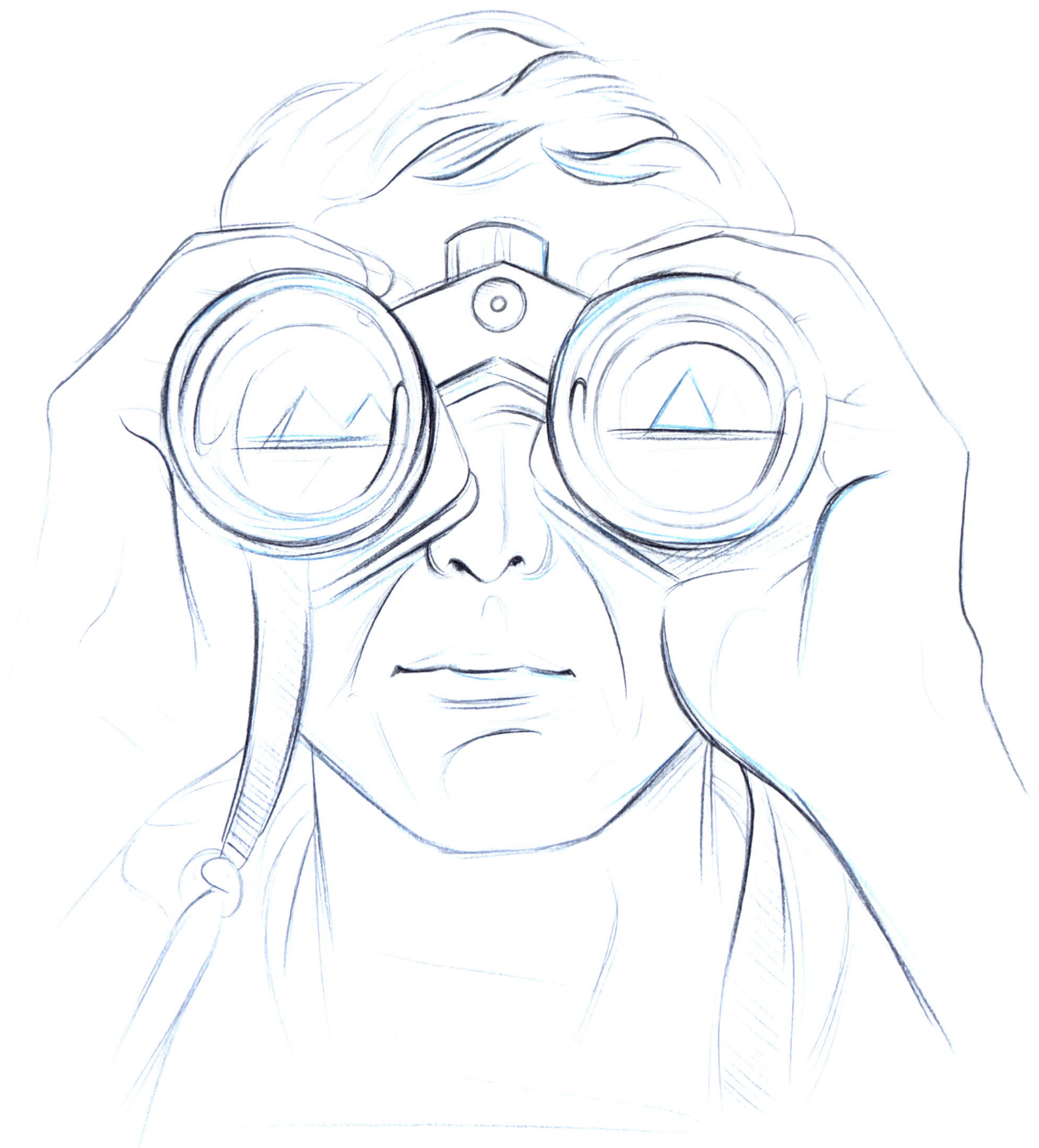

NEUE ORTE UND KULTUREN KENNENLERNEN

DER DRITTE STEP AUF DEINER ZEICHENREISE

Egal, an welchen Ort du dich begibst, du wirst immer auf neue beziehungsweise andere Kulturen und Traditionen treffen. Und nun stelle ich dir eine Technik vor, die für dich eventuell auch neu auf deiner Zeichenreise ist.

Ich habe mir diese Technik selbst angeeignet. Damit möchte ich nicht sagen, dass ich die Erfinderin bin, mit Sicherheit gibt es viele, die diese Technik auch anwenden, aber ich habe mir meine eigene Art, sie zu nutzen, angeeignet und möchte sie dir nun vorstellen. Es ist wie mit den Sprachen: Wir alle, egal ob Mensch oder Tier, kommunizieren miteinander, nur jeder auf seine Art und Weise, je nach Herkunft und Kultur. Und genau das ist ja das Schöne daran, es gibt so viel zu entdecken und zu lernen. Lasst uns hiermit gemeinsam die Kultur der Formen entdecken.

FORMEN – ERKLÄRUNG

Wenn du mir auf Social Media wie Instagram folgst, wirst du sicherlich schon oft den Satz von mir gehört haben: „Alles besteht aus Formen, du musst sie nur erkennen." Und so ist es auch. Ich verspreche dir: Sobald du diese Methode verstanden und verinnerlicht hast, wirst du jede Art von Motiv perfekt zeichnen können, und genau das möchte ich mit diesem Buch erreichen. Meine Zeichentechnik und die Motive in diesem Buch basieren auf dieser Methode, daher ist dieses Kapitel eigentlich das wichtigste des ganzen Buches. Und in den vielen Tutorials, die dich nach dem Grundteil erwarten, kannst du diese Methode praktisch anwenden und verinnerlichen, um ganz einfach verschiedene Motive zeichnen zu lernen.

DIE DREI FORMEN

Wie schon erwähnt, besteht im Grunde alles aus drei Formen: dem Kreis, Quadrat/Rechteck und Dreieck. Wie praktisch, dass du bereits im vorherigen Kapitel gelernt hast, wie man die drei Grundformen zeichnet. Die Kunst dabei ist es zu lernen, wie du ein Foto in die drei Formen zerlegen und anschließend auf dein Blatt übertragen kannst. Mit dieser Technik kannst du dein Motiv wie ein Puzzle formen. Allein das reicht jedoch nicht aus, eine ganze Zeichnung anzufertigen. Es kommen noch einige Kriterien hinzu, die du beachten solltest, auf die ich ebenfalls in diesem Kapitel eingehen werde. Die Mischung aus all den Punkten, die du lernen wirst, ermöglicht es dir, zu zeichnen wie ein Profi. So wirst du sicherlich dein Umfeld und vor allem dich selbst mit deinen neu erlernten Fähigkeiten beeindrucken und deine bisherigen Zeichenskills auf ein neues Level bringen.

ANDERE METHODEN

Natürlich ist das nicht die einzige Methode, mit der man abzeichnen kann. Es gibt viele weitere Techniken, wie z. B. die Rastermethode oder das Abpausen mit einem Leuchtpad. Jedoch kann ich dir schon mal vorweg verraten: Die Rastermethode ist zum einen unfassbar nervenaufreibend, und zum anderen sieht man das Raster fast immer durch, trotz wegradieren, und beim Abpausen lernst du nichts dazu.

Da ich mich in diesem Buch auf eine Methode beschränken möchte und es mein Ziel ist, dir das Zeichnen beizubringen, werde ich auf keine dieser beiden Methoden eingehen. Denn meiner Meinung nach ist zumindest das Abpausen lediglich dazu da, um Zeit zu sparen. Daher finde ich, die beiden Themen haben nichts in einem Lehrbuch für das Zeichnen verloren. Später, wenn du ein ganz besonderes Bild zeichnen möchtest oder die Zeit ein wenig knapp ist, kannst du die zwei Methoden natürlich trotzdem gerne anwenden. Das mache ich auch hin und wieder, und das ist auch absolut nicht verwerflich.

WESHALB ICH EINE TECHNIK, MIT DER MAN OHNE HILFSMITTEL ZEICHNEN LERNT, JEDEM SEHR ANS HERZ LEGEN KANN:

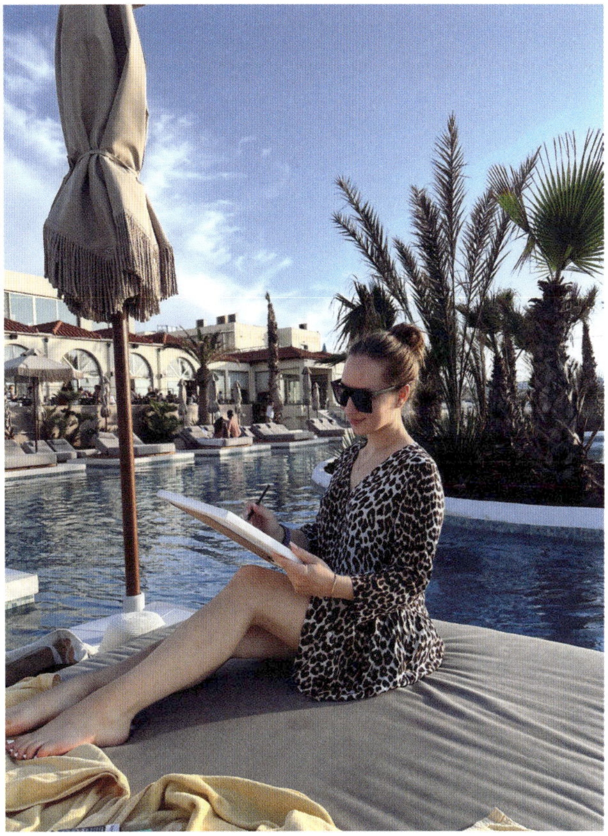

1. **Du brauchst keine Hilfsmittel wie ein Lineal oder ein teures Leuchtpad.**

2. **Du kannst absolut auf jedem Untergrund zeichnen, egal ob Leinwand, dickes Papier etc. Denn es muss nicht wie beim Abpausen ein dünnes Papier sein.**

3. **Du kannst auf jedem beliebigen Format zeichnen.**

4. **Du kannst von überall aus zeichnen, auch wenn du keine Hilfsmittel dabeihast.**

5. **Du sparst dir die lästigen Vorbereitungen, die dir den Spaß am Zeichnen verderben können, z. B. ein Raster aufzuzeichnen und auszurechen oder eine Vorlage auszudrucken zum Abpausen.**

6. **Es ist die einzige Möglichkeit, dein Auge zu schulen und zu lernen, die richtigen Proportionen zu erkennen.**

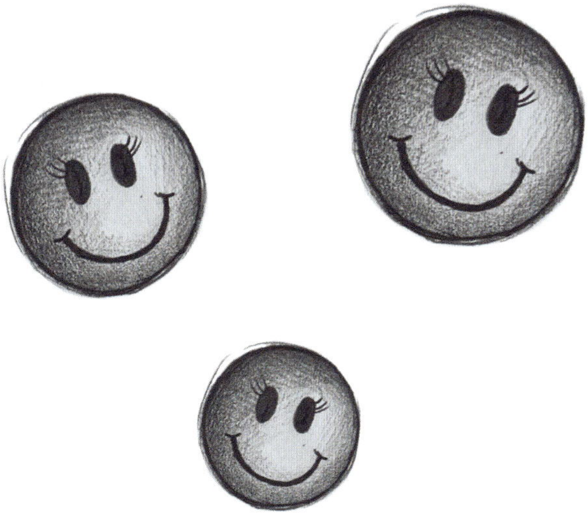

POSITIONIERUNG

Wie schon erwähnt, sind noch weitere Kriterien wichtig, um ein Bild zu zeichnen, wie z. B. die richtige Position auf dem Papier zu treffen.

Nehmen wir an, auf deiner Reise machst du einen kurzen Zwischenstopp an einem Strand. Dort begegnest du einem süßen Hund und möchtest diesen zeichnen. Macht es Sinn, zuerst mit den Augen zu beginnen, um dann den Kopf zu zeichnen, dann den Strand? Was ist die richtige Reihenfolge?

Bestimmt hast du dir schon oft bei einer Zeichnung ein Objekt ausgesucht, mit dem du anfangen möchtest, und von dort aus hast du dann weitergemalt. Möglicherweise hattest du Glück, und dein ganzes Motiv passte auf dein Blatt. Es kann aber durchaus vorkommen, dass du dich verschätzt und später merkst, dass z. B. der Körper von dem Hund gar nicht mehr auf dein Blatt passt, weil du die Augen zu weit unten angesetzt hast. Außerdem passiert es bei dieser Methode ziemlich oft, dass du als Anfänger*in die Proportionen total falsch zeichnest, beispielsweise das eine Auge größer als das andere. Das ist mir früher bei all meinen Bildern passiert.

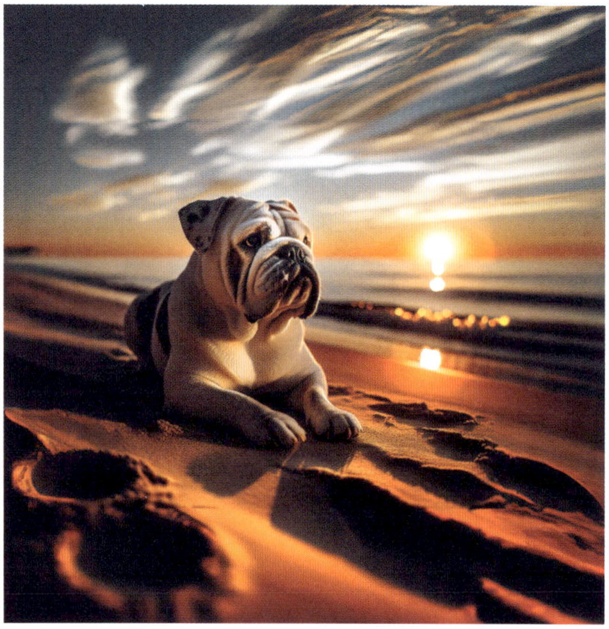

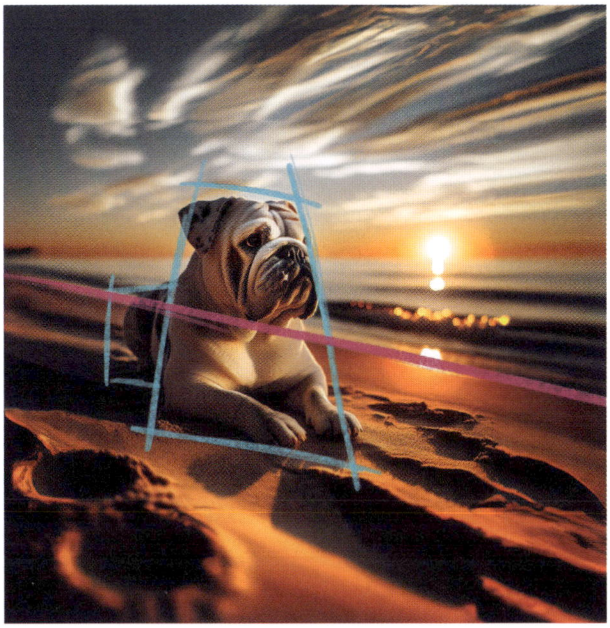

Das ist keine Übung zum Nachzeichnen, hiermit möchte ich dich nur mit der Vorgehensweise vertraut machen.

1. Bevor du anfängst, deine ganze Vorlage in viele Formen zu unterteilen, macht es Sinn, grob zu beginnen. Zunächst sollte das Hauptmotiv, welches im Fokus steht (in diesem Fall der Hund), in Formen angelegt werden. Versuche, den Hund so grob wie möglich anzudeuten, mit maximal 2 Formen. Genau diese Formen kannst du bereits auf dein Papier übertragen.

2. Danach deutest du den Hintergrund an. Dabei musst du dich nicht zwingend an deiner Vorlage orientieren. Denke hier an die richtige Komposition. Du kannst den Horizont z. B. weiter oben oder unten zeichnen, je nachdem, was besser passt. Störende Objekte, die auf Fotos meistens vorkommen (Straßenschilder, Fahrräder, Autos, Mülltonnen usw.) lasse ich oft weg, wenn sie nicht zum Thema passen. Außerdem ist das Ziel, das Auge des Betrachters auf dein Hauptmotiv zu lenken. Das wird durch unnötige Gegenstände gestört.

Möglicherweise denkst du jetzt, dass sich die Methode der Formen nur auf supersimple Motive und Gegenstände anwenden lässt. Auf den nächsten zwei Seiten beweise ich dir, dass das nicht stimmt: Ich zeige ich dir jeweils ein Beispiel, wie du das Prinzip einerseits für ein einzelnes Objekt und andererseits für ein gesamtes Foto anwenden kannst, welches in eine Zeichnung überführt werden soll.

VON DEN FORMEN BIS ZUR FERTIGEN ZEICHNUNG

Nun zeige ich dir im Detail den Ablauf von der Anwendung der Formen über die Skizze bis zur fertigen Zeichnung. Wenn du möchtest, kannst du jetzt schon zu Übungszwecken mitmachen, damit dir die Motive im zweiten Teil des Buches besser gelingen. Du kannst es dir aber auch später noch einmal genauer durchlesen, wenn du eine Zeichnung auf Basis eines Fotos kreieren möchtest, welches nicht nur eine schnelle Skizze, sondern ausgearbeitet mit Schatten und allen Details sein soll.

VORBEREITUNG

Entscheide dich für ein Motiv, welches du zeichnen möchtest. Am besten sind Alltagsgegenstände geeignet. Diese sind als Motiv an sich überschaubar und beinhalten meist nicht allzu viele verschiedene Formen. Schau dich einmal in deiner Umgebung um und schieße ein paar Fotos. Als Alternative kannst du natürlich auch im Internet nach Fotos von interessanten Gegenständen suchen. Am besten eignen sich Motive, die relativ kompakt sind oder auch rund, beispielsweise eine Vase oder ein Stück Obst. Gegenstände, die lang sind, wie ein Kugelschreiber, eignen sich aus meiner Sicht nicht so gut zum Üben.

Wähle zudem für den Anfang einen Gegenstand ohne Hintergrund. Sobald du dich an die Übung gewöhnt hast, kannst du ein ganzes Foto mit Hintergrund zeichnen, so wie ich es im Folgenden mache.

TIPP

*Sehr viele Künstler*innen suchen unfassbar lange nach einem Motiv. Mach das nicht, solange du an dem Motiv üben möchtest, denn dadurch riskierst du eine große Enttäuschung, wenn das Bild doch nicht so wird, wie du es dir erhofft hast. Und um ein neues Bild anzufangen, ist dann sowohl die Motivation als auch die Zeit nicht mehr vorhanden. Wir möchten nur üben und das Auge schulen, es geht hier also nicht primär um das Motiv. Je weniger Zeit du für die Suche verschwendest, desto mehr Zeit bleibt dir zum Zeichnen.*

ÜBUNGEN

Es gibt verschiedene Möglichkeiten, wie du dich an diese Methode herantasten kannst. Anfangs hört es sich vielleicht etwas kompliziert an, aber wenn du ein paar Übungen gemacht hast, bin ich mir ziemlich sicher, dass du den Dreh raushaben wirst. Ich werde dir nun zwei Möglichkeiten erklären, wie du dein Auge schulen kannst. Probiere gerne beide einmal aus, um zu merken, was dir besser liegt. Denke immer daran, dass du dich bei Übungen nicht zu lange damit aufhalten solltest, das perfekte Motiv zu finden. Es gilt nur: Zeichne so viel wie möglich. Das ist der beste Tipp, den ich dir geben kann, wenn es um das Zeichnenlernen geht.

TECHNIK NR. 1: AUSDRUCKEN

Wenn du dich für ein schönes Foto entschieden hast, kannst du es einmal ausdrucken, schwarzweiß ist hier völlig ausreichend. Am besten druckst du es so groß aus, wie du es auch zeichnen willst, für kleine Skizzen und für diese Übung eignet sich A6 oder A5 perfekt. Schnapp dir also nun deinen Zeichenblock, ein Blatt Papier und 3 bis 4 Buntstifte und schon kannst du loslegen. Verwende auch, wenn du nicht weiterkommst, Hilfsmittel wie Lineal und Zirkel. Mit diesen kannst du die Formen akkurater aufmalen, jedoch empfiehlt es sich, mit der Zeit ohne Hilfsmittel zu zeichnen.

TECHNIK NR. 2: DIGITAL

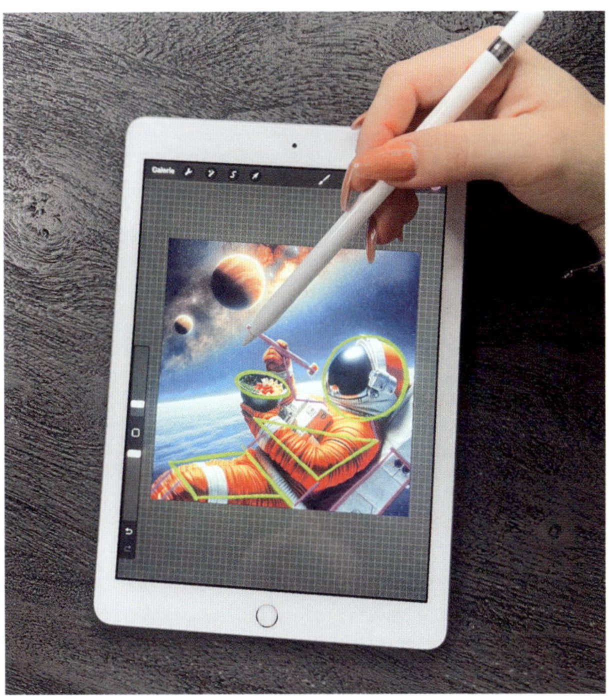

Eine andere Möglichkeit ist, dein Foto auf einem Tablet oder Grafiktablet anzuzeigen. So kannst du die Formen mit einem Stift, der für dein Tablet geeignet ist, einzeichnen. Der Vorteil hierbei ist, dass man mit fast jedem Programm einfache Formen aufziehen kann, z. B. gerade Linien, einen perfekten Kreis usw. Für so eine Skizze reichen ganz unspektakuläre Programme. Ich nutze am liebsten Procreate (nur für iOS). Eine weitere App, mit der das super funktioniert, ist Sketchbook (für iOS, Android und Windows). Du kannst es auch mit der Bildbearbeitungsfunktion auf deinem Handy probieren. Die meisten Smartphones haben eine Zeichnen-Funktion in der Bildergalerie integriert.

VORGEHEN

1. **Grobe Formen einzeichnen**
2. **Weitere Formen finden**
3. **Formen übertragen**
4. **Finale Skizze erstellen**
5. **Hilfslinien wegradieren**
6. **Zeichnung finalisieren**

SCHRITT 1: GROBE FORMEN EINZEICHNEN

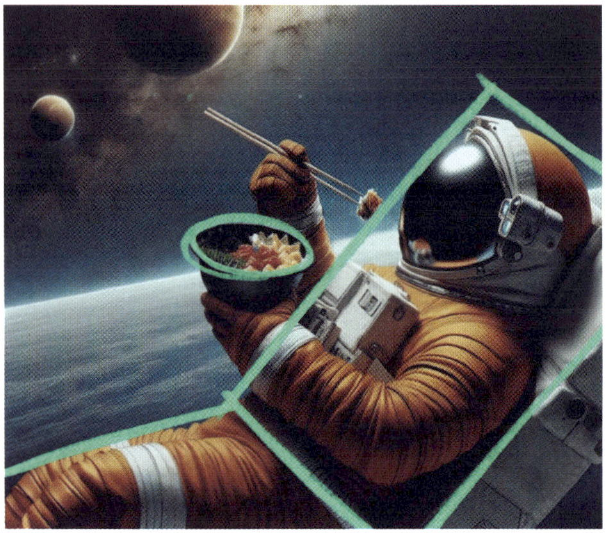

Bei beiden Techniken bleibt das Prinzip dasselbe. Am besten fängst du mit den äußeren Formen an und gehst immer weiter ins Detail. Bei diesem Motiv passt der Astronaut perfekt in zwei Rechtecke. Daher kannst du als Erstes anfangen, diese Formen auf dein Papier oder Tablet zu übertragen.

SCHRITT 2: WEITERE FORMEN FINDEN

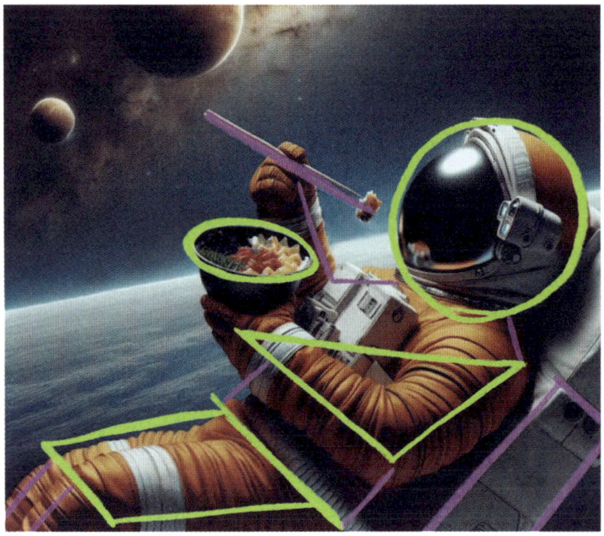

Danach kannst du die Vorlage auf weitere Formen untersuchen und diese anzeichnen, am besten in verschiedenen Farben. Wenn du dich schon etwas sicherer fühlst, kannst du direkt mit diesem Schritt beginnen und musst nicht zuerst zwei sehr grobe Formen anzeichnen, das dient dir nur zur Positionierung.

Für jede Form kannst du eine andere Farbe wählen, das ist bei komplexen Motiven wie einem Gesicht sehr hilfreich. Das Konzept vom menschlichen Gesicht ist übrigens sehr spannend. Darauf gehe ich im letzten Kapitel genauer ein. Du kannst immer mal wieder Linien einarbeiten, für mehr Orientierung. Achte dabei darauf, die Formen dennoch so einfach wie möglich zu halten. Sie sollen ja nur eine Orientierungshilfe sein.

SCHRITT 3: FORMEN ÜBERTRAGEN

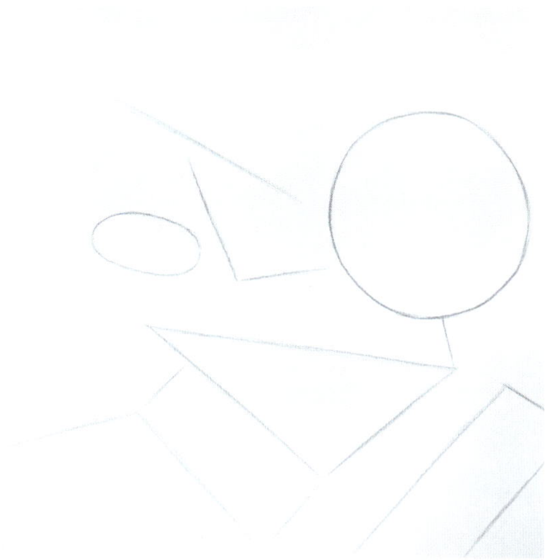

Jetzt kannst du loslegen, deine Zeichnung zu übertragen. Am besten gelingt es dir, wenn du so fortfährst, wie du angefangen hast, und zwar mit den äußeren Formen. Zeichne also zuerst dein erstes Rechteck, dann das zweite usw.

NEGATIVRAUM

Jedes Mal, wenn sich zwei oder mehrere Formen kreuzen, entstehen Zwischenräume. Daran kannst du dich auch orientieren, um Proportionen besser einschätzen zu können. Wir sind beim Zeichnen zu sehr auf die wesentlichen Linien von dem Objekt, welches wir zeichnen fokussiert (in dem Fall das Dreieck), beachten aber das restliche Umfeld nicht mehr. Die sogenannten Negativflächen sind die Flächen, die du eben nicht zeichnest. Wenn du während des Skizzierens diese Flächen beachtest, hast du zum einen eine weitere Orientierungshilfe, und zum anderem kannst du dadurch kontrollieren, ob du richtig gezeichnet hast. Bei diesem Beispiel kann man durch den Negativraum super erkennen, dass sich ein leichter Knick bildet bei dem Übergang von dem Dreieck zum Rechteck.

Hier ist ein Beispiel von den Zwischenräumen, die du beachten solltest:

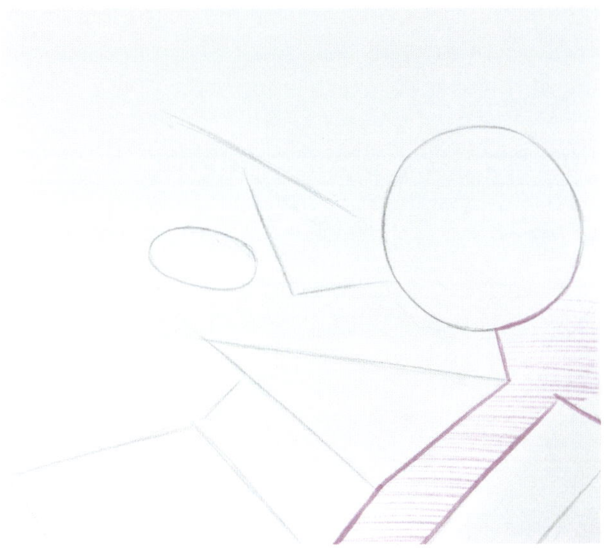

TIPP

Ich lege dir ans Herz, die Übungen so oft wie möglich durchzuführen, um zu lernen, die Formen auf einen Blick erkennen zu können. Irgendwann wirst du merken, dass du keine Fotos oder Vorlagen mehr brauchst, sondern dein Auge bereits so geschult ist, dass es ausreicht, dir die Formen im Kopf vorzustellen.

SCHRITT 4: FINALE SKIZZE ERSTELLEN

Basierend auf deinen Grundformen, kannst du die finale Skizze erstellen.

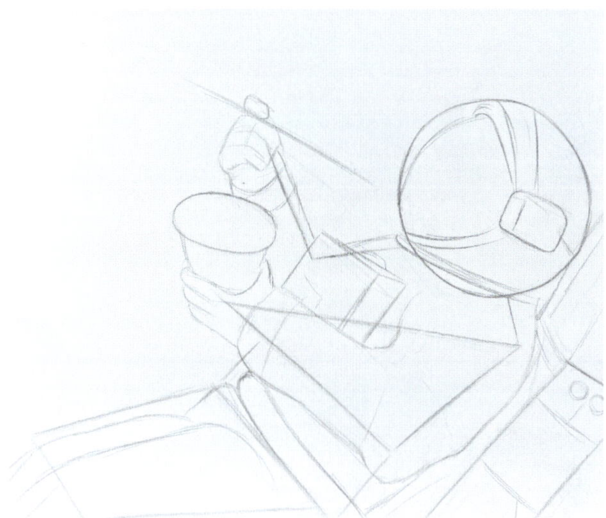

FINALE SKIZZE

Die finale Skizze ist ein wesentlicher Bestandteil im Prozess des Zeichnens. Du kannst stolz auf dich sein, wenn du ein Grundgerüst geschaffen hast, das ist nämlich der wichtigste und schwierigste Teil. Wenn dein Gerüst nicht stimmt, wird auch die Reinzeichnung nicht besonders gut. Aus den ganzen Hilfslinien auf deinem Papier entsteht also nun die finale Skizze. Sieh dir noch mal die genaue Position an, wo sich dein Motiv auf dem Foto und die Hilfslinien kreuzen, und versuche, das so genau wie möglich auf dein Papier zu übertragen. Beobachte dabei immer die Abstände auf den Hilfspfaden selbst.

TIPP

Du kannst auch erst mal kleine Markierungen andeuten, bevor du die Umrisse malst. Wie bei der Übung mit den Grundformen, erinnerst du dich? So merkst du gleich, ob du die Abstände richtig eingeschätzt hast oder nicht. Ein weiterer Vorteil, zuerst einmal kleine Markierungen zu setzen, ist, dass du Fehler viel besser ausbessern kannst, wenn du merkst, dass du dich etwas verschätzt hast. Das merkt man nämlich erst im Laufe des Prozesses, wenn du bereits weitere Bereiche gezeichnet hast.

SCHRITT 5: HILFSLINIEN WEGRADIEREN

Sobald du mit deinem Gerüst so weit zufrieden bist, fragst du dich bestimmt, wie daraus eine hübsche Skizze wird. Ganz einfach: Versuche, nach und nach deine Formen, die dir als Orientierung geholfen haben, wegzuradieren, am besten eignet sich dafür ein Radiergummistift. Denn damit kannst du sehr genau radieren und kommst gut in alle Ecken und Zwischenräume. Wenn du keinen besitzt, kannst du dir auch einen üblichen Radiergummi zurechtschneiden.

Radiere in diesem Schritt alle Formen und Hilfslinien, soweit es geht, weg. Du kannst deine Skizze jetzt noch mal mit dem Foto, welches du gezeichnet hast, vergleichen. Denn die Formen helfen uns zwar, um die Proportionen zu zeichnen, jedoch sieht deine Zeichnung damit sehr wirr aus. Sobald sie wegradiert sind, hast du einen besseren Überblick und kannst erkennen, wo du dein Motiv noch korrigieren solltest. Das kannst du an der Stelle direkt machen. Drücke mit dem Bleistift jedoch nicht zu sehr auf, sonst entstehen Spuren, die du nicht mehr wegbekommst.

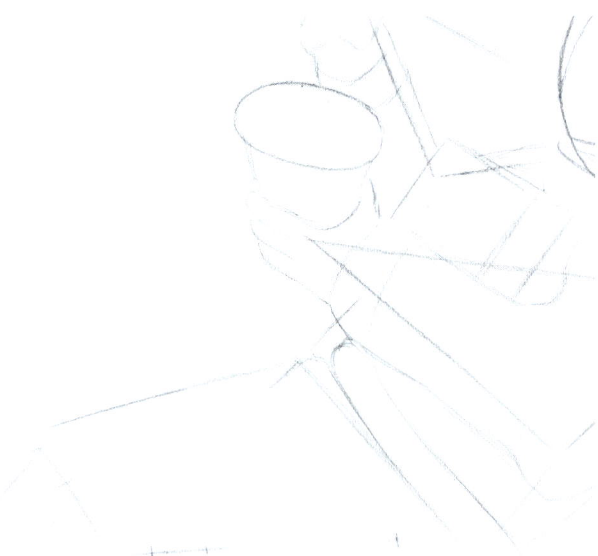

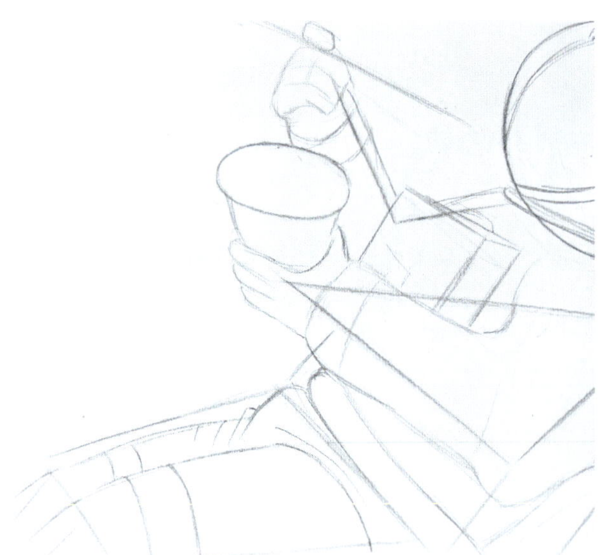

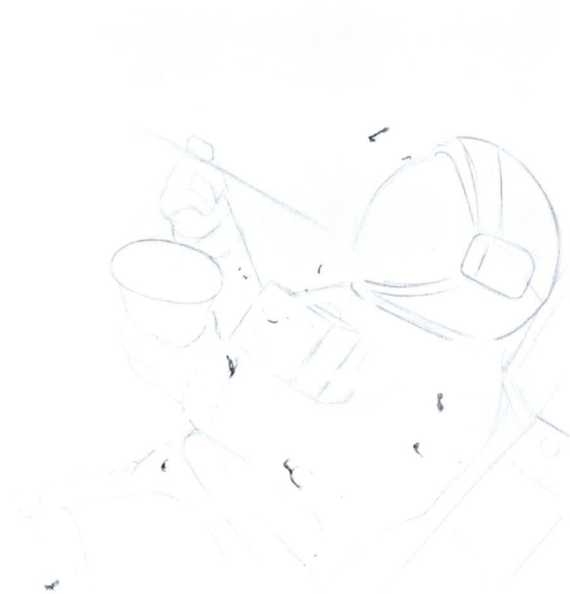

Danach kannst du das Motiv an sich ein wenig wegradieren. Am besten schnappst du dir einen Knetradierer, den kannst du zu einer Wurst kneten und einfach ein paarmal damit über dein Bild rollen. Mit einem normalen Radiergummi geht das natürlich genauso gut, wenn du nicht fest aufdrückst und ihn mit der breitesten Fläche über deine gesamte Zeichnung gleiten lässt. So verblasst deine Skizze, und du kannst deine Umrisse besser nachzeichnen.

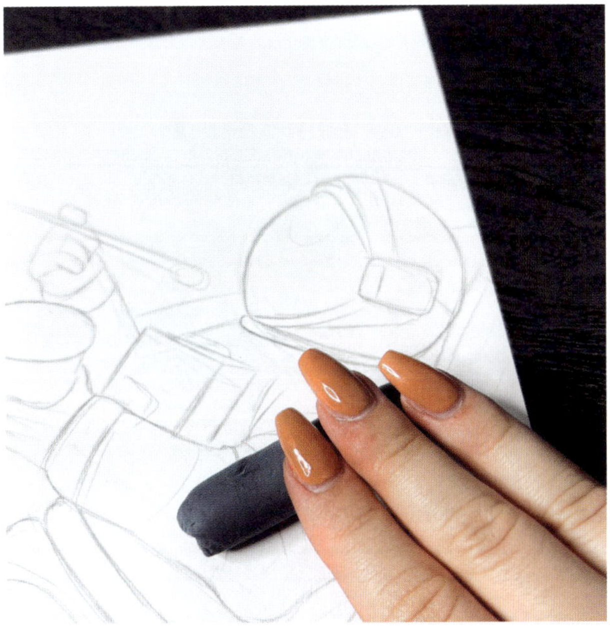

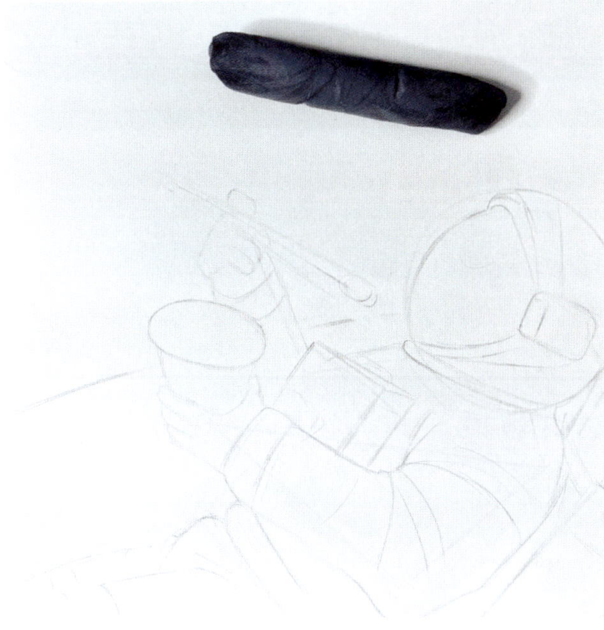

SCHRITT 6: ZEICHNUNG FINALISIEREN

Häufig sehen Skizzen sehr zerkritzelt aus, vielleicht ist dir das schon mal bei anderen Künstler*innen aufgefallen. Und genau so darf es bei diesem Schritt auch aussehen. Das hat den Grund, dass man die Kontur so lange korrigiert, bis man der Meinung ist, dass es stimmig aussieht. Anschließend pickt man sich sozusagen die "richtige" Stelle aus und zeichnet diese dann noch mal final nach. In diesem Schritt können dann auch die Schatten und Strukturen eingezeichnet werden.

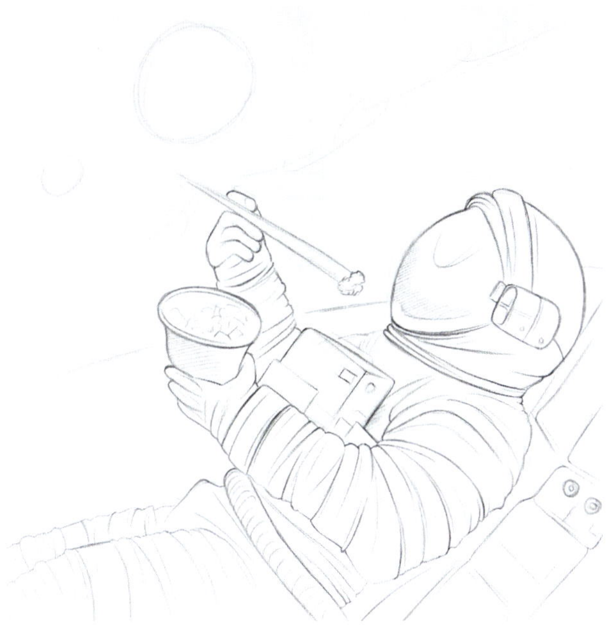

REFERENZFOTO

Erinnern wir uns einmal gemeinsam an ein ganz bestimmtes Thema zurück, was dich von nun an auf deiner langen Reise stets begleiten wird: die Referenzfotos. Auch wenn ich vorhin erwähnt habe, dass du dir nicht zu viel Zeit bei der Wahl deines Motives lassen solltest, gibt es ein paar Dinge zu beachten. Daher möchte ich hier noch mal ein paar Worte zum Thema Motivwahl verlieren und das Thema zusammenfassen.

Häufig fällt mir auf, dass die Zeichentechnik an sich bei gewissen Leuten sehr viel Potenzial aufweist, das Bild aber optisch nicht wirklich was hermacht. Das liegt an einer unglücklichen Motivwahl und einer falschen Positionierung. Ich führe dir im Folgenden ein paar Aspekte auf, die du beachten kannst, um ein geeignetes Motiv zu finden.

ANORDNUNG

Ein schönes Motiv fängt schon bei der Anordnung an. Tatsächlich muss man hier ein Auge dafür haben, wenn man sein Motiv selbst fotografieren oder zusammenstellen möchte. Kleiner Fun-Fact: Ich habe in meiner Schulzeit als Nebenjob Hochzeiten dekoriert. Dort habe ich einiges darüber gelernt, wie man mehrere Gegenstände so arrangiert, dass es hübsch aussieht. Eine Regel ist die Anordnung von Gegenständen im Dreieck. So sieht das Ganze spannend aus, aber nicht unordentlich. Es hilft auch, zuerst einmal ein Foto zu machen, bevor du den Stift in die Hand nimmst. Denn im echten Leben sieht die Komposition vielleicht super aus, wirkt aber als Zeichnung oder schon auf dem Foto ganz anders.

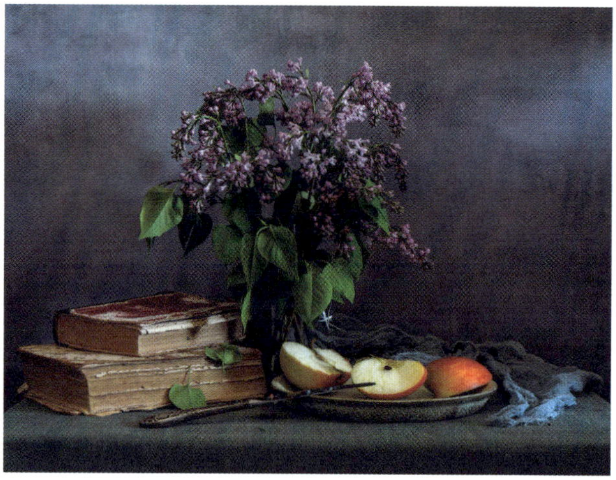

KONTRAST

Das Aussehen einer Zeichnung ist ja Geschmackssache, denn es gibt kein Richtig oder Falsch in der Kunst. Wenn du dich jedoch fragst, wieso bei deinen Zeichnungen das gewisse Etwas fehlt, könnte es daran liegen, dass deine Zeichnung nicht kontrastreich ist. Das fängt schon bei der Vorlage an. Wenn du ein Foto hast, welches bei sehr wenig Licht entstanden ist, übernimmst du das natürlich dann auch beim Zeichnen.

HINTERGRUND

Die Frage ist: Möchtest du den Hintergrund mitzeichnen? Bei manchen Motiven solltest du das tun. Es sieht z. B. seltsam aus, wenn du ein Tier zeichnest, welches komplett zu sehen ist, aber kein Hintergrund angedeutet ist. Es würde dann so aussehen, als ob das Tier in der Luft schwebt. Bei manchen Motiven sieht das cool aus, jedoch eignet es sich nicht immer, den Hintergrund weiß zu lassen. Beachte das bei der Motivwahl.

HAUPTMOTIV

Schnappschüsse können superschöne Erinnerungen sein, eignen sich aber meist nicht als Kunstwerk. Das liegt daran, dass es keinen spannenden Mittelpunkt gibt. Achte bei Fotos, welche dir als Grundlage für eine Zeichnung dienen sollen, darauf, dass du ein Hauptmotiv wählst. Um dieses herum sollte nichts Aufregendes passieren.

Wenn du allerdings ein Foto hast, was an sich supergut geeignet ist, aber auf dem dich bestimmte Bereiche stören, kannst du sie beim Zeichnen einfach weglassen. Man kann also sagen, dass das Zeichnen die analoge Version von KI und Photoshop ist.

BILDQUALITÄT

Lerne, NEIN zu sagen! Wenn dein Hobby daraus besteht, Kunst zu schaffen, wirst du von deiner Außenwelt bombardiert mit Anfragen wie „Kannst du mal meinen Hund, meine Katze, meine Tante und meine 26 Cousinen/Cousins zeichnen?". Das wäre ja an sich kein Problem, allerdings bekommst du zu 90 % furchtbar unscharfe und sehr dunkle Fotos geschickt, die keine der oben genannten Kriterien erfüllen. Deine Vorlage sollte allerdings immer scharfgestochen sein. Je schlechter die Bildqualität, desto schwieriger ist die Umsetzung, da du wichtige Konturen und Details nicht erkennen kannst. Das ist als Anfänger*in aber absolut wichtig. Ansonsten werden deine Zeichnungen mit ziemlicher Wahrscheinlichkeit nicht schön aussehen – und das hat nichts mit deinem Talent zu tun, sondern liegt an der falschen Motivwahl. Als Zeichenanfänger*in besteht dann das Risiko, dass du an dir zweifelst und dein neues Hobby ganz schnell wieder beendest. Die richtige Vorlage bzw. das richtige Motiv sind also die halbe Miete.

Hier sind zwei Beispiele: Das Foto ist zwar ein süßer Schnappschuss, aber keine gelungene Aufnahme, weil die Lichtverhältnisse schlecht waren. Wenn man reinzoomt, erkennt man überhaupt keine Details, dementsprechend kannst du sie auch nicht zeichnen.

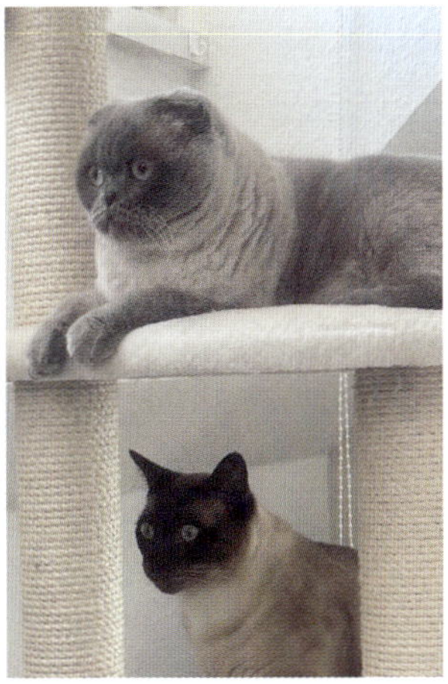

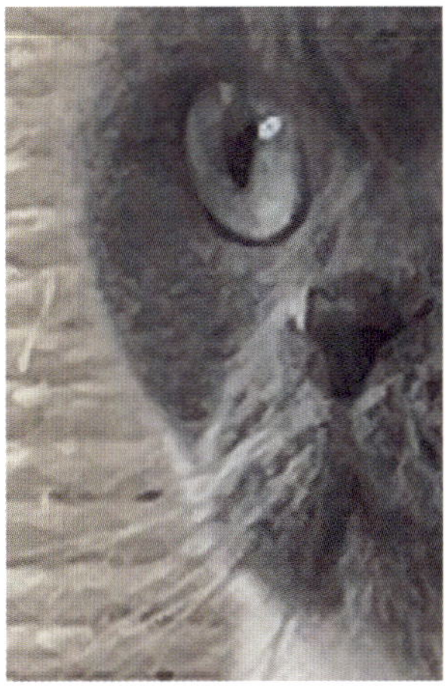

Hier ein weiteres Foto. Sie ist über Paparazzi selten erfreut, die Lichtverhältnisse sehen aber super spannend aus. Wenn man genauer hinsieht, kannst du jedes einzelne Härchen gut erkennen und kannst es auch genauso zeichnen.

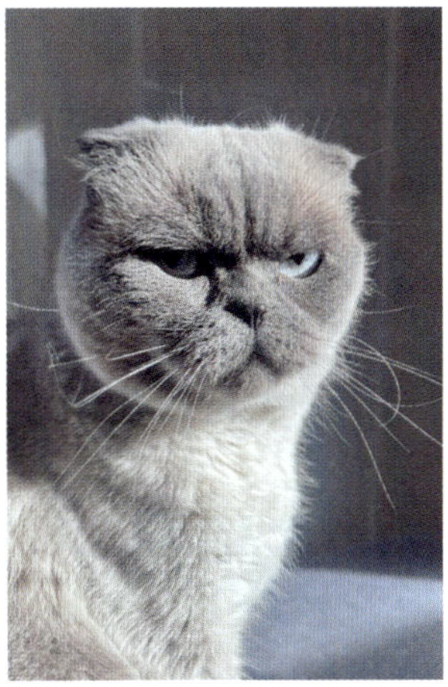

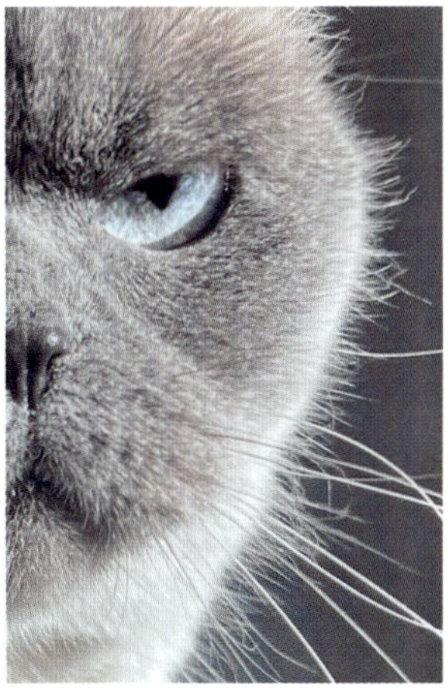

BILDKOMPOSITION

Je mehr du über einen neuen Ort oder eine neue Kultur erfährst, desto größer wird dein persönliches Interesse daran, und du willst immer mehr darüber wissen. Das bloße Zeichnen und Aufteilen in verschiedene Formen ist ja die eine Sache, weiterführend geht es aber darum, deine Zeichnungen so richtig magisch aussehen zu lassen. Ein weiterer wichtiger Punkt ist dabei die Bildkomposition deiner Zeichnung.

Wir empfinden Fotos/Zeichnungen als spannend, wenn das Bild einen einzigen Fokus hat. Natürlich kann die Zeichnung trotzdem noch weitere Elemente enthalten, diese können genauso wichtig sein wie das Hauptobjekt und sind sogar von großer Bedeutung. Denn durch diese laden wir den*die Betrachter*in dazu ein, das Bild länger zu betrachten, und das Auge wird von einem Detail zum anderen schweifen. Man muss daher ganz bedacht planen, bevor man mit einem neuen Kunstwerk beginnt.

Damit ein Bild spannend und gleichzeitig "aufgeräumt" aussieht, ist es ratsam zu beachten, wo du dein Hauptmotiv platzierst und wie dieses mit dem Rest der Zeichnung harmoniert. Dazu kannst du ein paar Merkmale verinnerlichen und dich am Goldenen Schnitt orientieren. Dieses Konzept wendet man übrigens auch in der Fotografie an. Hier hatte ich einen großen Bonus von klein auf, da meine Mama hauptberuflich Fotografin ist und mir einiges beigebracht hat. Dieses Wissen möchte ich nun an dich weitergeben.

GOLDENER SCHNITT

Von dem berühmten Goldenen Schnitt hast du sicherlich schon mal gehört. Das Verhältnis dieser Fläche liegt bei 1:1,62 und wird von unserem Auge als besonders harmonisch und ästhetisch empfunden. Das kommt uns beim Zeichnen sehr gelegen. Man konnte feststellen, dass der Goldene Schnitt sogar in der Anatomie vom menschlichen Körper vorkommt oder bei Pflanzen, beispielsweise in der Anordnung der Blätter an einem Ast.

Wenn man ein Rechteck im Verhältnis 1:1,62 immer wieder durchtrennt und eine gleichmäßige Spirale durch die Ecken zieht, entsteht die sogenannte Goldene Spirale. Wenn man diese auf ein Foto oder eine Zeichnung projiziert, welche sehr harmonisch wirken, merkt man, dass wichtige Elemente entweder an den Linien entlangführen, sich das Hauptmotiv mitten in dem kleinen "Kringel" befinden oder sich auf der ganzen Spirale abbilden.

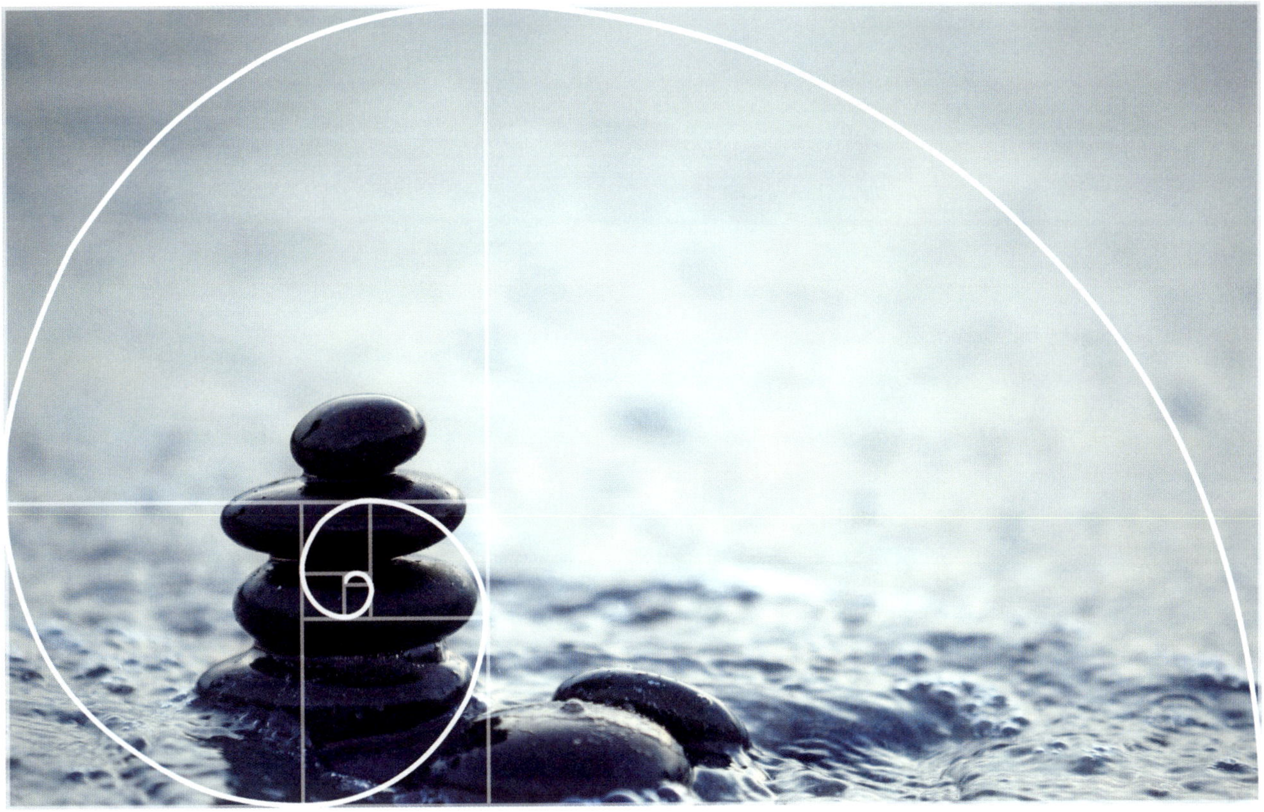

DRITTEL-REGEL

Eine vereinfachte Variante ist die Dreiteilung des Bildes. Diese Variante eignet sich besser als Methode, vor allem weil du sie frei Hand anwenden kannst. Hierbei teilst du dein Papier jeweils horizontal als auch vertikal in drei Teile. So entstehen insgesamt neun Rechtecke. Bei einem DIN-Format entspricht das ungefähr jeweils dem Verhältnis 1:1,62. Wie bei der Spirale ist das Prinzip dasselbe, die Hauptmotive und Elemente liegen entweder an den vier Schnittstellen oder entlang der Linien. Das ist übrigens der Grund, weshalb Kameras (auch Handykameras) dieses Raster anzeigen.

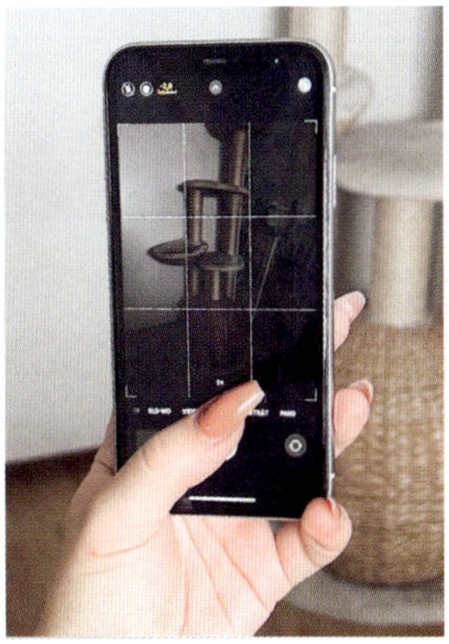

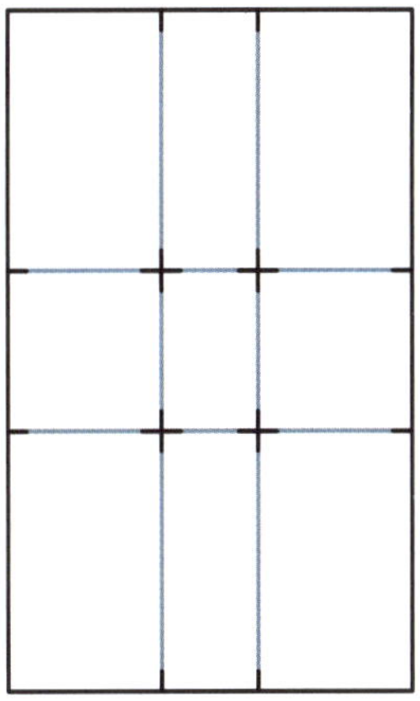

KOMPOSITION IN DER PRAXIS

Wie wendet man den Goldenen Schnitt nun in der Praxis an? Klar, man sollte die Spirale, die Schnittpunkte und die Linien beachten. Es gibt aber noch ein paar Kleinigkeiten, die du berücksichtigen solltest. Z. B. ist es ratsam, das Hauptmotiv von dem Rest des Bildes zu isolieren, indem du es z. B. durch einen starken Farbkontrast abhebst und wenig spannende Elemente außen herum anordnest.

Ein weiterer Punkt ist die Wahl des Formates. Was eignet sich besser? Hoch- oder Querformat? Sieh dir dazu dein Motiv an: Ist es eher länglich von unten nach oben? Dann eignet sich das Hochformat besser. Möchtest du z. B. eine Landschaft zeichnen, eignet sich ein Querformat besser, da der Hauptfokus in der Regel auf dem Horizont liegt.

Beachte bei deiner Zeichnung, dass sich die Kanten wichtiger Elemente nicht "treffen" oder auf derselben Ebene enden, wie beispielsweise dein Hauptobjekt und der Hintergrund, ansonsten verlaufen diese zu sehr ineinander und heben sich nicht mehr voneinander ab. Dabei kannst du den Goldenen Schnitt anwenden.

Ein letztes Kriterium, welches bei der Komposition entscheidend ist, ist die Art der Position. Dabei gibt es verschiedene Varianten.

DIAGONAL:

Dabei verläuft entweder tatsächlich eine sichtbare Diagonale durch dein Bild, wie z. B. eine Straße. Oder es sind mehrere Objekte so positioniert, dass sie eine Diagonale bilden.

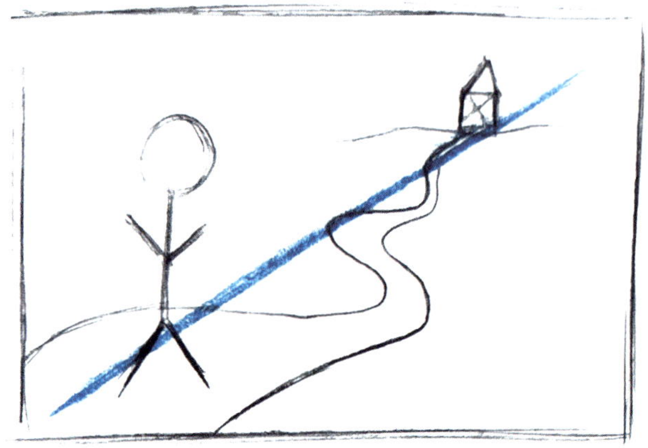

IM KREIS/OVAL:

Du kannst dir womöglich denken, wie die Elemente in deinem Bild hier angeordnet sind. Ganz genau, in einem Kreis oder einem Oval. Diese Methode eignet sich am besten für Motive, die relativ füllig sind und keinen Hintergrund haben oder er nur sehr dezent zu sehen ist.

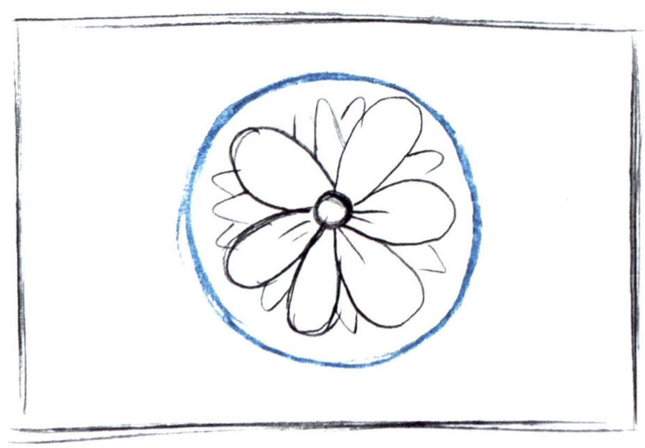

IM DREIECK:

Erinnerst du dich, als ich erwähnt hatte, dass ich früher Hochzeiten dekoriert habe und was ich dabei gelernt habe? Genau, mehrere Objekte so zu positionieren, dass sie ein Dreieck bilden. Das größte/längste Objekt kommt dabei immer in die Mitte. So kannst du auch Personen anordnen, nicht nur Gegenstände.

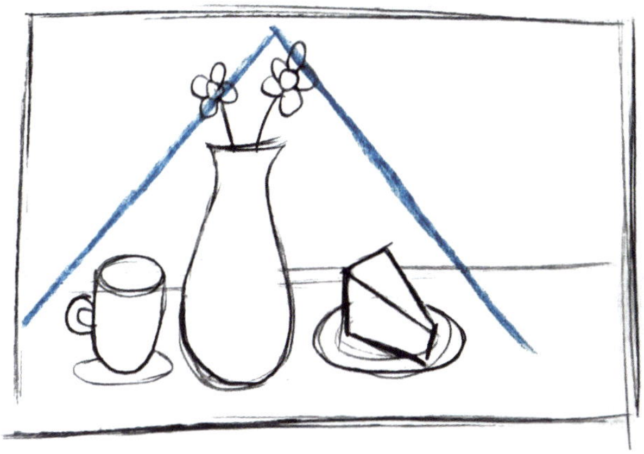

WEIẞRAUM

Als Weißraum bezeichnet man in der Kunst den Raum, den man nicht bemalt, der also weiß bleibt. Vor allem wenn du dich für eine Zeichnung ohne Hintergrund entscheidest, ist der Weißraum ein wichtiges Thema. Achte schon beim Einzeichnen der Formen auf die Verteilung im Bild. Ich persönlich mag es bei meinen Bildern sehr gerne, wenn so wenig Weißraum wie möglich zu sehen ist. Andere hingegen mögen es, wenn sehr viel Weißraum vorhanden ist. Es sollte hier keine Regel geben, das kannst du ganz für dich alleine entscheiden. Beachte aber unbedingt den einheitlichen Abstand zu allen Seiten um dein Motiv herum.

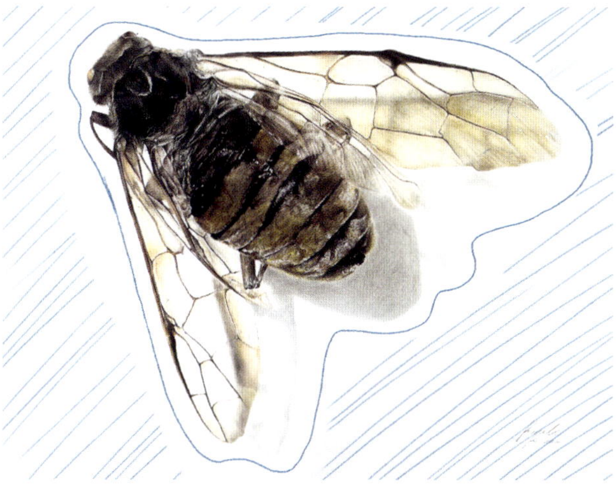

Achte auch von Anfang an darauf, dass das Motiv nicht schief abgebildet ist, auch wenn kein Hintergrund vorhanden ist. Das solltest du schon bei der Vorzeichnung prüfen. Es ist nämlich superschade, wenn du dir extrem viel Mühe gemacht hast mit deinem Kunstwerk und das Motiv am Ende schief angeordnet ist. Bei einer Übung ist das halb so wild. Wenn das Bild allerdings eingerahmt an der Wand hängen soll, fällt das ziemlich auf.

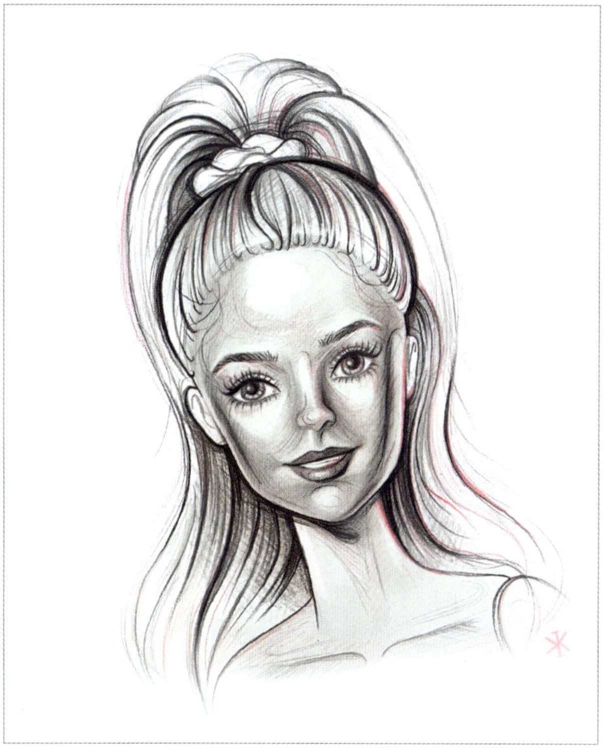

SCHATTIEREN

Jetzt wird es spannend! Als wäre es nicht schon schwer genug, einen Gegenstand proportional richtig zu zeichnen, kommt jetzt auch noch das Schattieren hinzu. Es gibt unterschiedliche Schattenarten, und die zeige ich dir. Im Internet wirst du Hunderte Anleitungen finden, wie du eine Kugel schattierst oder ein Rechteck. Das ist natürlich eine super Übung, aber um den Schattenwurf wirklich zu verstehen, reicht das nicht wirklich aus. Ich habe mir eine Schachfigur ausgesucht, um dir die Theorie näherzubringen. Du kannst sie sehr gerne nachzeichnen, um den Schattenwurf direkt selbst zu üben.

MITTELTON

Jedes Objekt verfügt über einen Mittelton. Bei Bleistiftzeichnungen ist das, wie der Name schon verrät, ein Mittelmaß, das heißt, nicht zu hell, nicht zu dunkel. Es ist daher super, wenn du die gesamte Figur einmal ausmalst, das Schraffieren hast du ja bereits gelernt.

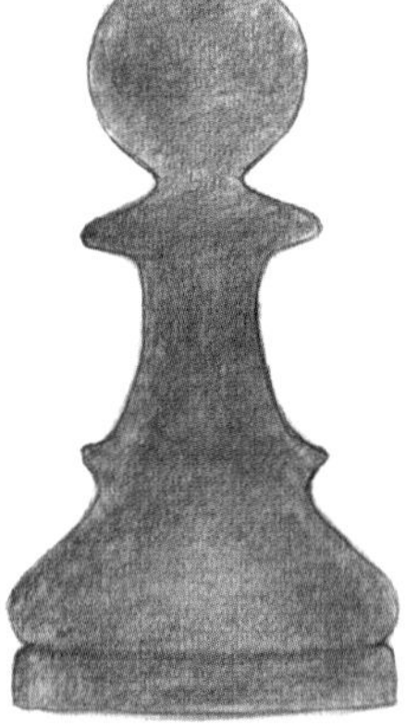

DIREKTES LICHT

Die Seite, von der die Sonne oder die Lampe auf die Figur scheint, ist die hellste auf dem Objekt. Abhängig von der Oberfläche deines Objekts ist die Stärke der Reflexion. Du kannst dir merken: Je glatter das Material, desto stärker wird das Licht reflektiert. Bei einer Schachfigur, die lackiert ist, ist die Reflexion sehr stark, und somit ist die dem Licht zugewandte Seite sehr hell. Du kannst diese Fläche am besten wegradieren, um Licht darzustellen.

Wenn es z. B. eine mit Stoff überzogene Schachfigur wäre, würde es das Licht kaum reflektieren, da die Oberfläche sehr rau ist, das bedeutet, das direkte Licht wäre auf dem Objekt nicht so sehr zu sehen.

HIGHLIGHT

Damit ist der hellste Punkt gemeint, der auf der Figur zu sehen ist. Dieser Lichtreflex verläuft auf glatten Oberflächen nicht, sondern ist klar zu sehen, mit scharfen Kanten. Das Highlight befindet sich immer genau in der Mitte vom direkten Licht.

REFLEKTIERTES LICHT

Der Untergrund, auf dem die Schachfigur steht, reflektiert Licht auf das Objekt. Dabei gilt: Je glatter der Untergrund, desto mehr Licht reflektiert dieser. Das bedeutet für die Schachfigur, es wird ein weiteres, jedoch nicht mehr so intensives Licht auf das Objekt geleitet. Dieses befindet sich genau auf der gegenüberliegenden Seite, am untersten Punkt. Beim Zeichnen kannst du diesen Schatten am besten darstellen, indem du die Bereiche daneben dunkler zeichnest.

KERNSCHATTEN

Der Kernschatten befindet sich immer genau dort, wo die Lichtquelle nicht hinkommt. Also quasi genau auf der Rückseite vom direkten Licht. Dort ist der Schatten auch am dunkelsten.

SCHLAGSCHATTEN

Der Schlagschatten entsteht, wenn ein Bereich in deinem Bild einen anderen Bereich verdeckt und dadurch keine Lichtquelle durchlässt. In diesem Beispiel ist das überall dort, wo sich die Kanten der Schachfigur befinden sowie auf dem Boden, und zwar genau neben dem reflektierten Licht auf dem Objekt.

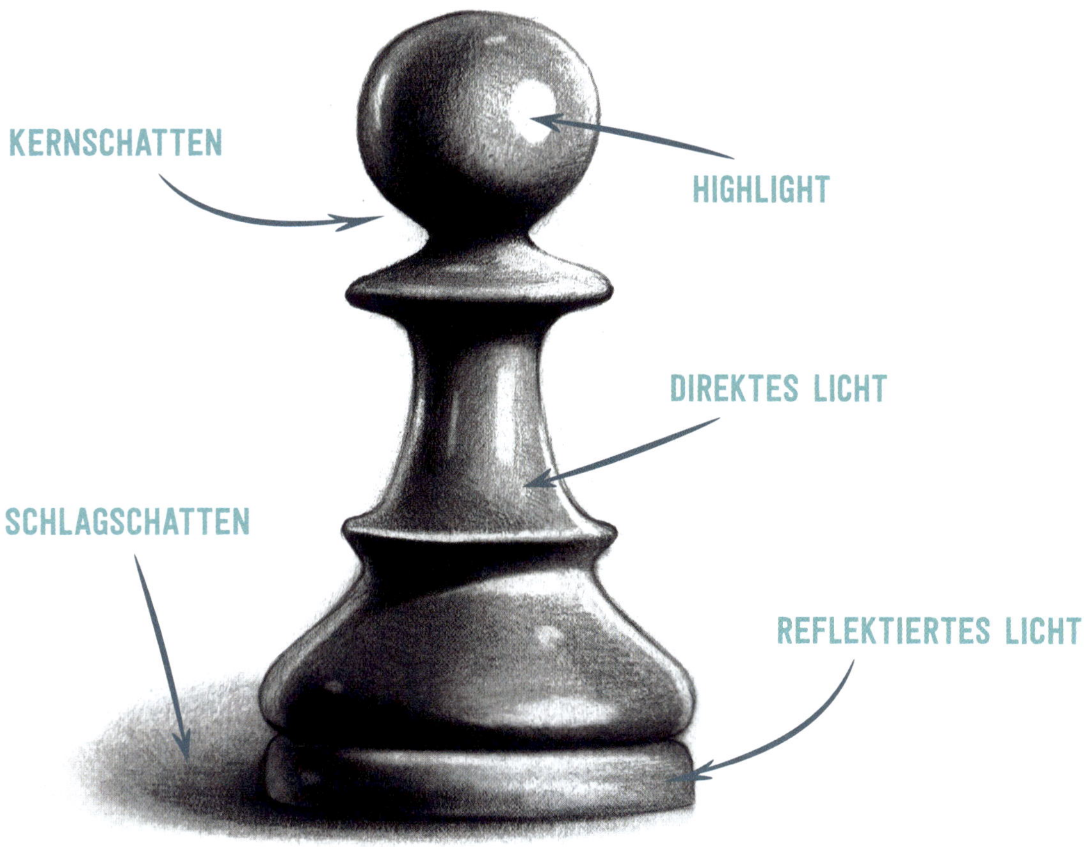

SCHATTEN VERBLENDEN

Früher oder später, wenn es an richtige Zeichnungen geht, möchtest du wahrscheinlich auch Schatten in dein Kunstwerk integrieren. Hierzu kannst du verschiedene Techniken anwenden. Dabei ist es wichtig zu beachten, welche Techniken man für die jeweilige Stelle wählt. Beispielsweise verblendet man sehr große Flächen mit ganz anderen Tools als sehr kleine Flächen. Was ich dir aber vorab schon mal verraten kann: Du musst unbedingt lernen, eine Fläche mit dem Bleistift gleichmäßig zu schraffieren (siehe dazu Seite 27), denn das Verblenden schafft nur den letzten Schliff. Kein Tool der Welt kann eine ebenmäßige Fläche schaffen, wenn die Basis total unordentlich aussieht.

Im folgenden Abschnitt möchte ich dir alle sechs Tools vorstellen, die ich für das Verblenden verwende. Ich beschreibe dir, wie die Techniken mit den Tools jeweils aussehen und wo du sie am besten anwenden kannst. Bei allen Techniken musst du beachten, dass die Fläche dunkler wird, sobald du diese verblendet hast.

PINSEL

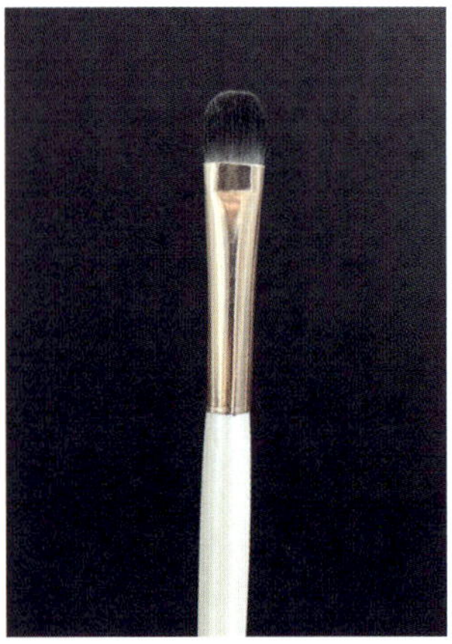

Am liebsten verblende ich mit dem Pinsel. Er eignet sich supergut für mittelgroße Flächen, aber auch für sehr großflächige Stellen. Mit dem Pinsel kannst du grundsätzlich immer über deine Zeichnung wischen, um alles etwas „verschmolzener" wirken zu lassen. Er eignet sich am besten zum Zeichnen von superglatten Oberflächen wie Haut oder Glas. Ich verwende immer einen Make-up-Pinsel. Achte dabei darauf, dass die Borsten sehr dicht sind, sonst kann es sein, dass das Verblenden nicht funktioniert. Du kannst für größere Flächen dementsprechend auch einen größeren Pinsel verwenden. Durch die feinen Pinselborsten dringt das Pigment von dem Bleistift direkt in die Poren vom Papier ein.

WATTESTÄBCHEN

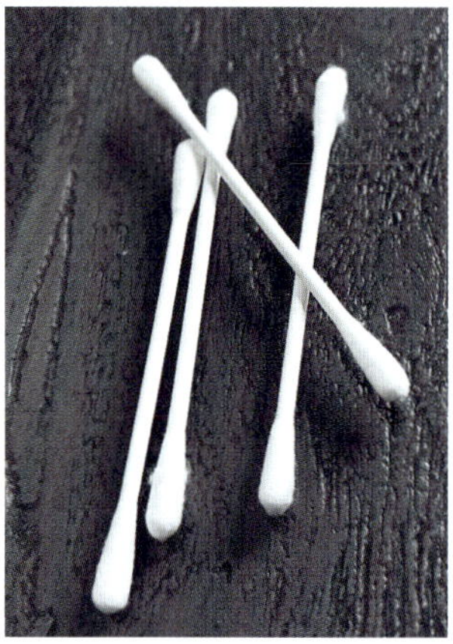

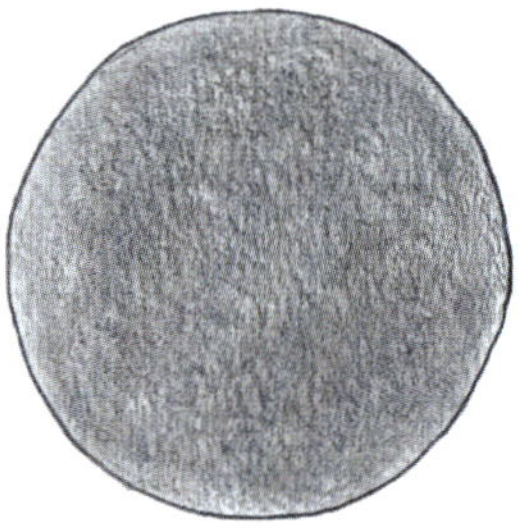

Wattestäbchen sind superbeliebt als Zeichentool, weil sie in jedem Haushalt zu finden sind und man sie immer zur Hand hat. Ich finde das Ergebnis sehr ähnlich wie bei dem Verwischwerkzeug. Allerdings ist mir bei Wattestäbchen aufgefallen, dass das Ergebnis nicht so geschmeidig aussieht, das heißt, mit Wattestäbchen würde ich eher Stellen verblenden, die nicht so ebenmäßig werden sollen, z. B. einen Boden, Erde, Holz usw.

WATTEPAD / STOFF

Ich habe bei Wattepads oder einem Stück Stoff die Erfahrung gemacht, dass es nur bei großen Flächen infrage kommt. Bei dem Wattepad sieht das Ergebnis nicht so gleichmäßig und eher fleckig aus, daher eignet es sich am besten bei Wolken oder anderen „flauschigen" Dingen.

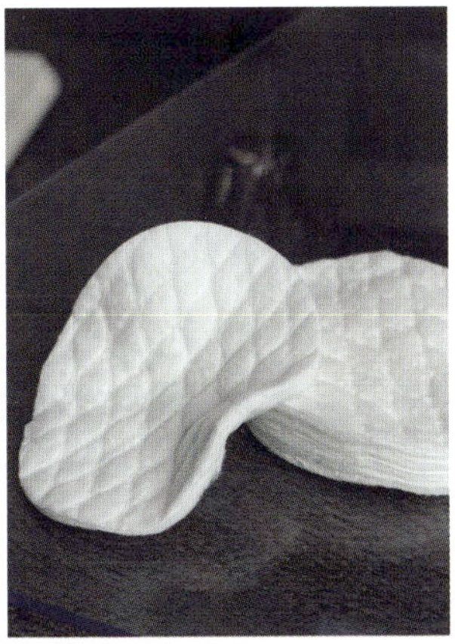

PAPIERWISCHER

Nach dem Pinsel ist das mein absoluter Favorit. Allerdings eignet sich der Wischer nur für relativ kleine Flächen. Obwohl du den Wischer auch schräg halten kannst, um größere Flächen zu verwischen, finde ich das nicht besonders handlich. Aber probiere es mal aus, denn sehr viele professionelle Künstler*innen benutzen dieses Werkzeug häufig und sind begeistert. Ich persönlich „male" damit sehr gerne, wenn noch Farbe an der Spitze ist, oder verwische ganz kleine Stellen.

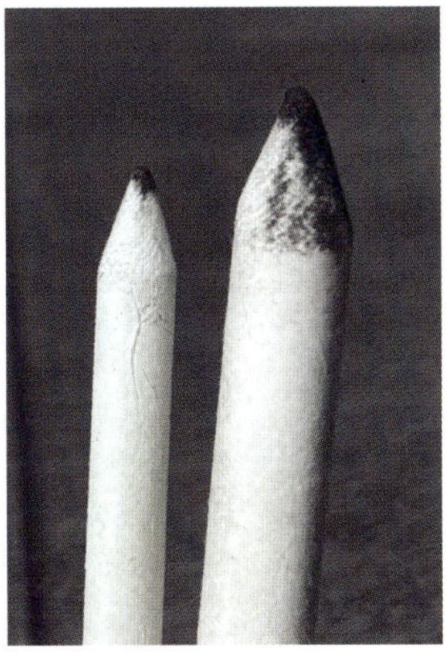

FINGER

Auch mit dem Finger oder mit der ganzen Hand kann man super verwischen oder sogar das Pigment direkt auf das Blatt auftragen. Ich sehe immer häufiger Künstler*innen, die diese Technik anwenden. Du solltest hierbei aber darauf achten, dass deine Hände frisch gewaschen und nicht eingecremt sind. Ansonsten entstehen ganz furchtbare Fettflecken, die du bestimmt nicht haben möchtest.

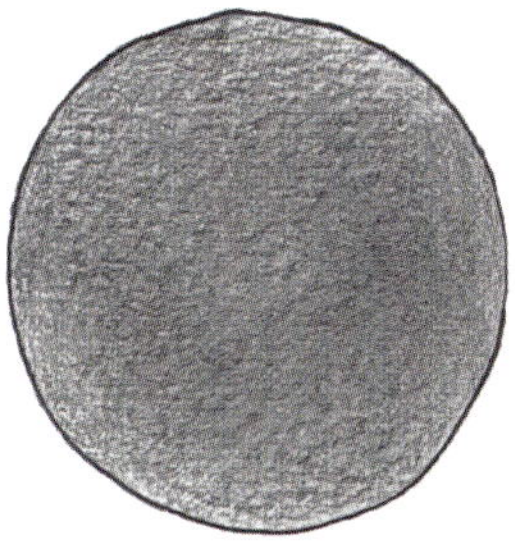

ZWEITER BLEISTIFT

Mit dieser Technik kannst du extrem makellose Flächen auf dein Papier bringen, sie dauert jedoch länger. Du brauchst nur einen weiteren Bleistift. Wichtig ist, der Bleistift sollte so hell wie möglich sein. Das heißt, du malst wie bei allen anderen Techniken eine Stelle (z. B. mit einem 2B-Bleistift). Danach nimmst du dir einen helleren Stift (z. B. 4H) und schraffierst noch einmal drüber. Du wirst merken, dass der helle Stift selbst kaum Pigment abgibt, aber das dunklere Pigment verwischt. Ich liebe diese Technik – um ehrlich zu sein, habe ich sie mir selbst mit der Zeit angeeignet und gemerkt, dass man damit superglatte Oberflächen schaffen kann. Hier habe ich den Kreis nur zur Hälfte ausgemalt, damit du eine Vorstellung davon hast, wie die Fläche vor dem Verblenden aussah.

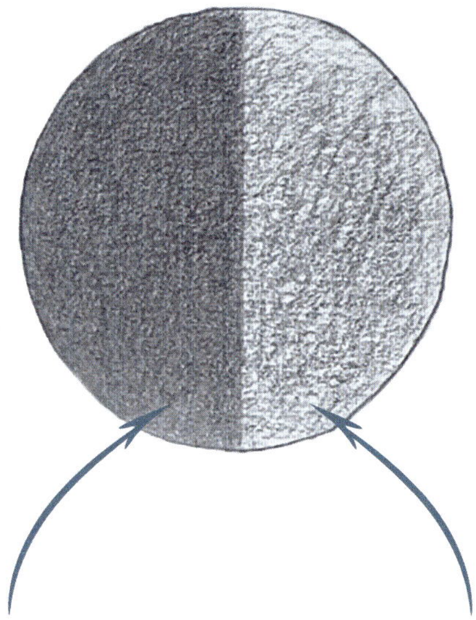

VERBLENDET NICHT VERBLENDET

NO-GOS

Natürlich gibt es auch ein paar No-Gos, also Vorgehensweisen, von denen ich dir eher abraten würde. An sich gibt es in der Kunst keine Regeln. Alles, was du hier liest, sind nur Ratschläge, um dich ein Stück weit an die Hand zu nehmen, was das Zeichnen betrifft. Wenn du also deine eigene Technik entwickelst oder du mit den aufgezählten No-Gos doch super zurechtkommst, dann tu das unbedingt und lass dir auf keinen Fall was vorschreiben. Wenn du allerdings realistische Bilder zeichnen möchtest, solltest du dich an ein paar Regeln halten, denn ansonsten geht die Authentizität verloren. Um dir ein paar Beispiele zeigen zu können, habe ich wieder meine Schachfigur hergenommen.

FALSCH GESETZTE SCHATTEN

Es wirkt super unnatürlich, wenn du Schatten falsch setzt. Zwar verleiht das deinem Bild natürlich trotzdem eine gewisse Tiefe und Plastizität, aber wenn die Schatten nicht richtig sind, sieht es einfach nicht so realistisch aus. Was ich sehr oft sehe, ist, dass Leute komplett alle Ränder schattieren oder einfach überall, wo sich irgendeine Kontur befindet. Es ist aber wichtig zu beachten, dass Schatten auch unterschiedlich stark auslaufen. Wenn die Sonne scheint, sind Schatten sehr weich. Wenn du aber ein Objekt in einem dunklen Raum mit einer Taschenlampe anleuchtest, sind die Schatten sehr intensiv.

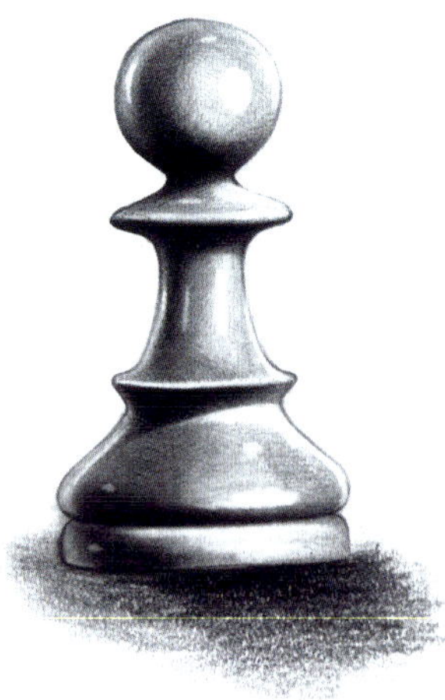

UMRANDEN

Auch ein großer Fehler bei realistischen Zeichnungen ist es, dicke Konturen zu zeichnen. Das wird bei Comics immer angewendet, in der Realität ist so etwas aber nie zu sehen, und mit Schattieren hat das auch nicht viel zu tun. Wenn du jedoch den Comic-Stil verfolgen möchtest, gehört das natürlich dazu.

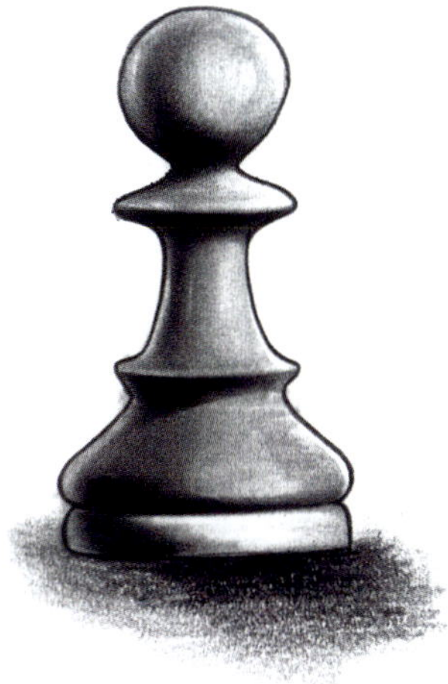

VERBLENDEN

Zu wenig oder zu viel verwischen kann sich negativ auf deine Zeichnung auswirken.

Wie schon vorher kurz erwähnt, sind Schatten je nach Lichtverhältnissen sehr unterschiedlich. Da es eine Kunst für sich ist, empfehle ich dir, dir das Szenario im Kopf vorzustellen: Wo steht die Sonne/wo kommt das Licht her? Wie intensiv ist das Licht? Je nachdem solltest du darauf achten, diese Vorstellung im gesamten Bild durchzuziehen. Beachte auch, ob eventuell Schatten durch andere Gegenstände oder Details entstehen. Je näher zwei Objekte aneinanderstehen, desto dunkler sind die Schatten, und du solltest die Schatten an der Stelle weniger verblenden.

KEINE HIGHLIGHTS

Ohne Licht wären keine Schatten vorhanden, daher ist es natürlich wichtig, auch Licht zu zeichnen oder besser gesagt zu radieren. Hier ist es genauso wie mit den Schatten. Du hast ja bereits gelernt, je heller das Licht, desto dunkler sind die Schatten. So ist es auch mit den Lichtreflexen, je stärker das Licht, desto heller sind die Highlights. Natürlich kommt es hier auch darauf an, um welches Material es sich handelt. Lichtreflexe bei denselben Lichtverhältnissen sind auf Glas z. B. viel intensiver zu sehen als auf einem Pullover, da hier das Material mehr reflektiert.

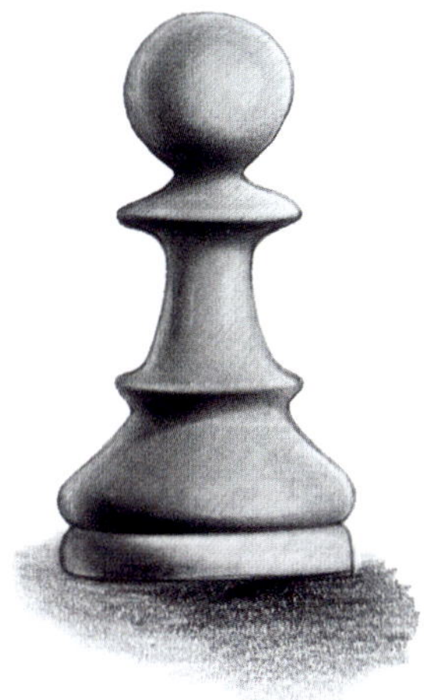

KONTRAST

Es gibt insgesamt sieben Farbkontraste. Jeder von ihnen ist auf seine Weise spannend und lässt Bilder interessanter wirken. Da bei Bleistiftzeichnungen keine Farben zu sehen sind, ist daher auch kein Farbkontrast möglich. Ein Beispiel dafür wäre der Komplementärkontrast. Das bedeutet, dass hier größtenteils mit Farben gearbeitet wird, die sich im Farbkreis gegenüberstehen, z. B. Gelb und Lila. Aus diesem Grund beschränke ich mich in diesem Kapitel auf den Hell-Dunkel-Kontrast.

DIE SIEBEN FARBKONTRASTE

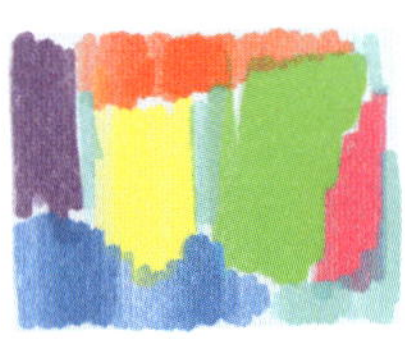

Der Farbe-an-sich-Kontrast

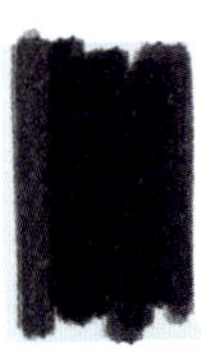

Hell-Dunkel-Kontrast

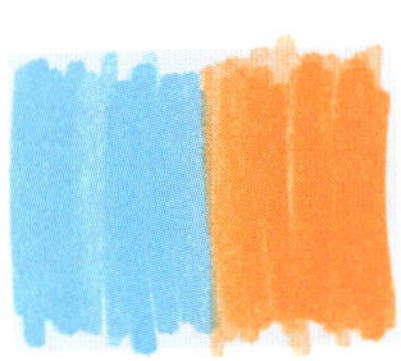

Kalt-Warm-Kontrast

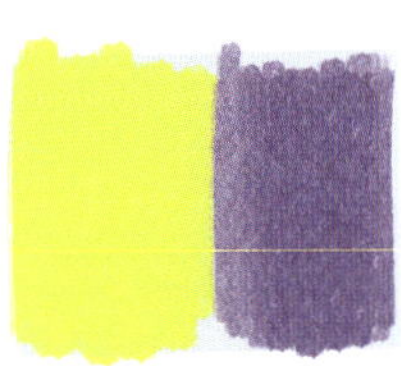

Komplementärkontrast

Qualitätskontrast

Quantitätskontrast

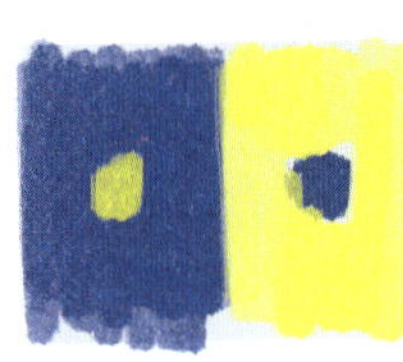

Simultankontrast

DER HELL-DUNKEL-KONTRAST

Der Hell-Dunkel-Kontrast ist eine sehr verbreitete Technik in der Bildgestaltung. Besonders wichtig ist sie bei Bleistiftzeichnungen. Um dein Bild spannender wirken zu lassen, lohnt es sich, diese Technik etwas genauer zu betrachten und anzuwenden. Der Vorteil ist, dass du deiner Zeichnung automatisch durch einen starken Kontrast Plastizität verleihst. Übrigens kann diese Technik natürlich auch bei farbigen Bildern angewendet werden, dann arbeitet man dementsprechend mit hellen und dunklen Farben.

DAS GEHEIMNIS KONTRASTREICHER BILDER

Um deine Bilder schön kontrastreich und lebendig wirken zu lassen, kannst du einen schwarzen Buntstift benutzen. Klar, es ist dann nicht mehr zu 100 % eine Bleistiftzeichnung, wir mogeln hier ein bisschen. Aber so kannst du dunklere Stellen einfach hervorheben. Das muss nicht heißen, dass du extrem großflächig damit malen musst, es reicht auch, kleine Akzente zu setzen, die aber sehr dunkel sind. Außerdem glänzt der Buntstift nicht, im Gegensatz zu Bleistiften. Um die beste Wahl für deine Bedürfnisse zu treffen, empfehle ich dir, immer in einen Künstlerbedarf oder einen Laden mit einer Kunstabteilung zu gehen (gibt es auch oft in Drogerien) und dort die Stifte vor Ort auszuprobieren, bevor du sie kaufst.

Hier einmal ein Beispiel von Nahem, wie Details mit schwarzen Highlights aussehen und einmal ohne. Du siehst, die Zeichnung kann von verschiedenen Positionen betrachtet werden, ohne dass der Bleistift reflektiert und deine Zeichnung dadurch seltsam aussieht. Man sieht das nicht nur auf Fotos, sondern auch in echt.

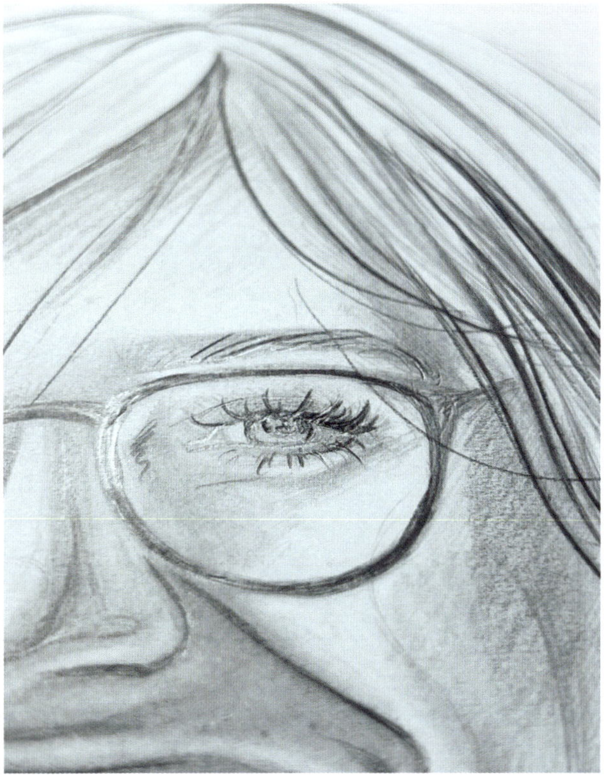

Kontraste ohne schwarzen Buntstift

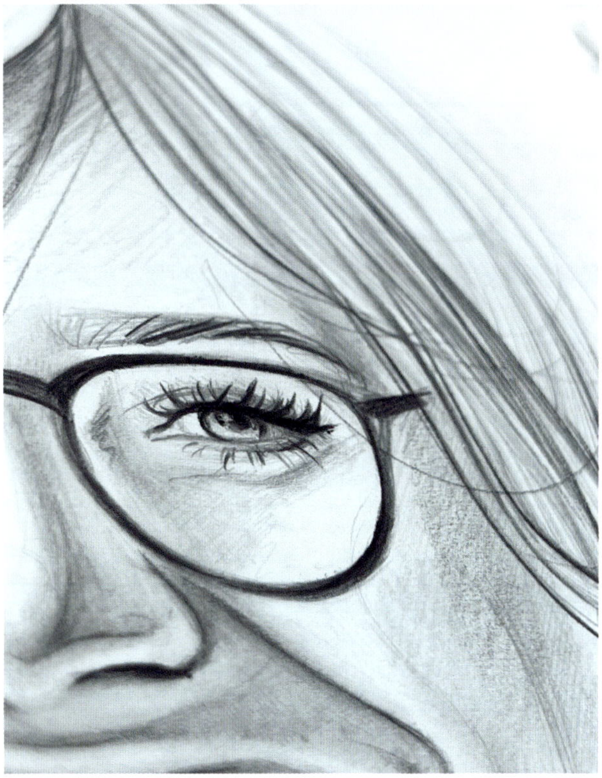

Kontraste mit schwarzem Buntstift

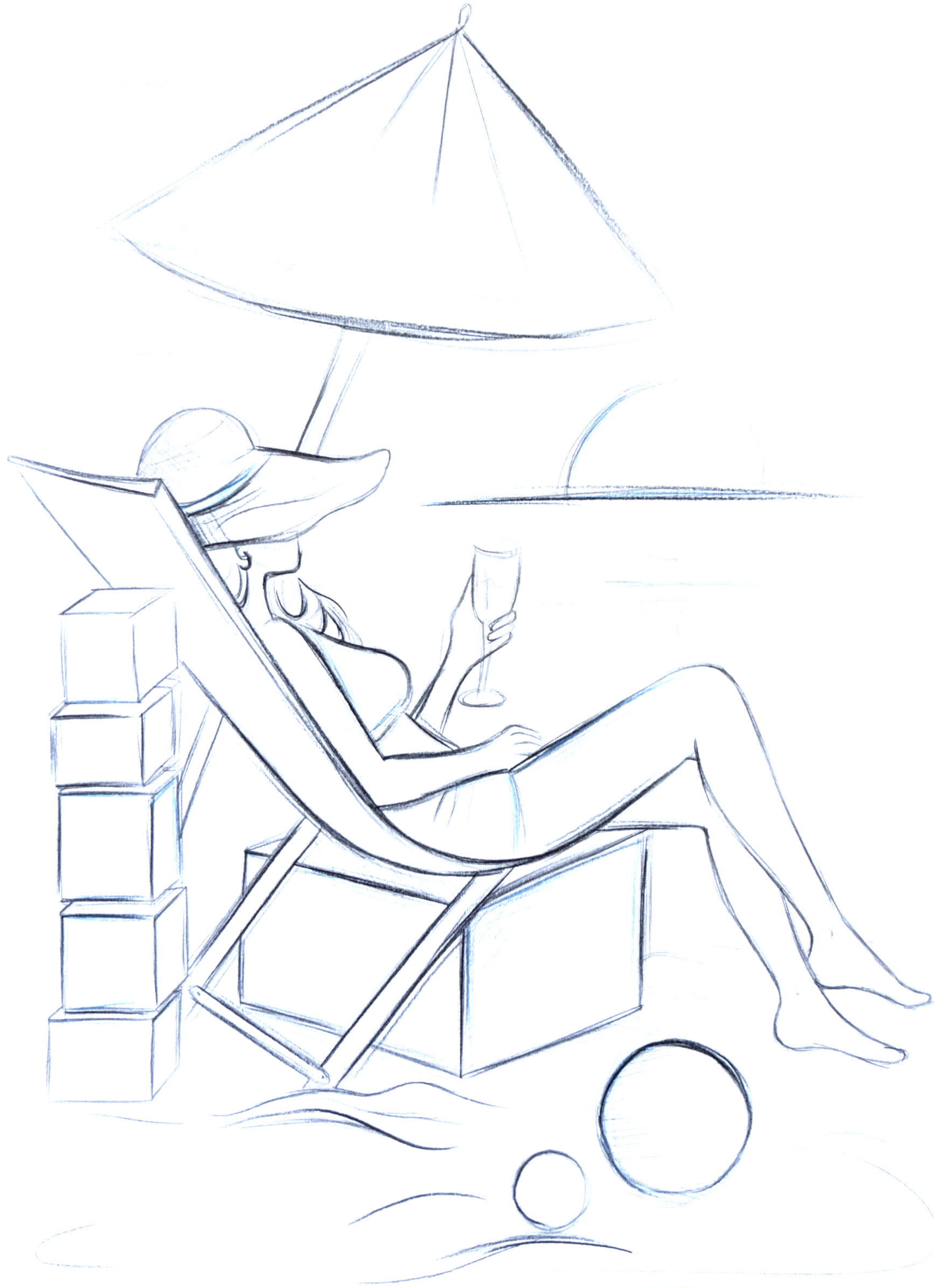

DIE REISE GENIEẞEN

DER VIERTE STEP AUF DEINER ZEICHENREISE

Mit der Zeit wird die Menschheit klüger und intelligenter, unsere Welt entwickelt sich stets weiter. Wenn man bedenkt, dass es nahezu nichts auf diesem Planeten gab, finde ich es erstaunlich, wie sich alles, was wir heute haben und kennen, entwickelt hat. Und ich bin mir sicher, dass das noch lange nicht das Ende ist. Auch deine Zeichenreise wird niemals enden. Du wirst dich stetig weiterentwickeln und deine Kunst und die Zeichentechniken ausarbeiten. Deshalb heißt es jetzt, genießen! Versuche, das Zeichnen so angenehm wie möglich zu gestalten, richte dir deinen Arbeitsplatz schön ein, brühe dir einen leckeren Tee auf und versuche, dich dabei zu entspannen. Du wirst dich auch selbst besser kennenlernen und vielleicht sogar dein wahres Ich während deiner langen Reise finden. Auch das ist natürlich ein Prozess und klappt nicht von heute auf morgen.

WAHRNEHMUNG

Die Wahrnehmung ist an sich sehr individuell. Die Art, wie du ein Objekt malst oder zeichnest, unterscheidet sich immer von anderen Kunstschaffenden. Das konnte man auch schon in der Schule im Kunstunterricht gut beobachten, wenn man z. B. ein Stillleben malen sollte. Es entstanden genauso viele unterschiedliche Zeichnungen wie Schüler*innen in der Klasse waren, obwohl dieselben Objekte gemalt wurden.

Vertraue dir und deiner Wahrnehmung. Im Vergleich mit anderen mag sie anders sein, aber das ist vollkommen normal.

KUNST MUSS NICHT DER REALITÄT ENTSPRECHEN

Man muss nicht zwingend superrealistisch zeichnen können, um ein Objekt darzustellen. Erinnere dich zurück an deine Kindheit, wie du damals gemalt hast. Damals hatten wir absolut keine Scheu und haben einfach drauflosgekritzelt, ohne uns tausend Gedanken zu machen, ob wir das hinkriegen oder ob es schön wird. Im besten Falle kann man erkennen, was das Motiv darstellen soll, oder es überträgt gewisse Emotionen. Rechts siehst du ein Beispiel: Bei beiden Motiven erkennen wir, was es sein soll.

Die Kunst soll dir Spaß machen, und nur du musst deine Bilder als gelungen wahrnehmen, das ist das, was zählt.

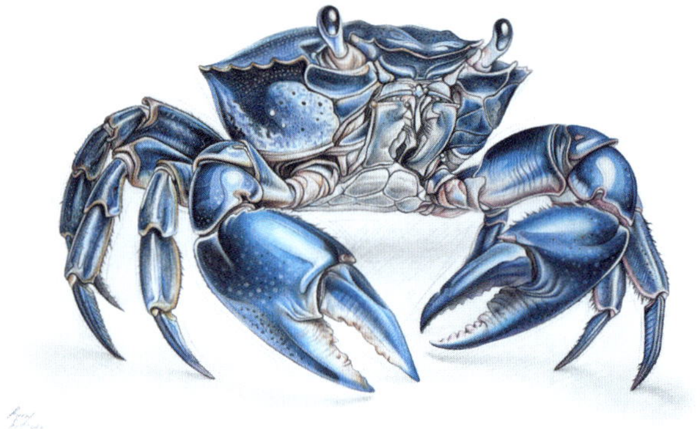

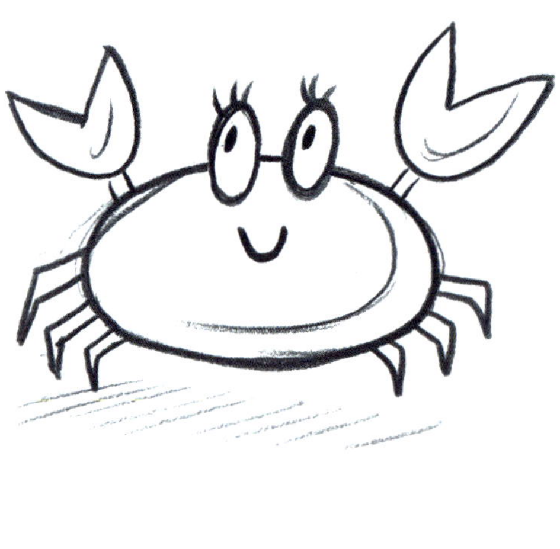

Es ist doch total verrückt, dass unser Gehirn sogar total heruntergebrochene und fast schon abstrakte Bilder erkennt und versteht, was das Motiv darstellen soll, obwohl dieses Objekt so in der Realität gar nicht existiert. Das ist jedoch nichts Neues. Schon in der Steinzeit haben die Menschen Höhlenmalerei praktiziert. Das waren bei Weitem keine realistischen Zeichnungen, das kam erst viel später. So beeindruckend die Menschengeschichte auch ist, das Schönste ist, wenn man erkennt, dass es die Kunst schon immer gab. Und sie wird es auch für immer geben, davon bin ich mehr als überzeugt.

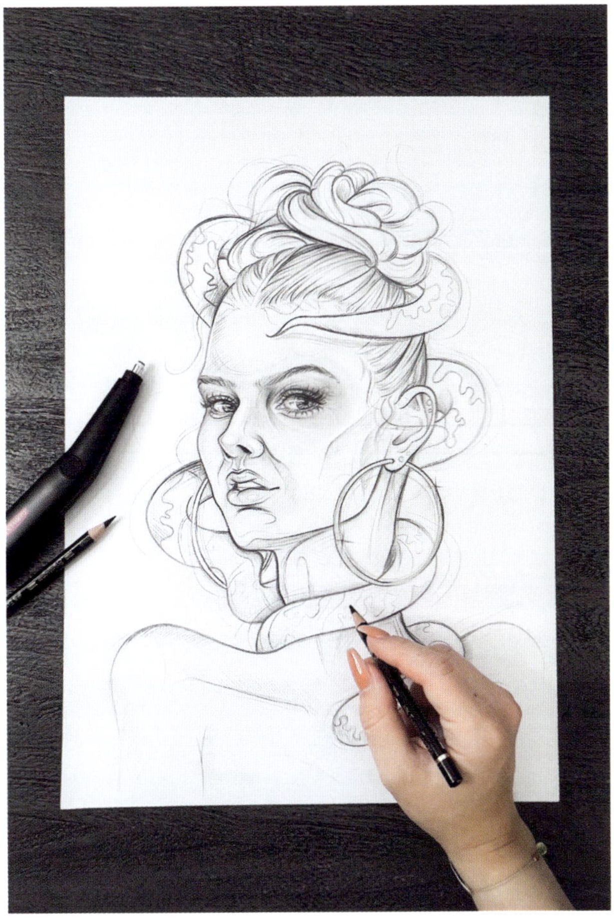

KRITISCHE STIMMEN WAHRNEHMEN

Es wird natürlich auch immer wieder Menschen geben, die deine Kunst teilweise stark kritisieren. Gerade wenn du eine Technik für dich gefunden hast, die nicht so gängig ist oder die es vielleicht noch gar nicht gibt. Das ist völlig normal. Viele würden dir an der Stelle raten, die Stimmen zu ignorieren und dein Ding durchzuziehen. Das würde ich so nicht unterschreiben, denn ich finde, es ist grundsätzlich immer ein supergutes Zeichen, wenn Leute über deine Kunst sprechen. Nimm dir hin und wieder Zeit, die Kritik wahrzunehmen. Du wirst schnell merken, wer gut gemeinte konstruktive Kritik äußert und wer nur neidisch ist und dich hatet. Das heißt nicht, dass du deine Kunst und deinen Stil nur aufgrund von kritischen Stimmen verändern solltest. Aber manchmal kann es dir wirklich weiterhelfen, auf Kritik zu hören und daraufhin deine Bilder auszuarbeiten und zu verbessern.

Und eins kann ich dir auf den Weg geben, was du dir unbedingt zu Herzen nehmen kannst: Es wird sich unter den insgesamt acht Milliarden Menschen, die auf dieser Erde leben, immer mindestens eine Person finden, der deine Kunst zu 100 % gefällt. Daher glaub an dich und übe so oft, wie du kannst, um besser zu werden.

DEIN EIGENER STIL

Der Traum aller Künstler*innen ist es, einen gewissen Wiedererkennungswert zu haben. Das bedeutet, wenn jemand die Bilder von einem*r Künstler*in sieht, weiß der*diejenige sofort, dass genau du das gemalt hast. Um das zu erreichen, musst du natürlich eine gewisse Bekanntheit erreichen und vor allem deinen ganz individuellen Stil besitzen. Es ist eine Frage der Zeit. Früher oder später wirst du Vorlieben für bestimmte Materialien entwickeln, genau wie bei der Motivwahl. Daraus wird sich dein persönlicher Stil ergeben, der sich von den anderen kreativen Köpfen abhebt.

WAS IST STIL ÜBERHAUPT?

Der Stil ist eine ganz bestimmte Art, wie du zeichnest. Kurz gesagt: der Wiedererkennungswert. Wenn du dich als Künstler*in auf dem Markt positionieren möchtest, ist das ein absolutes Muss. Denn Kunstsammler*innen, Galerien und Käufer*innen haben nun mal kein Interesse an einem Werk oder einer Idee, die man zuvor schon hundert Mal gesehen hat. Es ist nicht ganz einfach zu erklären, was manche Bilder so besonders macht. Es sind die Emotionen, die die Werke einem vermitteln.

Wenn man sich mit dem Thema befasst, kann man in der heutigen Zeit auch beobachten, wie sich der Stil bei sehr berühmten Künstler*innen verändert hat. Ein erfolgreiches Kunstwerk muss zur richtigen Zeit am richtigen Ort geschaffen werden. Wenn ein*e Künstler*in durch seinen*ihren Stil, den er*sie vor 30 Jahren gemalt hat, berühmt geworden ist, heißt das nicht, dass es heute noch so funktionieren würde. Wir leben in einer sehr schnelllebigen Zeit. Durch nur ein einziges Kunstwerk wirst du ziemlich wahrscheinlich nicht durchstarten. Ein*e Künstler*in braucht sehr viele Werke, um sich am Markt zu positionieren. Du musst ständig produktiv sein, wenn es mehr als nur dein Hobby werden soll.

Eine Mischung aus all diesen Kriterien macht deinen persönlichen Stil aus:

1. **Material**
2. **Motivwahl**
3. **Malgrund**
4. **Farbgebung**
5. **Format**
6. **Linienführung**

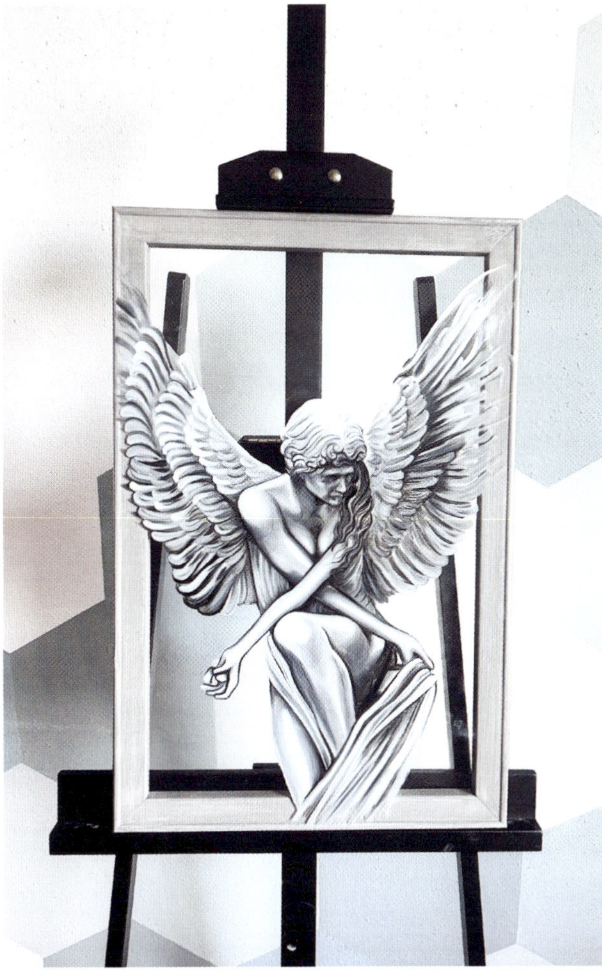

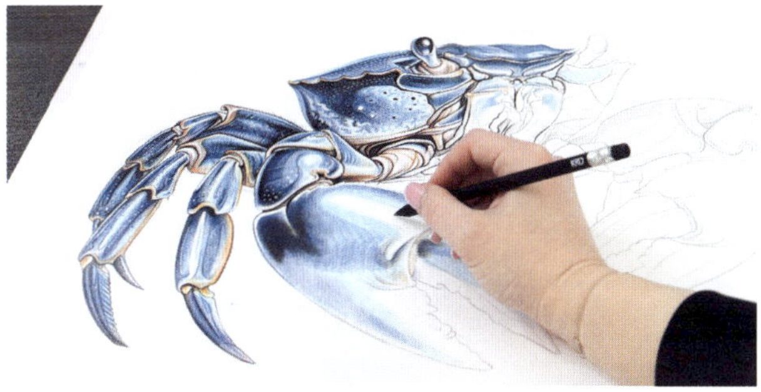

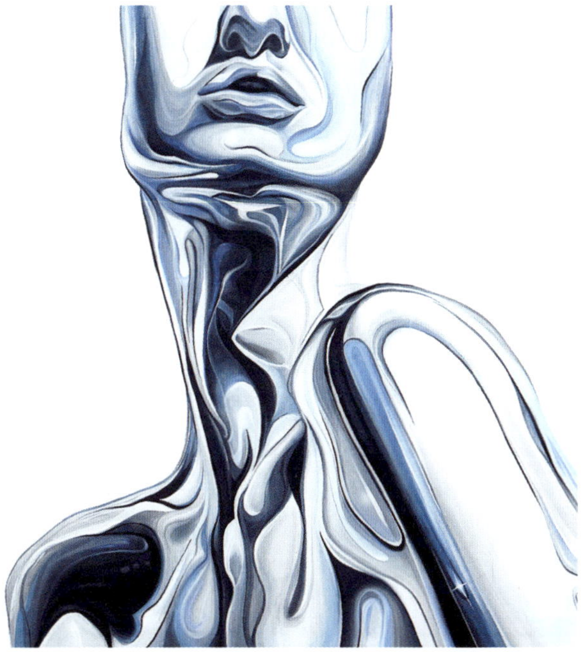

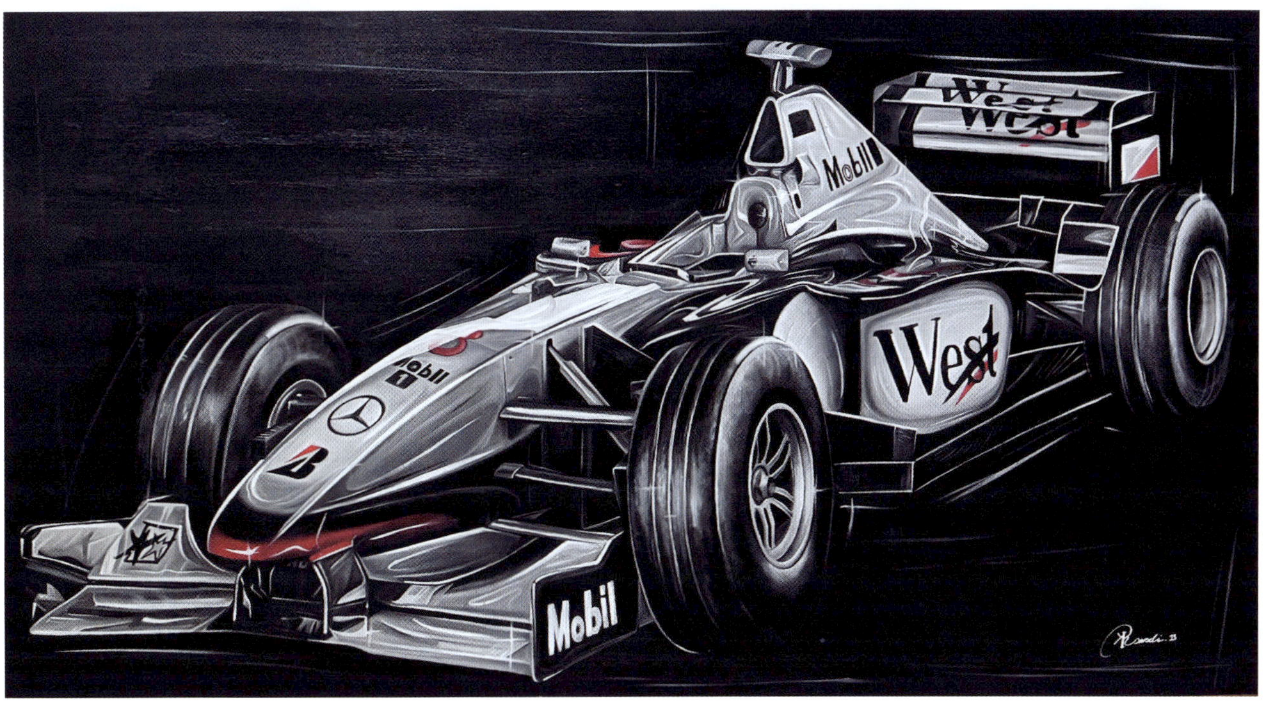
West
Mobil
Mobil

INSPIRATION

Woher bekommst du deine Inspiration? Das ist eine der häufigsten Fragen, die man als Künstler*in hört. Und natürlich sind die Antworten unfassbar spannend. Denn es ist bei jeder Person unterschiedlich. Bei den einen ist es die Natur, die anderen lassen sich von ihren nächtlichen Träumen inspirieren, und wiederum andere wollen sich eben durch ihre Kunst einfach ausdrücken und gehört werden und bringen das aufs Papier, was gerade so in der Welt geschieht.

KÜNSTLERISCHE BLOCKADE

Das wird dir früher oder später ziemlich wahrscheinlich widerfahren: die sogenannte Künstlerblockade. Ich kenne das auch, und da ich Kunst beruflich mache, ist das nicht sonderlich förderlich für meine Arbeit. Daher habe ich mir mit der Zeit ein paar Tricks angeeignet, wie ich dem so schnell wie möglich entkommen kann.

PAUSE MACHEN

Ganz wichtig: Wenn dein Geist um alles in der Welt streikt, zu zeichnen und kreativ zu sein, dann lass es. Es hilft manchmal wirklich, eine kleine Pause einzulegen. Denn wenn du dich unter Druck setzt und dich zu sehr verkopfst, macht es alles nur noch schlimmer. In solchen Situationen musst du einfach akzeptieren, dass du gerade eine kleine Blockade hast und nichts weiter.

Ich persönlich hinterfrage ja wirklich alles – ob Kunst wirklich das Richtige für mich ist und was ist, wenn das für immer so bleibt. Was ist, wenn ich nie wieder Lust und Inspiration zum Zeichnen habe? Aber das ist völliger Quatsch, und nach ein paar Tagen Pause ist alles wieder vorüber.

RAUSGEHEN

Auch rausgehen an die frische Luft hilft mir wirklich IMMER! Schnapp dir deine Kopfhörer und hör dir deine Lieblingsplaylist oder einen coolen Podcast an, bei einem superlangen Spaziergang. Am besten, wenn dein Handy im Flugmodus ist. So wirst du wirklich von nichts abgelenkt und kommst auf ganz andere Gedanken. Mir kommen bei solchen Spaziergängen immer die besten Ideen in den Kopf. Ich würde am liebsten auf der Stelle nach Hause rennen und anfangen zu zeichnen.

NEUES AUSPROBIEREN

Vielleicht kann es sein, dass du gelangweilt bist von dem, was du gerade produzierst. Womöglich löst es deine Blockade, wenn du mal was Neues ausprobierst oder sogar eine ganz neue Technik, ein neues Format, einen anderen Malgrund. Lass dir was einfallen!

NEUES MATERIAL

Neues Material bringt dir hoffentlich viel neue Motivation, damit zu zeichnen. Es muss auch nicht viel sein – ein neuer Stift oder ein neuer Zeichenblock reichen schon aus.

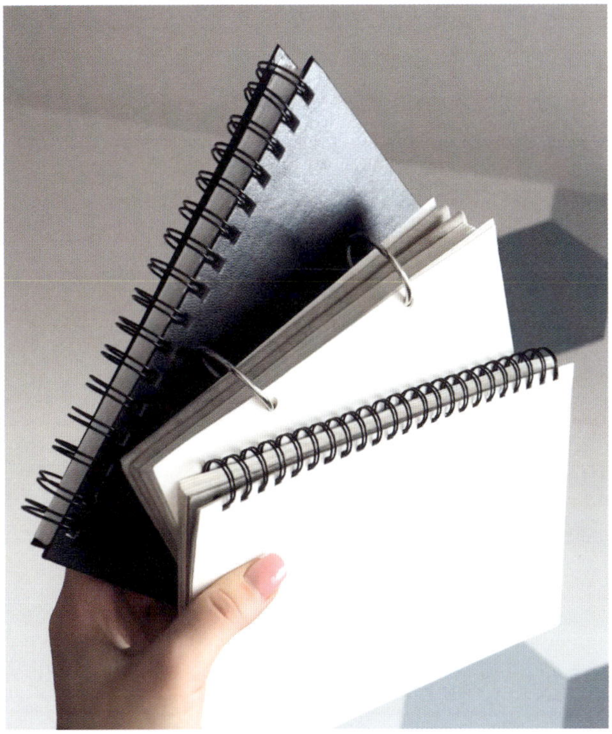

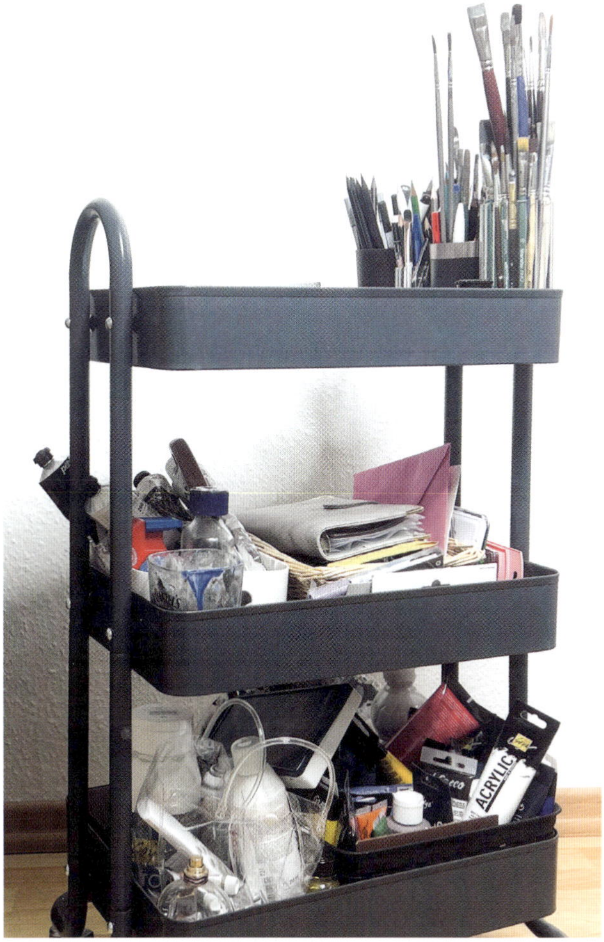

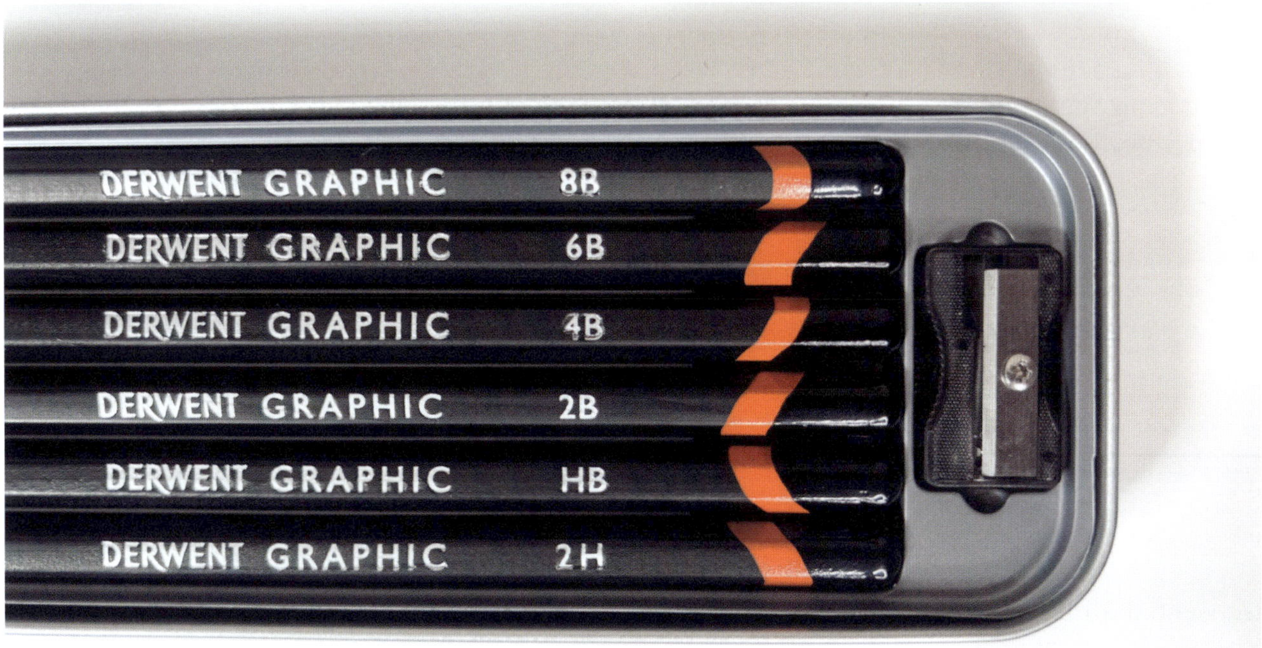

MOTIVATION

Ich bin der Meinung, dass alle das Zeichnen erlernen können, auch ohne Vorkenntnisse und egal in welchem Alter. Um dir das klarzumachen, möchte ich mit dir meinen Prozess teilen, denn niemand ist super talentiert auf die Welt gekommen. Hinter jedem*r Künstler*in stecken meist jahrelange Übung und Unmengen an Bildern und Zeichnungen. Die meisten Leute denken immer, man kann es nicht erlernen, so toll zu malen, dass alles nur Glück und Talent sei. Doch ich kann dir versichern: Jeder Mensch kann das lernen, auch du! Bleib immer dran und gib nicht auf!

Früher hatte ich immer Vorbilder. Als ich ein Kind war, gab es schon das Internet und irgendwann sogar die Plattform YouTube. Dort habe ich immer nach anderen Künstler*innen gesucht und war so begeistert von den vielen Talenten. Damals habe ich Zeitrafferaufnahmen von Zeichnungen analysiert und nachgezeichnet. Es hat mir viel Spaß gemacht, aber ich hätte niemals auch nur ansatzweise gedacht, dass ich auch mal so gut sein werde. Wir unterschätzen uns manchmal selbst viel zu sehr.

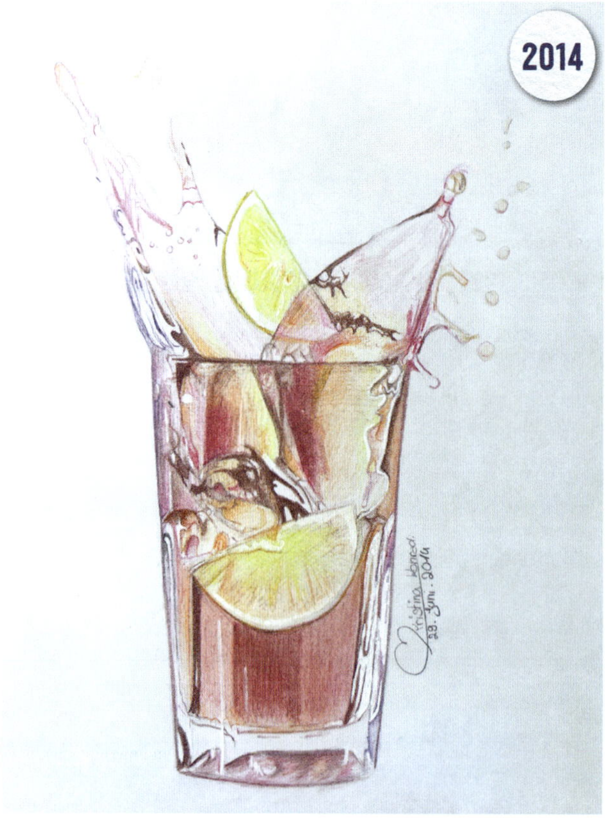

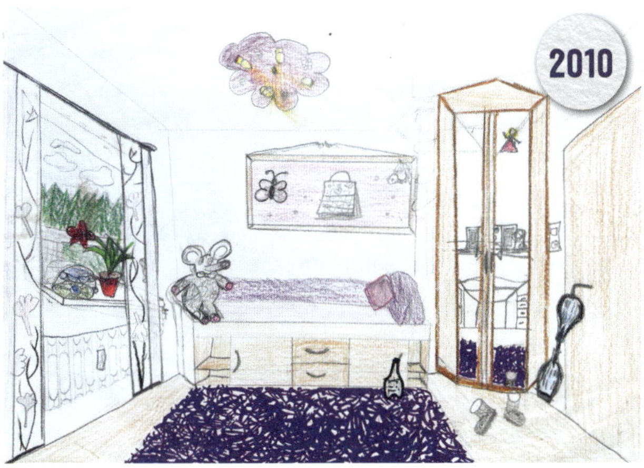
2010

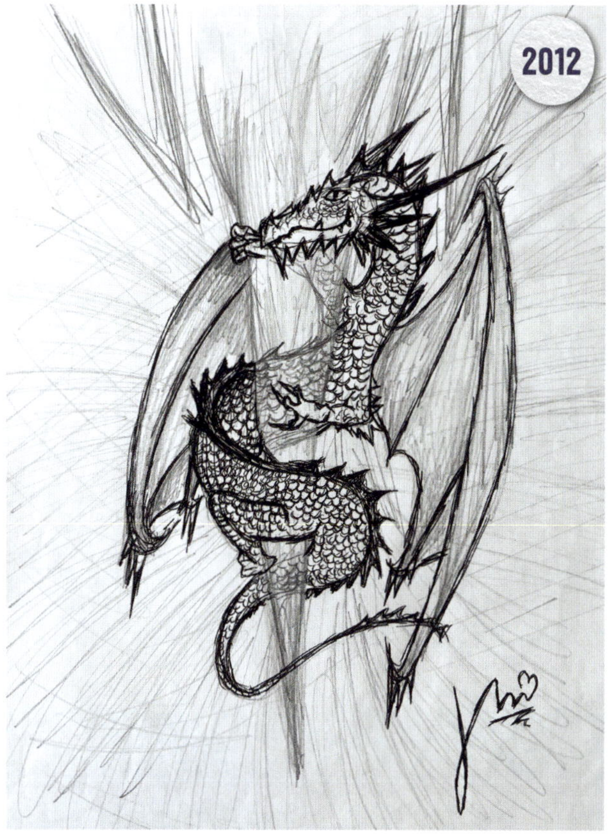
2012

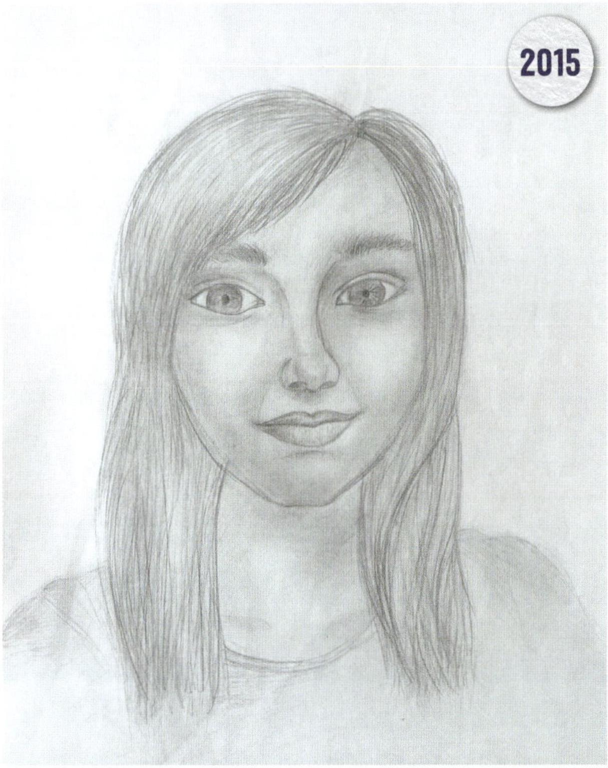
2015

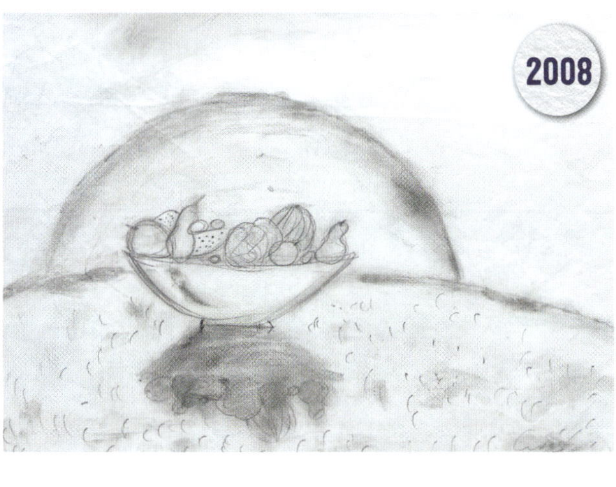
2008

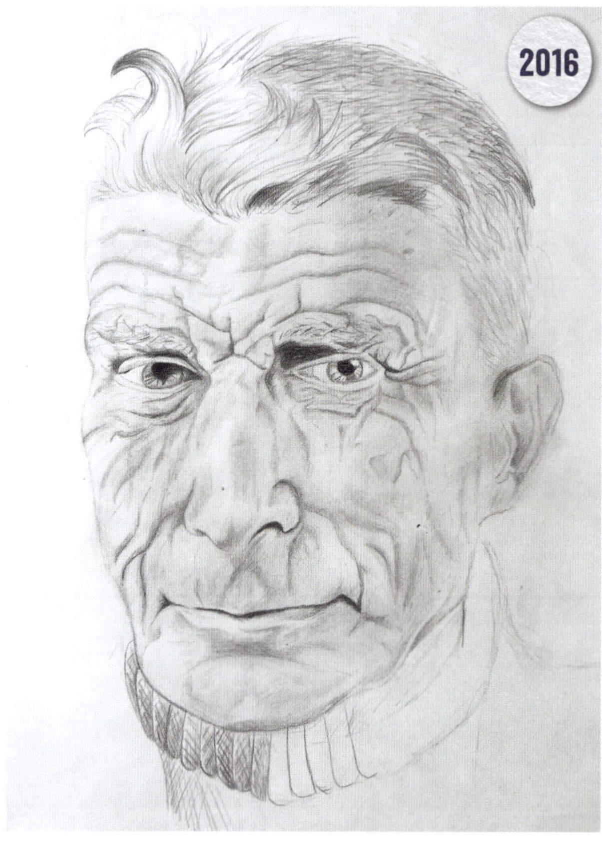
2016

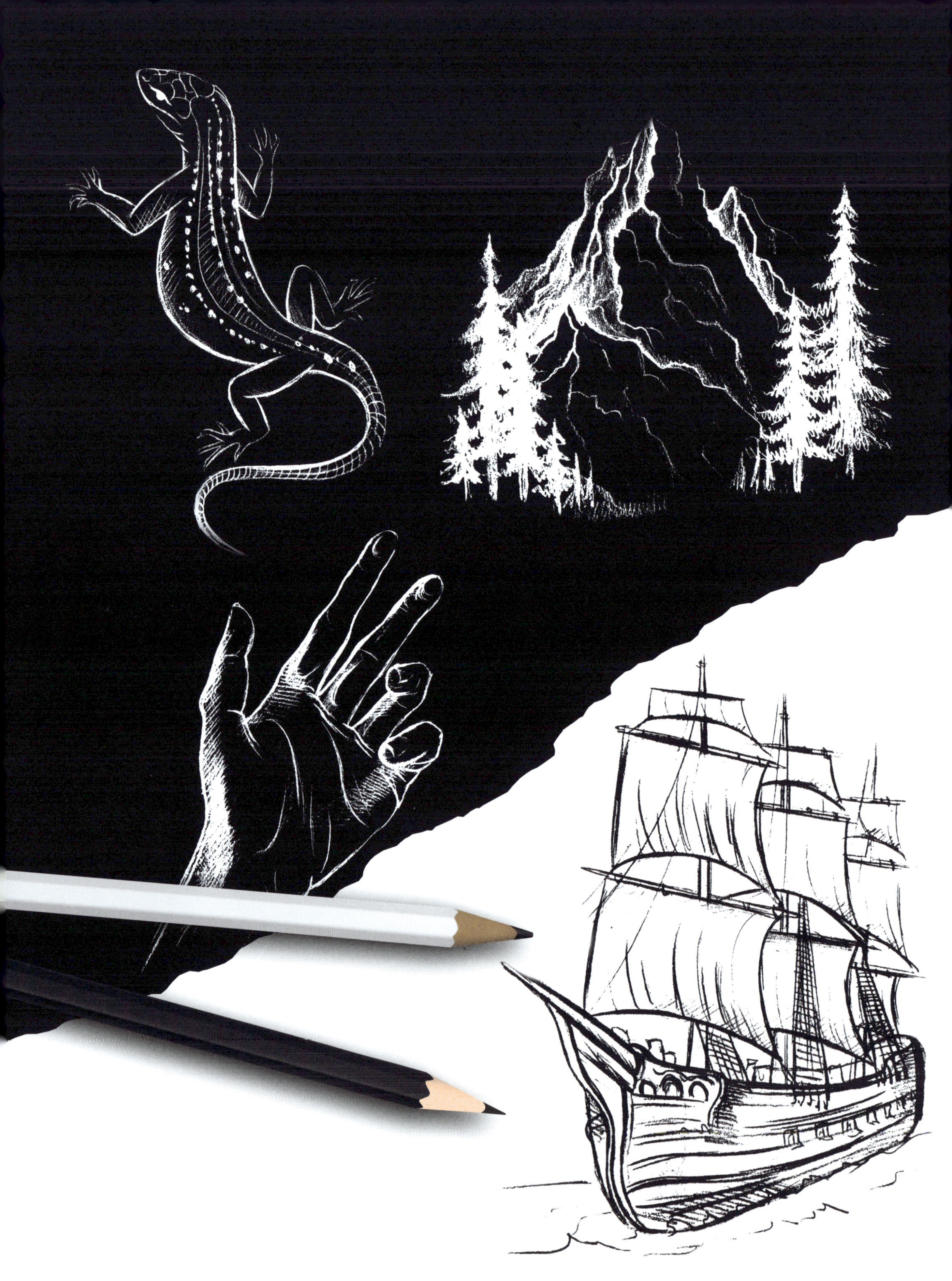

TUTORIALS

Glückwunsch! Du hast den ersten Teil des Buches geschafft und damit schon einen großen Schritt in deiner Zeichenreise. Du kannst an der Stelle schon mal stolz auf dich sein. Ich hoffe, du konntest einiges lernen. Jetzt bist du ideal vorbereitet, um in die Praxis überzugehen. Ich habe für dich viele Tutorials vorbereitet, die im Anschluss folgen.

Um eine bessere Übersicht zu schaffen, habe ich die Tutorials in vier Schwierigkeitsstufen eingeteilt. Es gibt vier Themenbereiche: Natur, Tiere, Gegenstände und Menschen. Die Themen fangen zuerst ganz einfach an bei der Natur und werden immer schwieriger bis hin zum Menschen. Jedes dieser Themen beinhaltet fünf Zeichenanleitungen, die auch jeweils schwieriger werden.

Denke immer daran, dass alles seine Zeit und Übung benötigt. Es ist ganz normal, dass einem das eigene Ergebnis eventuell nicht so gut gefällt. Folge einfach erst mal meiner Anleitung und zeichne manche Motive vielleicht auch mehrmals. So bekommst du nach und nach ein Gefühl für die Formen.

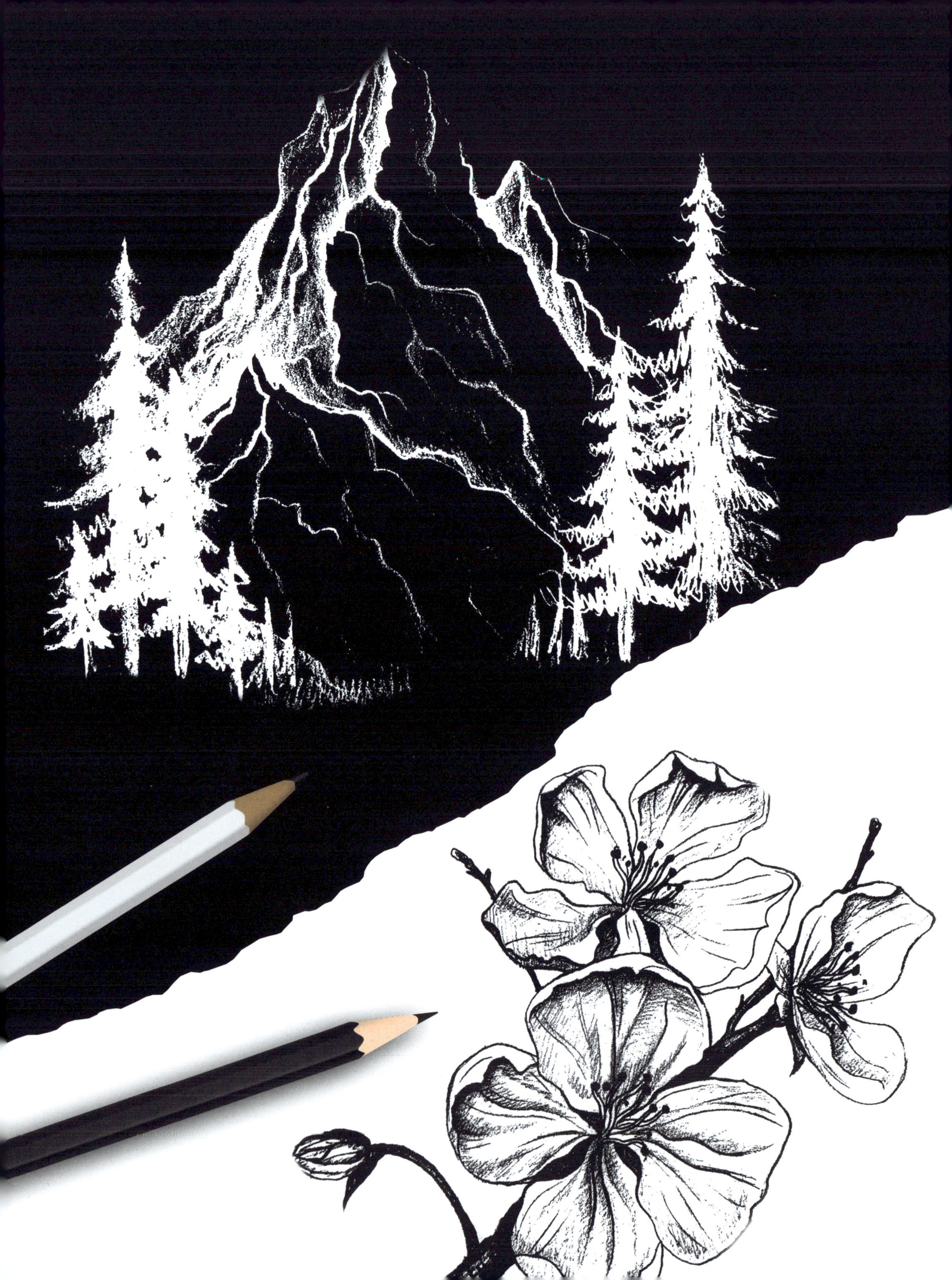

NATUR

Wir vergessen im Alltag immer wieder, wie alles begonnen hat. Es ist unvorstellbar, dass unsere Erde einmal karg und unbewohnt war. Wir können uns diesen lange andauernden Prozess überhaupt nicht vorstellen, wie aus den ersten Mikroben, die nicht einmal mit dem bloßen Auge erkennbar sind, richtige Lebewesen entstanden sind. Irgendwann entstand dann unsere wunderschöne Natur, unangetastet und reich an Leben. Bis heute bewundern wir alle Arten dieser Schönheit. Das Tolle ist, dass Natur nicht besonders schwer zu zeichnen ist, weil sie so vielfältig ist. Wenn du beispielsweise ein Gesicht zeichnen möchtest, müssen alle Proportionen stimmen. In der Natur ist fast das Gegenteil der Fall: Jede Blume sieht unterschiedlich aus, und es gibt keinen Baum, der zu 100 Prozent dem anderen gleicht. Du musst also nicht jede Blüte oder jeden Ast in der perfekten Position zeichnen, damit man erkennt, was für ein Motiv es wird.

SATURN

Ich würde so gerne wissen, wie die Planeten vor Ort aussehen, wie es dort wohl ist – gibt es dort Leben? Na ja, jedenfalls ist schon mal klar, dass bisher noch keine Lebewesen auf anderen Planeten entdeckt worden sind. Auch auf unserem Planeten Erde herrschte einst dieselbe Leere. Lebewesen haben sich erst im Laufe der Zeit entwickelt, und wer weiß, vielleicht wird es irgendwann, in Millionen von Jahren, auch auf anderen Planeten Lebewesen geben. Lasst uns doch passend zum Thema mit einem der Planeten aus unserem Sonnensystem anfangen.

MATERIAL

- BLEISTIFT HB
- SCHWARZER STIFT
- RADIERGUMMI
- LINEAL
- OPTIONAL: ZIRKEL

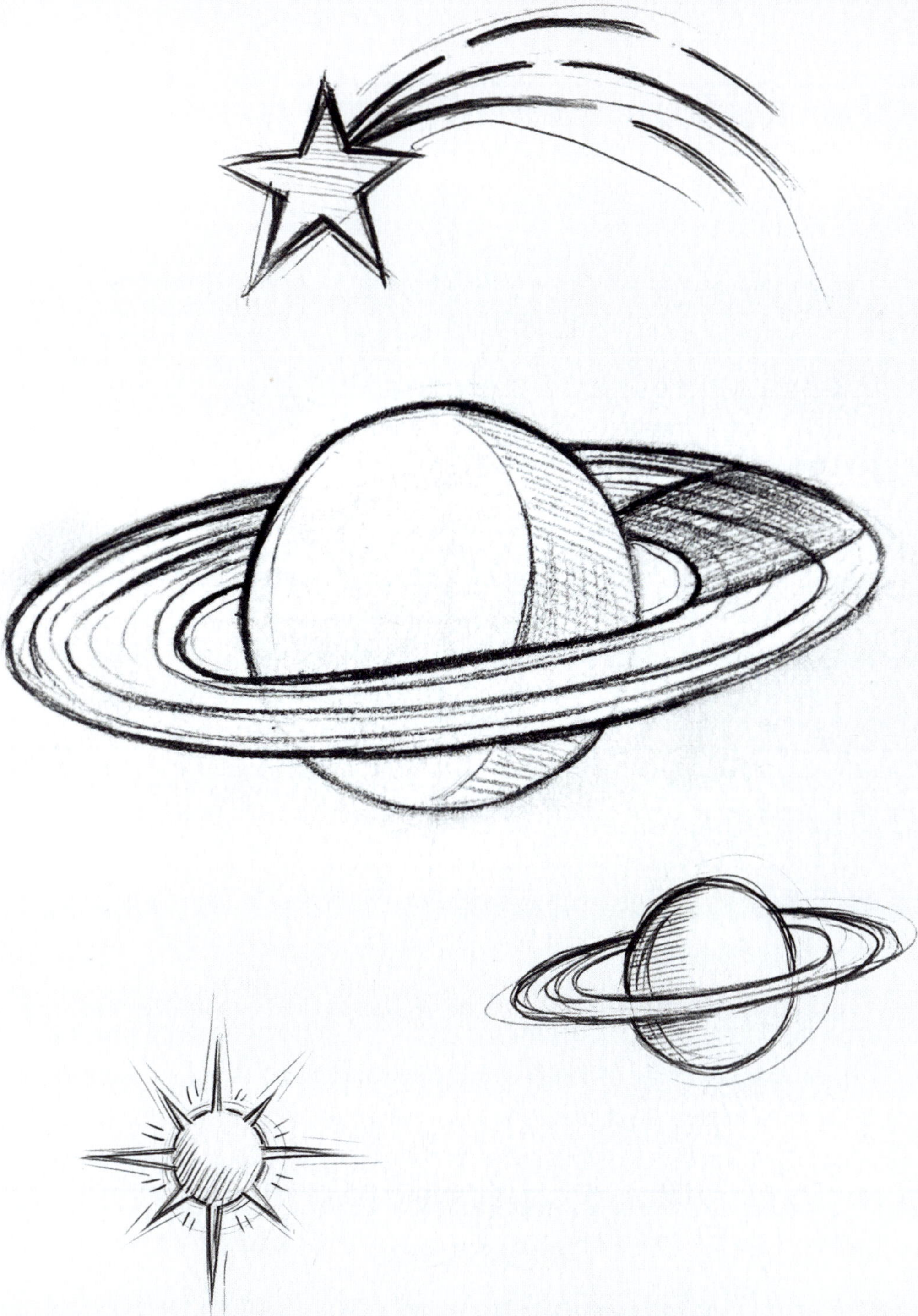

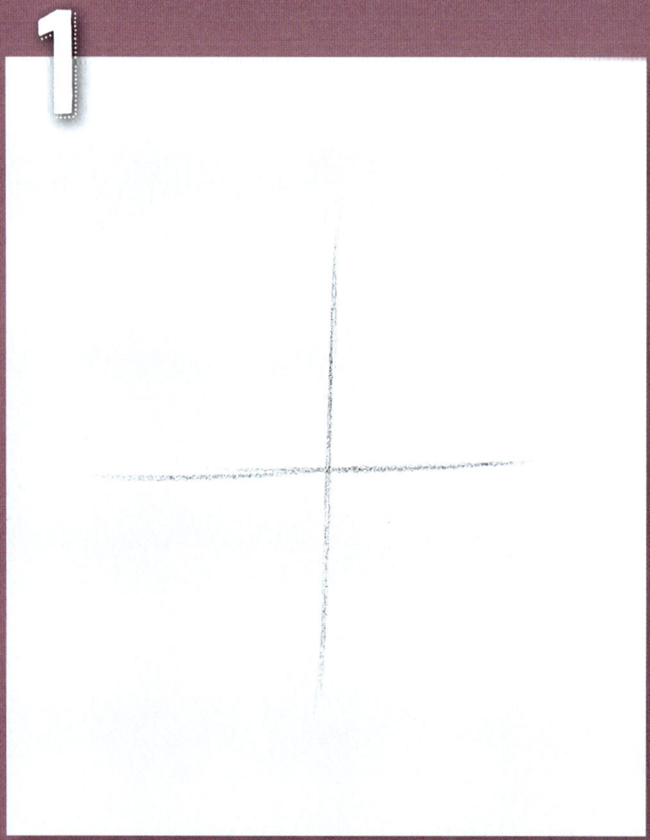

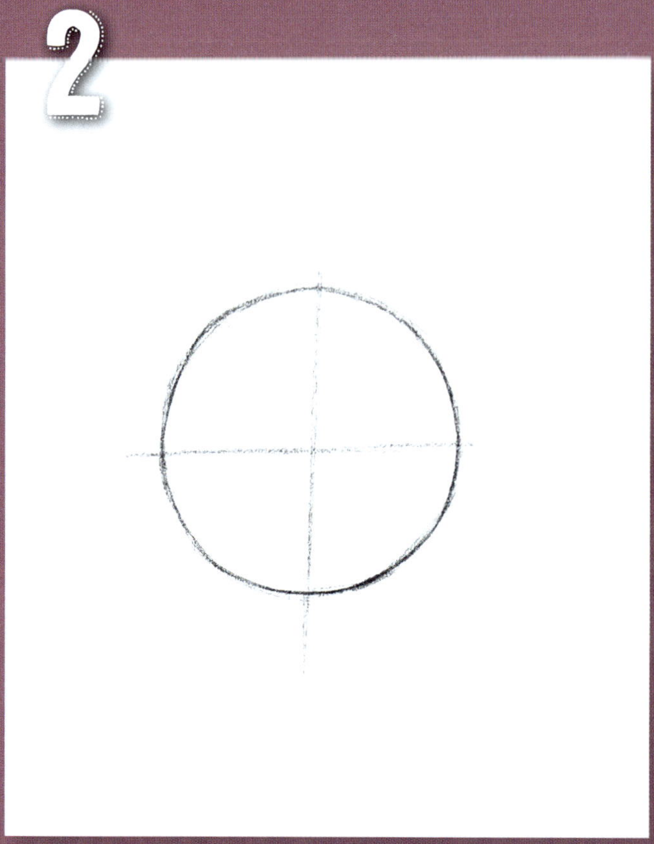

SO GEHT'S

1 Das allererste Tutorial startet supersimpel. Ich bin mir sicher: Jeder wird es hinkriegen. Da du ja schon im ersten Teil des Buches gelernt hast, wie du Linien zeichnest, sollte der erste Schritt kein Problem darstellen. Zeichne also ein Kreuz. Wenn du Schwierigkeiten dabei hast, es frei Hand zu zeichnen, benutze gerne ein Lineal.

2 Das Kreuz dient dir als Hilfslinie. Markiere dir am besten zuerst auf jeder Seite Punkte mit dem gleichen Abstand zum Schnittpunkt. Dann kannst du diese Punkte mit je vier gebogenen Linien verbinden.

3

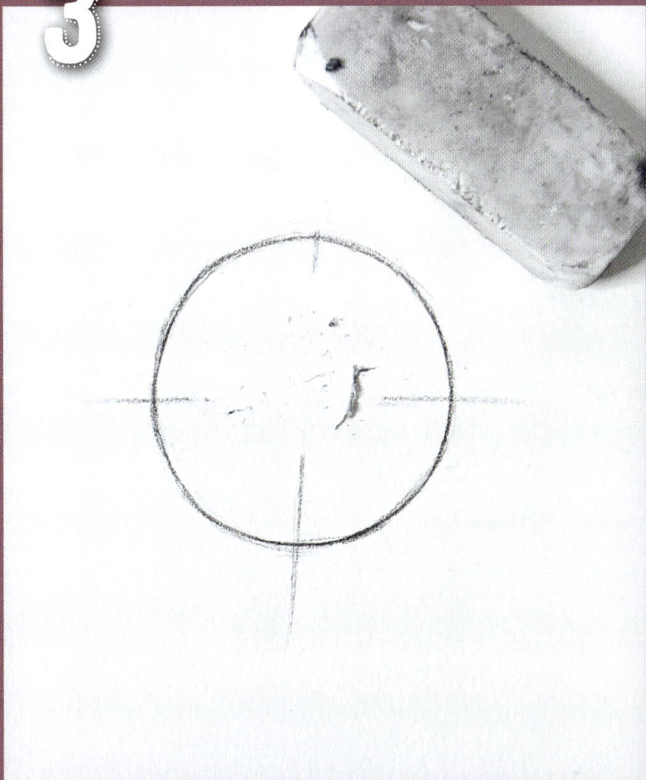

4

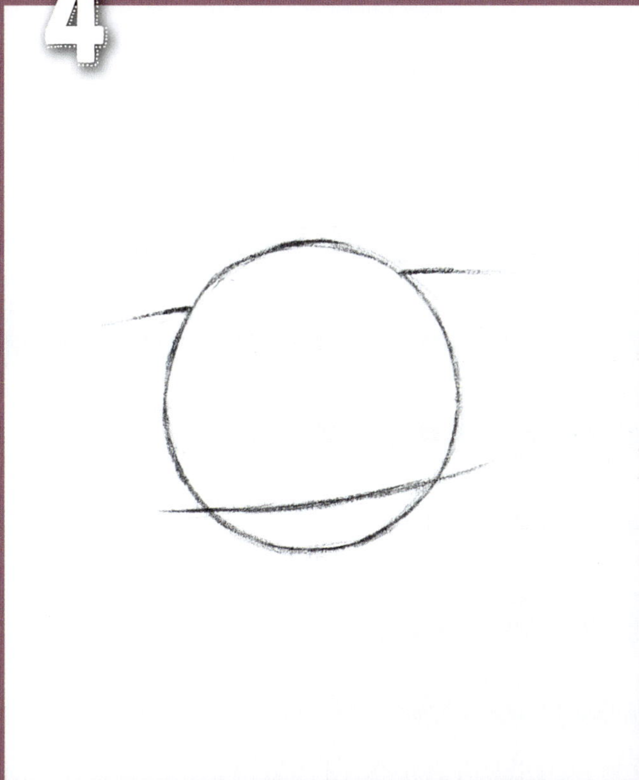

3 Wenn du zufrieden bist, kannst du die Orientierungslinien wegradieren. Solltest du dabei deinen Kreis versehentlich mit wegradieren, zeichne ihn einfach wieder nach. Jetzt siehst du auch besser, ob dein Kreis eventuell noch schief ist. Das kannst du gegebenenfalls korrigieren.

4 Perfekt! Tatsächlich ist das schon ein wahres Kunstwerk, denn einen schönen Kreis kriegt bei Weitem nicht jede*r hin. Damit unser Planet auch aussieht wie der Saturn, zeichnen wir jetzt sein Markenzeichen: den Ring. Dazu empfehle ich dir, erst einmal die Ansätze zu skizzieren. Oben ist die Linie natürlich nicht komplett durchgezogen, denn das ist der hintere Teil. Achte darauf, dass alle Linien im selben Winkel stehen.

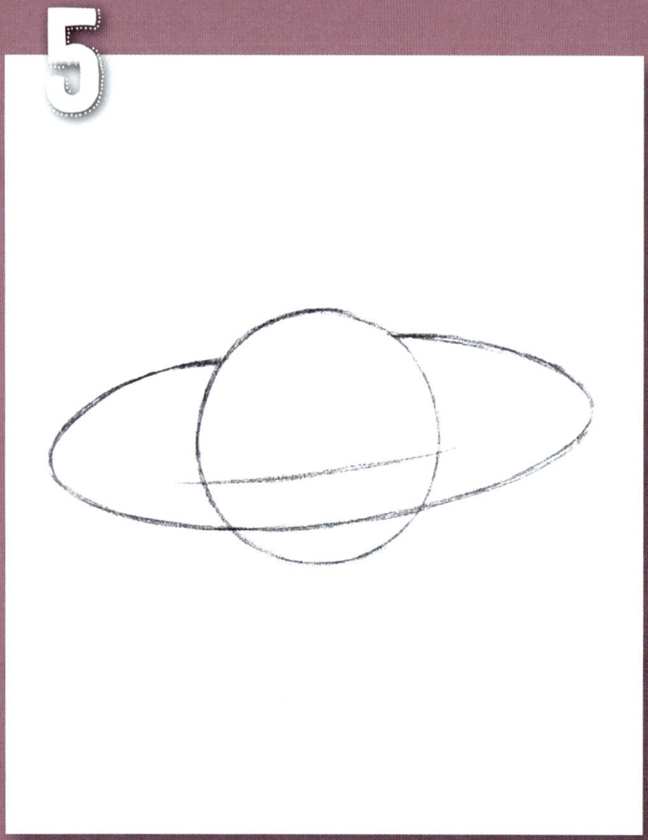

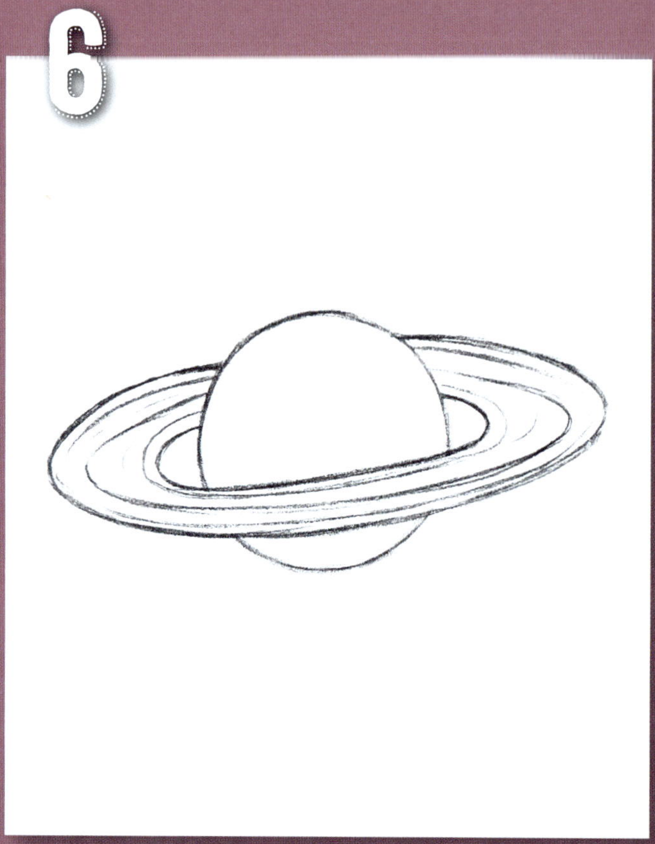

WEITER GEHT'S

5 Jetzt kannst du problemlos die Linien jeweils mit einem Bogen verbinden, und dein Ring ist fertig. Ich gebe zu, auch ich bekomme das nicht immer beim ersten Mal perfekt hin, aber dafür ist ja dein Radiergummi da. Verbessere schiefe Stellen einfach, bis du mit deiner Form zufrieden bist.

6 An sich ist der Grundriss fertig. Jetzt fehlt nur noch der Feinschliff, und da du den Ring so gut hinbekommen hast, kannst du direkt weitermachen und noch mehr Ringe zeichnen. So entsteht ein Muster, und der Ring sieht nicht mehr so flach aus.

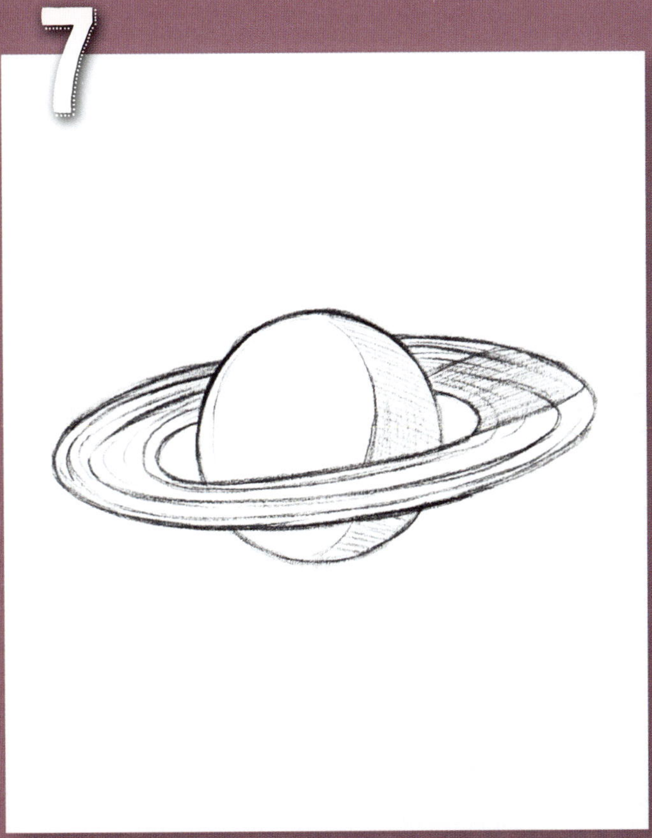

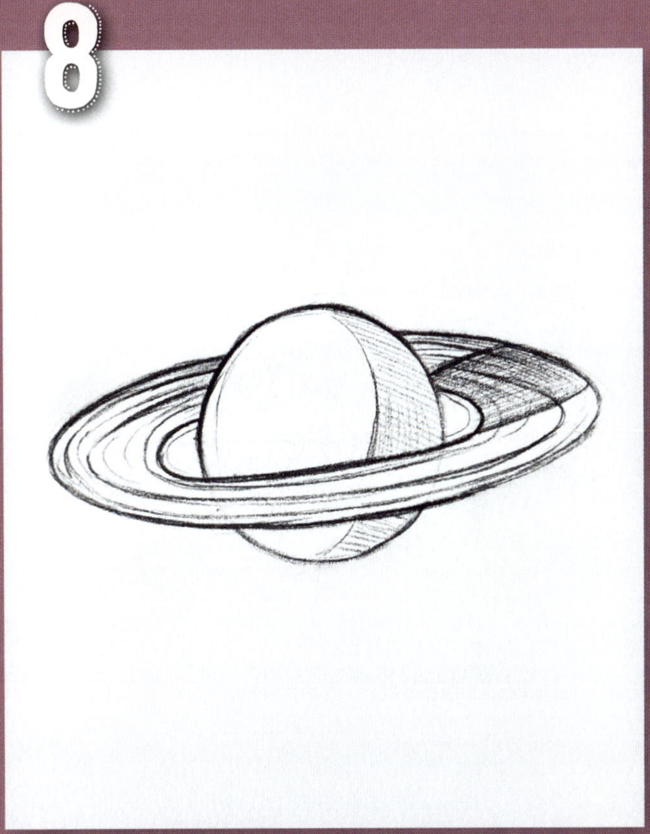

7 Was auf keinen Fall fehlen darf, sind die Schatten. Zuerst habe ich die Konturen der Schatten auf dem Ring angezeichnet und diese Fläche dann mit gestrichelten Linien ausgemalt. Wenn du möchtest, kannst du diesen Bereich auch komplett schraffieren. Schattiere auch die Schattenseite von der Kugel.

8 Der letzte Schritt ist bei all meinen Zeichnungen gleich. Zum einen umfahre ich die Stellen, die am dunkelsten sein sollen, mit einem schwarzen Buntstift. Zum anderen gehe ich mit meinem Radiergummi über die weiße Fläche, um Schmierereien, die entstanden sind, zu entfernen. Deine Zeichnung sieht so direkt viel sauberer aus. Übrigens werde ich die zwei Schritte nicht in jedem Tutorial extra erwähnen.

BERGE

Es gibt aus meiner Sicht nichts Überwältigenderes auf dieser Welt als Berge! Jeder kennt dieses Gefühl, wenn man sich in den Bergen befindet und nicht genug haben kann von der Aussicht. Und ob du es glaubst oder nicht, früher gab es diese Berge so noch nicht. Diese sind entstanden, indem sich zwei Erdplatten gegeneinanderbewegt haben. Auch wenn dieses Phänomen ungreifbar erscheint, ist es überhaupt nicht schwer, eine Berglandschaft zu zeichnen. Ich zeige dir Schritt für Schritt, wie das geht.

MATERIAL

- BLEISTIFT HB UND 3B
- SCHWARZER STIFT
- RADIERGUMMI
- VERWISCHWERKZEUG

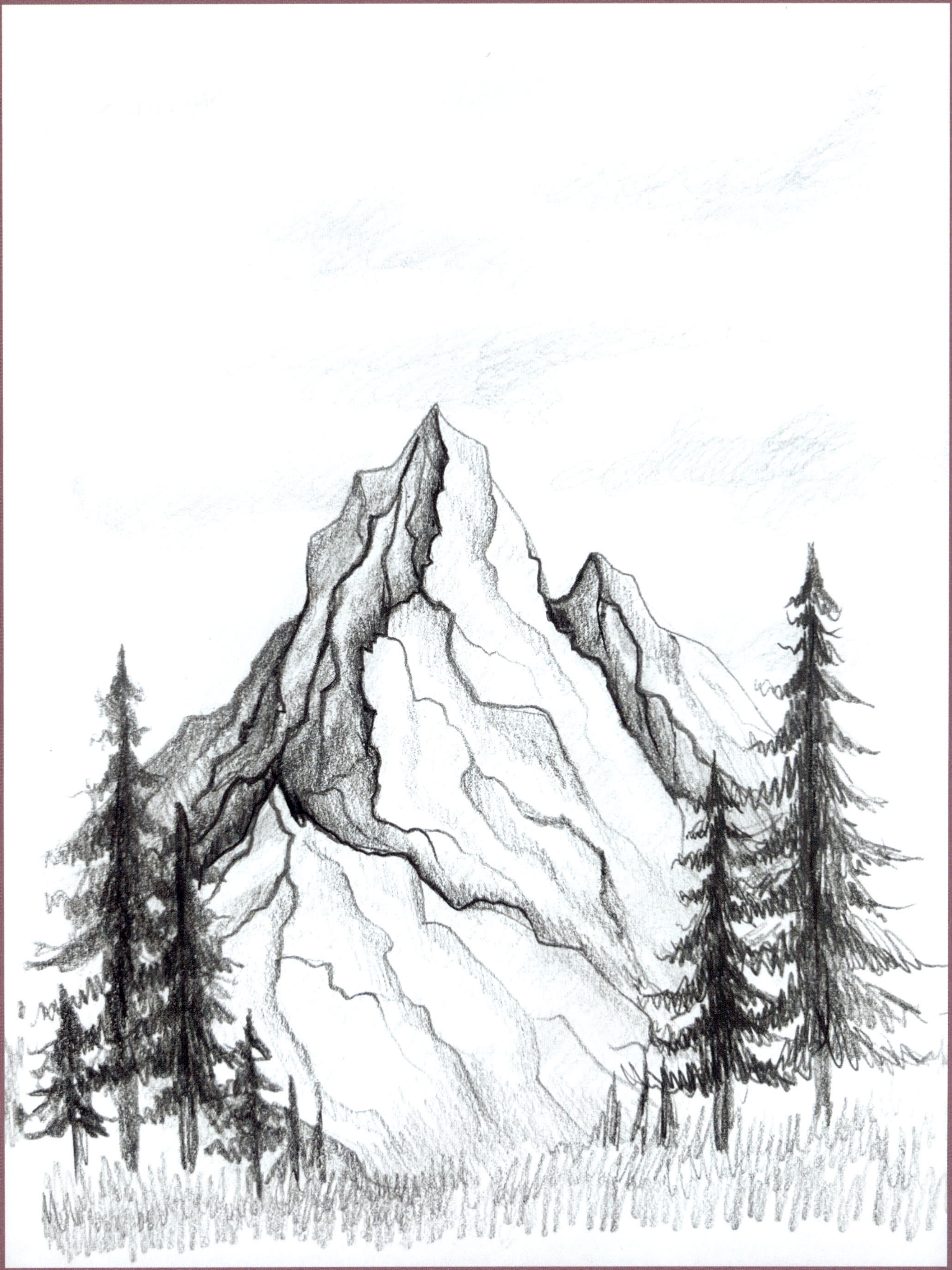

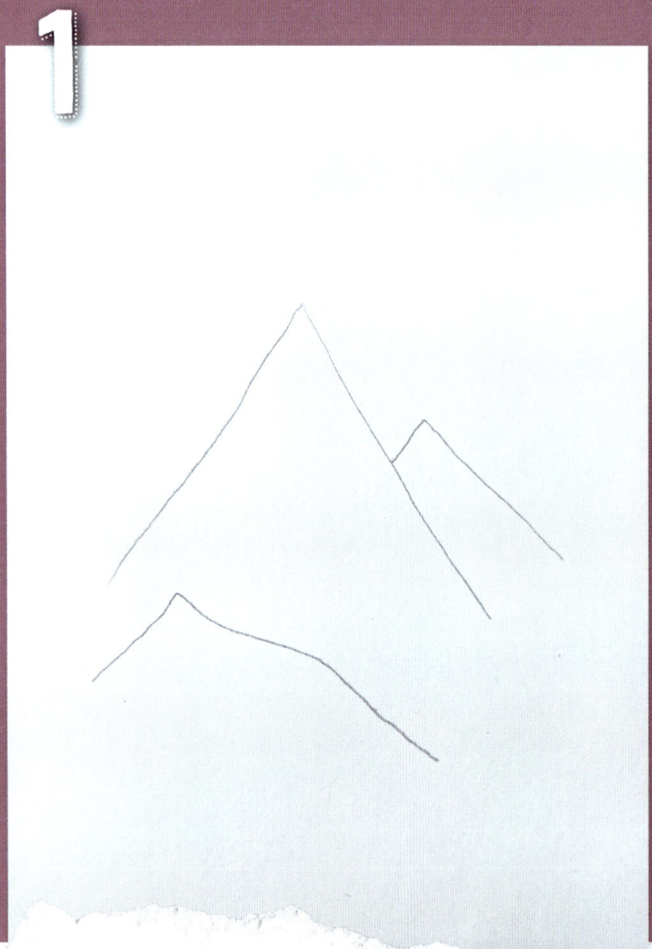

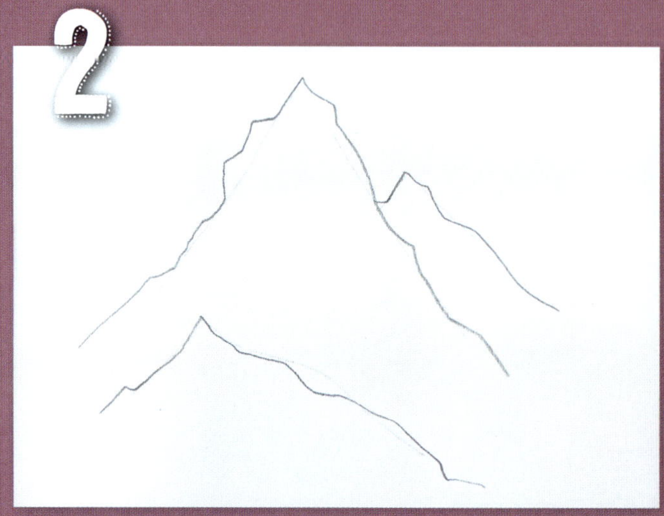

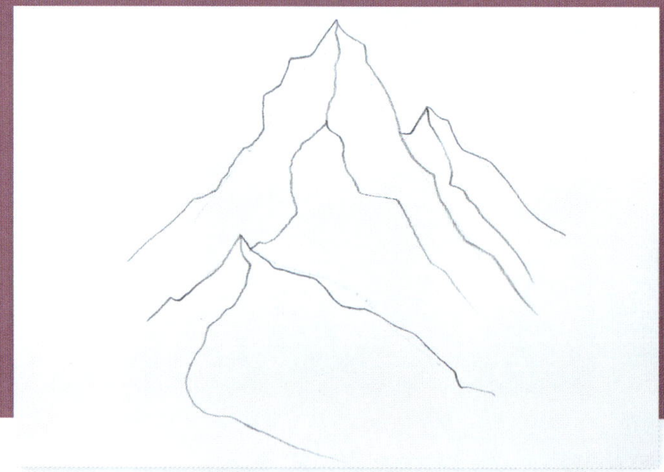

SO GEHT'S

1 Beginnen wir also mit dem Zauber. Zuerst deutest du deine Berglandschaft mittels Dreiecken an. Wie schon erwähnt, ist die Natur unfassbar vielfältig, also musst du nicht zwingend meine Vorlage 1 zu 1 nachzeichnen. Wenn du fertig bist, kannst du deine Linien wieder wegradieren, man sollte die Umrisse aber noch erkennen können.

2 Im nächsten Schritt malst du die typisch kantige Kontur. Achte dabei darauf, dass sie nicht zu unscheinbar ist. Die Zacken sollten also nicht zu klein sein, das könnte unnatürlich aussehen. Danach zeichnest du dieselbe Art von Kontur quer durch deine Berge, das Ganze sollte immer zu einem Dreieck verlaufen.

3

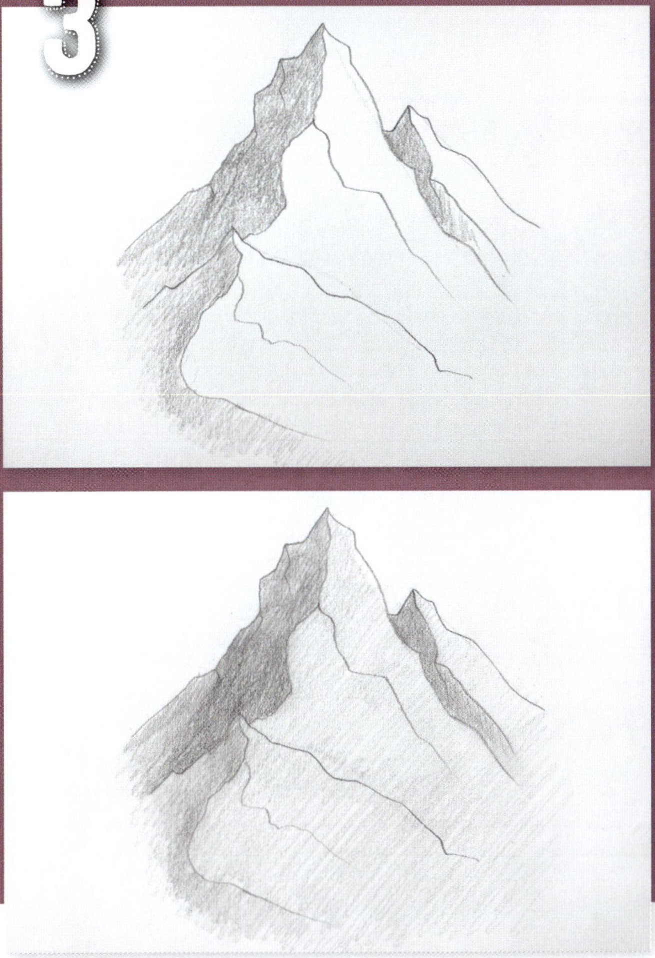

4

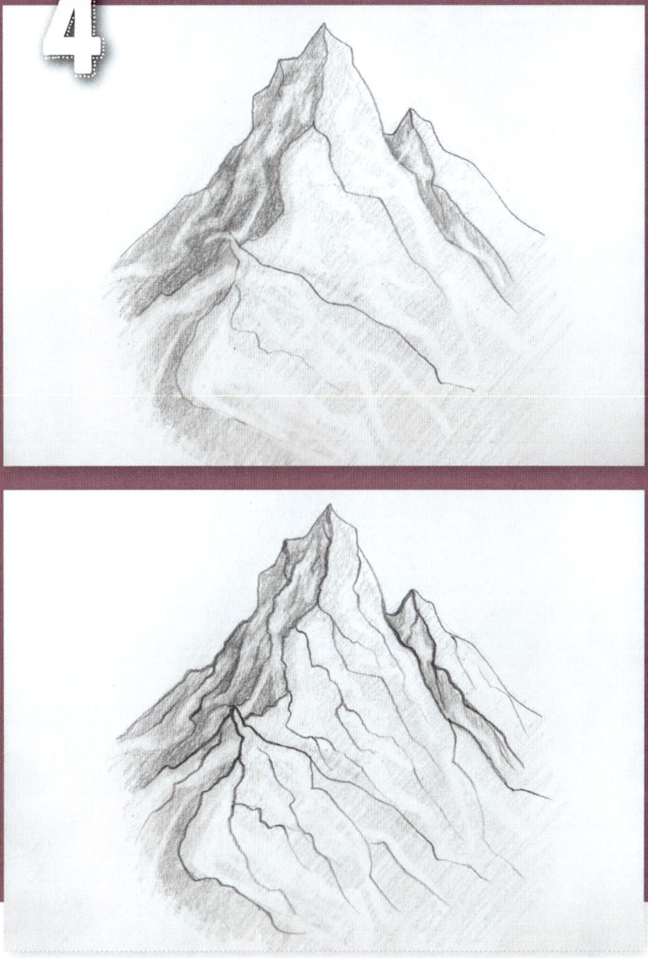

3 Eine von beiden Seiten kannst du nun komplett mit einem dunklen Bleistift schraffieren. Das machst du bei jedem Berg so. Ich habe immer die linke Seite des Berges ausgemalt, da in meinem Bild die Sonne von rechts scheint. Danach verblendest du die Schraffur, z. B. mit einem Verwischwerkzeug oder einem Pinsel. Die andere Seite schraffierst und verwischst du ebenfalls, jedoch sollte diese Seite viel heller sein.

4 Jetzt kommt mein absoluter Lieblingspart: Mit einem Radiergummi radierst du aus dem lockeren Handgelenk zackenartige Konturen in die Berge. Danach ziehst du mit dem Bleistift ein paar Linien nach. Die Linien können nach unten hin ruhig etwas heller werden.

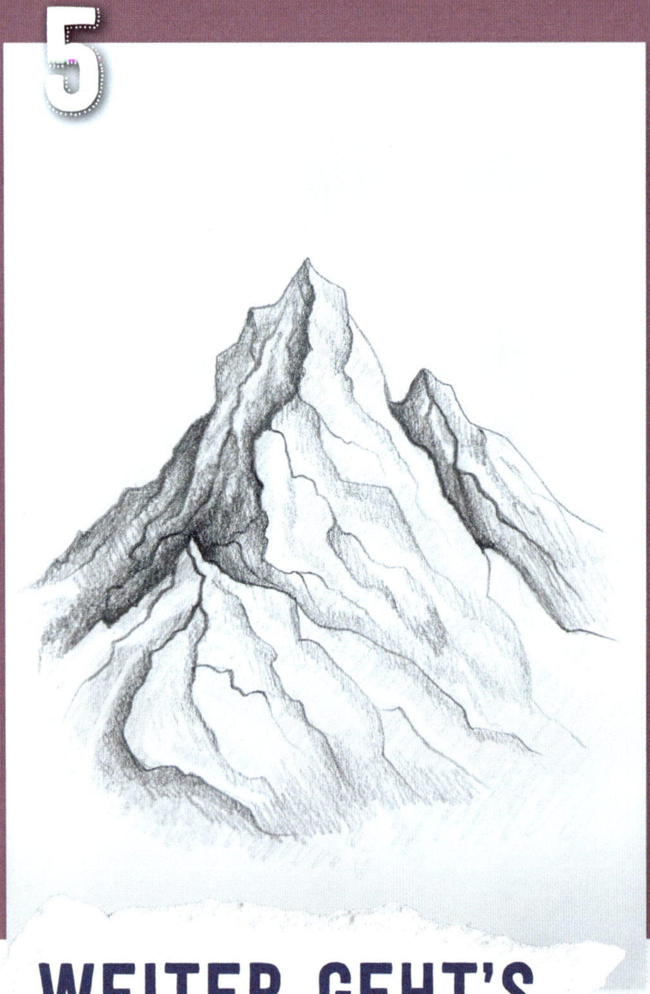

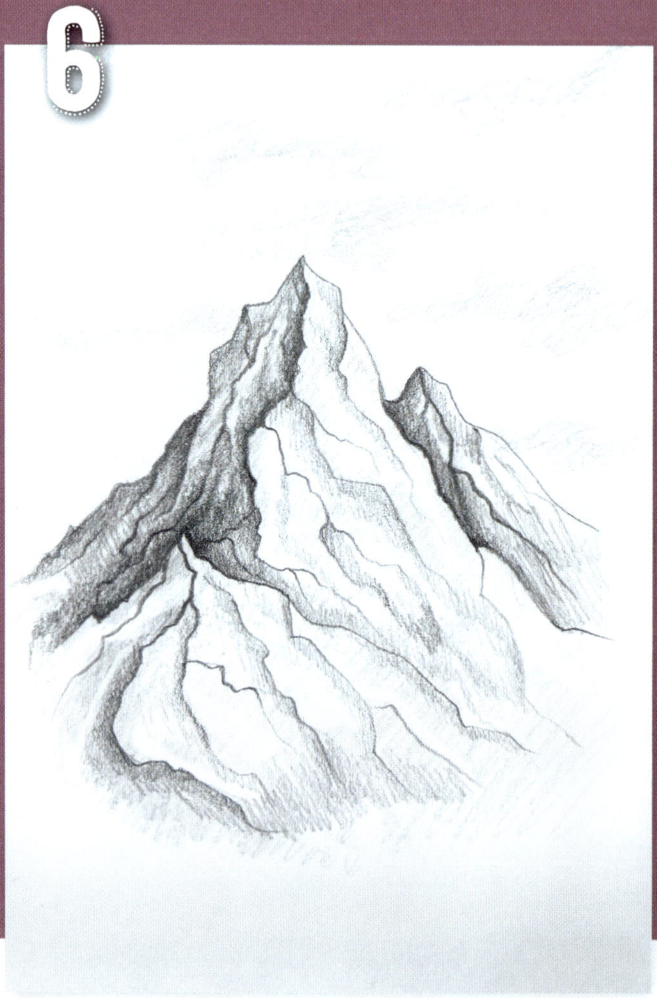

WEITER GEHT'S

5 Die Schatten auf der dunkleren Seite kannst du noch mal verstärken. An dieser Stelle würde ich nicht mehr verblenden. Das würde den Berg zu weich aussehen lassen. Die grobe und „unordentliche" Struktur ist hier absolut gewünscht. Nun hast du die Berge fertig gezeichnet, und du könntest an diesem Punkt aufhören weiterzuzeichnen. Wenn du aber noch einen Hintergrund und einen Vordergrund in dein Bild integrieren möchtest, lies weiter.

6 Im Hintergrund habe ich mit einem hellen Bleistift Wolken angedeutet, indem ich in kreisenden Bewegungen schraffiert habe. Außerdem habe ich die Schatten noch ein wenig verstärkt. Mit der Entstehung der Zeichnung wirst du merken, was noch fehlt oder korrigiert werden sollte.

7

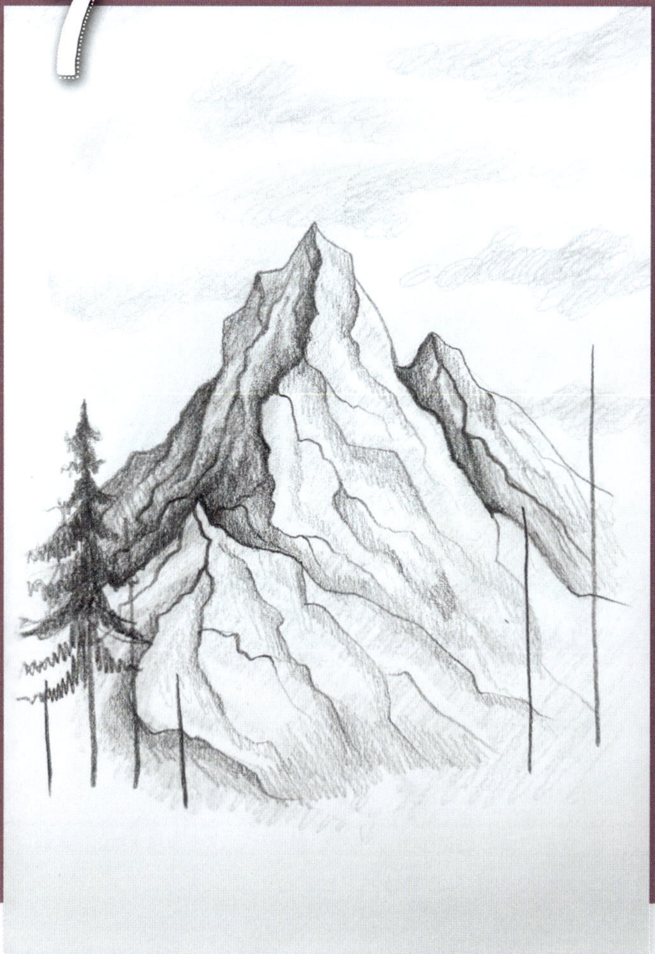

8

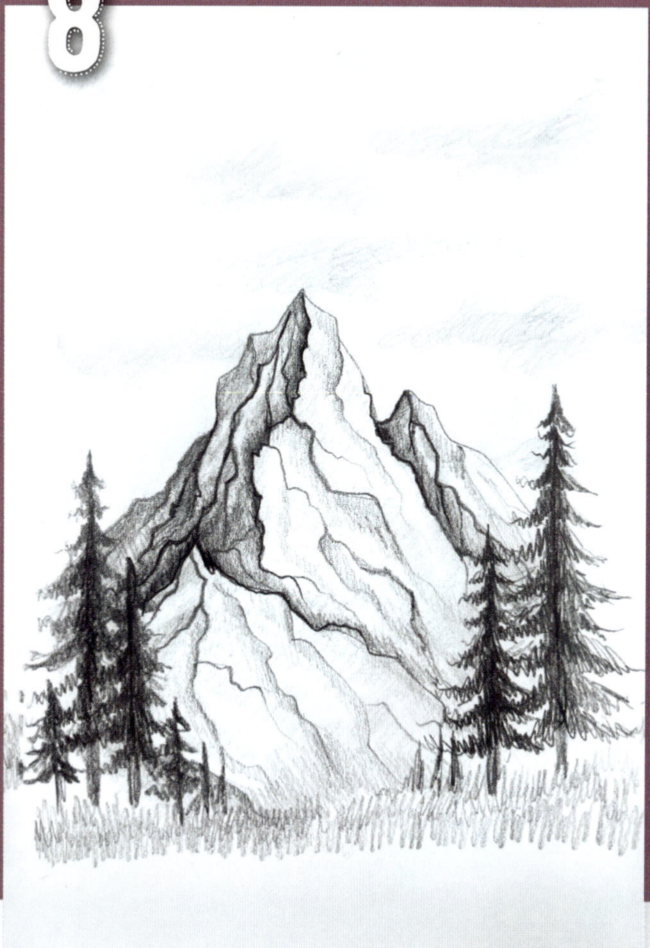

7 Dort, wo Berge zu sehen sind, sieht man in den meisten Fällen auch Bäume oder Tannen. Diese sind super simpel zu zeichnen. Deute die Baumstämme zuerst durch unterschiedlich lange vertikale Linien an. Jetzt malst du zackige Flächen, die nach unten hin immer breiter werden.

8 Das machst du natürlich mit allen Baumstämmen so. Zum Schluss habe ich noch eine Wiese angedeutet. Diese muss nicht unbedingt superdetailliert sein, denn der Fokus des Bildes sollte auf den Bergen liegen. Finalisiere deine Zeichnung, indem du ein paar Linien und Flächen mit dem schwarzen Buntstift verstärkst.

BLUMEN

Blumen sind unfassbar vielseitig und machen daher sehr viel Spaß zu zeichnen. Die Technik, die ich dir in diesem Tutorial zeige, kannst du bei fast allen Blumenarten anwenden. Versuche, deine Umgebung einmal genauer zu beobachten. Gerade im Sommer findest du Blumen an jeder Ecke. Nutze das doch mal, wenn gutes Wetter angesagt ist, als Gelegenheit draußen zu zeichnen. Ich liebe das! Es ist wahnsinnig entspannend und glaub mir, du wirst von absolut niemandem komisch angeschaut. Trau dich ruhig!

MATERIAL

- BLEISTIFT HB
- SCHWARZER STIFT
- RADIERGUMMI

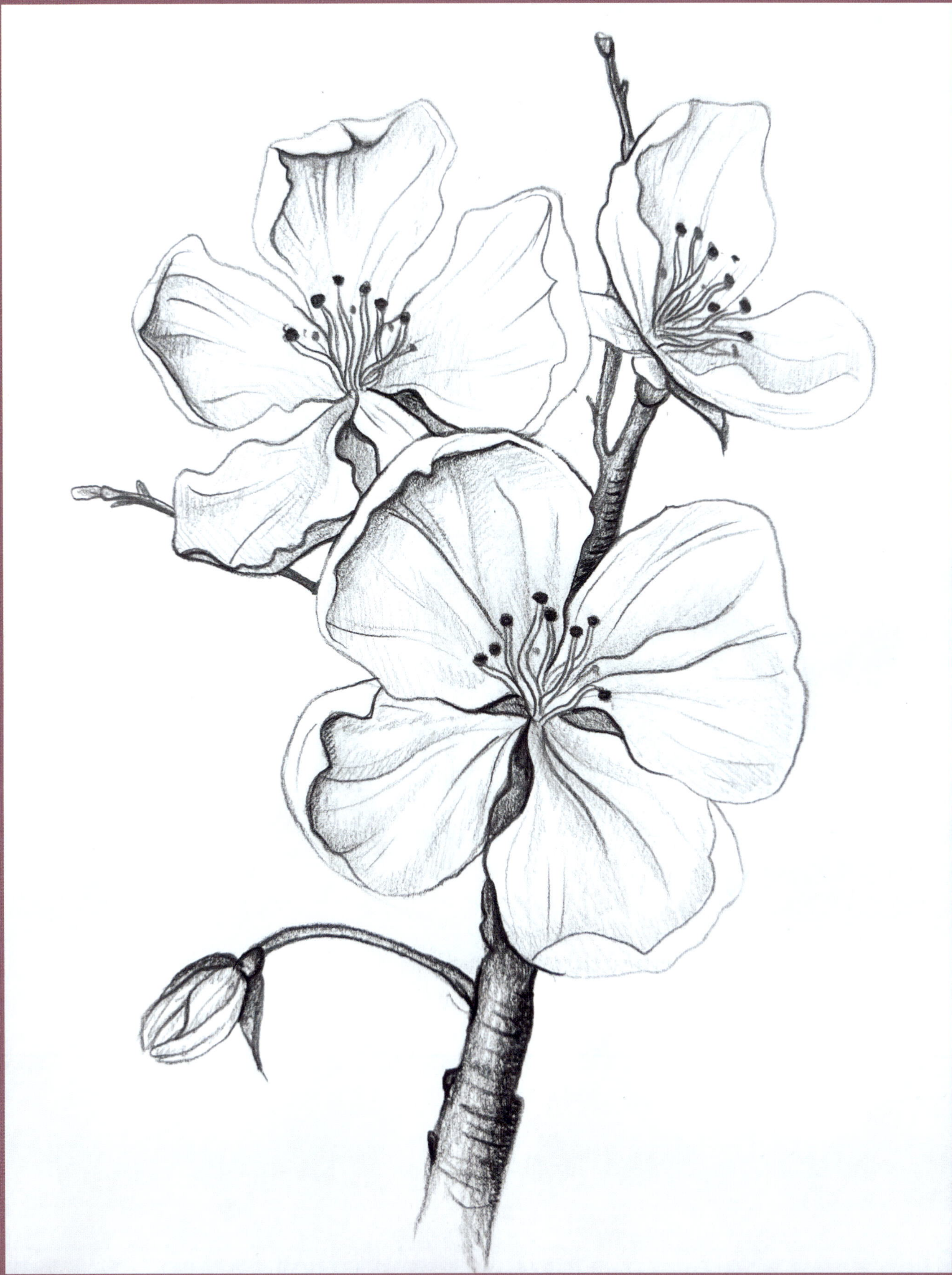

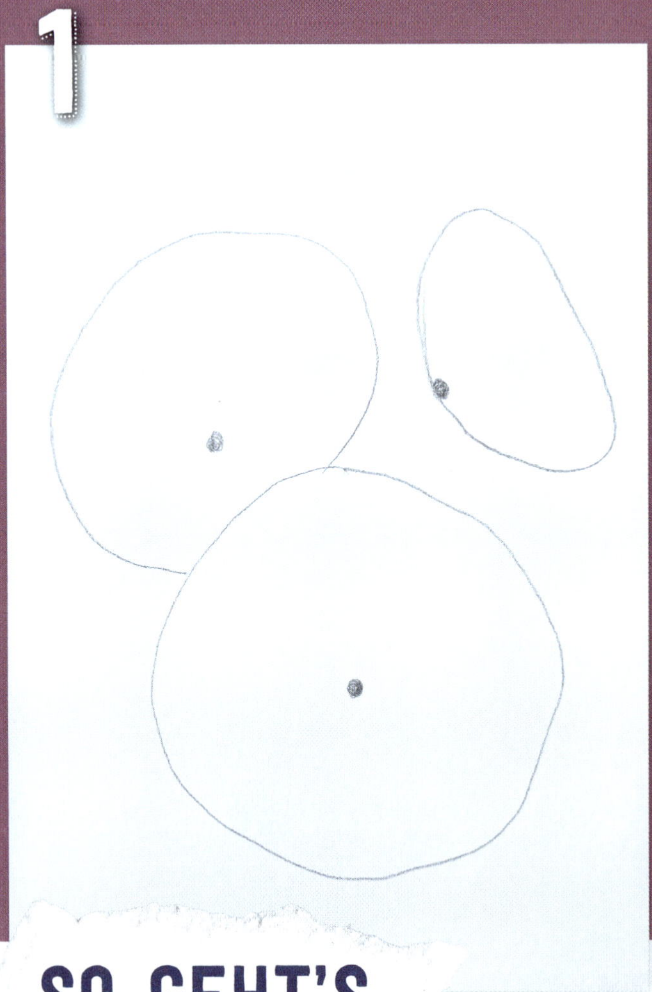

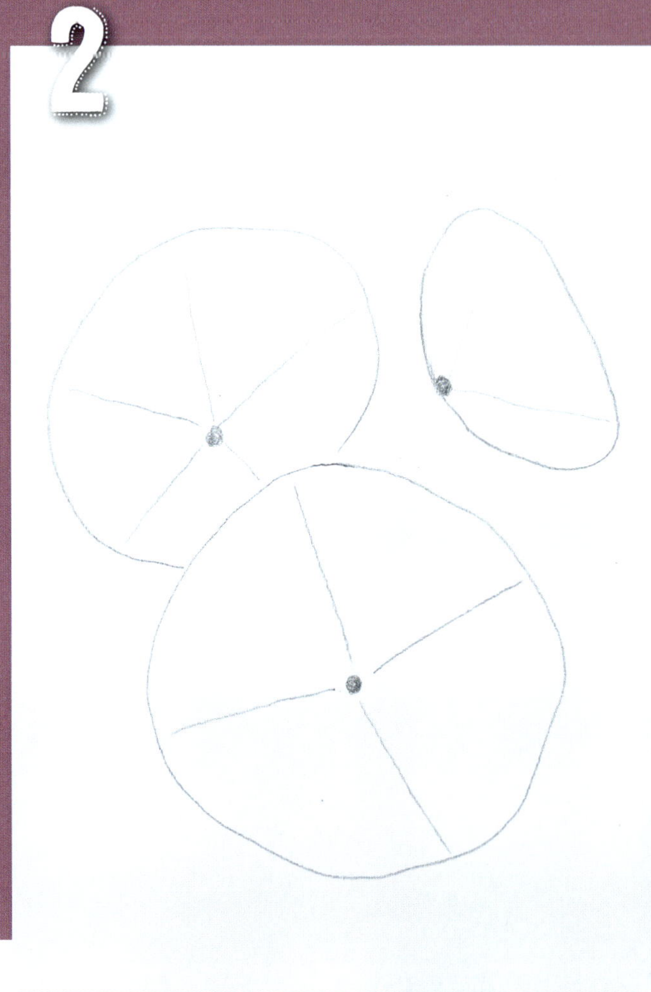

SO GEHT'S

1 Der Anfang sieht ziemlich lustig aus, wenn man Blumen zeichnen möchte. Und zwar malst du einen Kreis oder ein Oval je Blüte. Ich habe mich für drei Blüten entschieden. Die Kreise müssen nicht symmetrisch sein. In die Mitte zeichnest du dann einen kleinen Punkt. Wenn deine Blüte von der Seite zu sehen ist, malst du den Punkt etwas weiter an der Kante.

2 Jetzt brauchen wir noch Hilfslinien für die Blütenblätter. Je mehr Blütenblätter deine Blume haben soll, desto mehr Linien brauchst du.

3

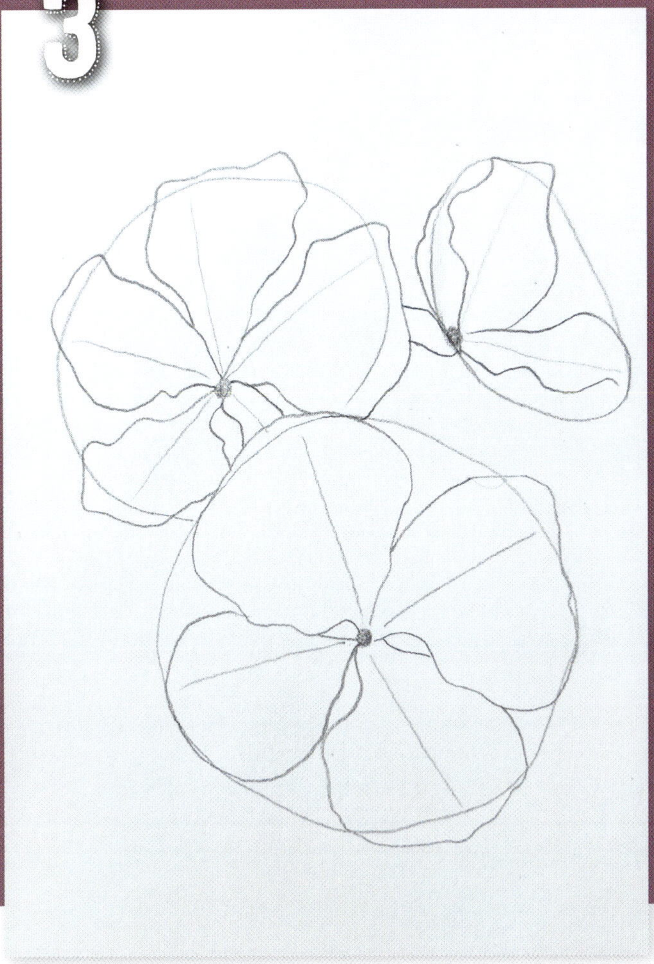

4

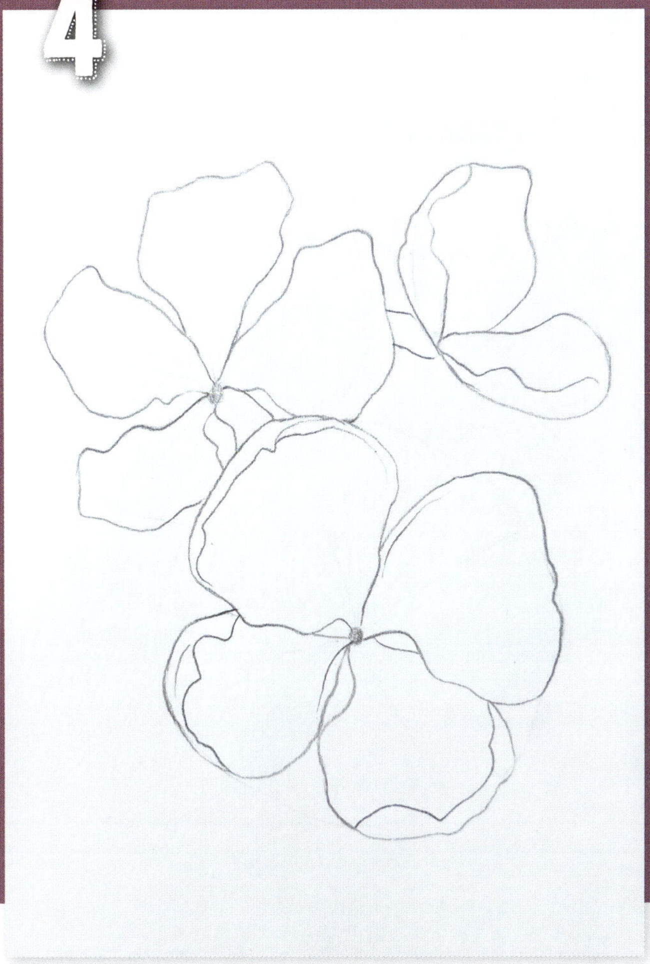

3 Nun zeichnen wir die Umrisse der Blütenblätter. Wie schon erwähnt, kommen dort, wo die Linien sind, die Blütenblätter hin. Stell dir vor, die Linien teilen das Blatt in der Mitte. So kannst du gleichmäßige Umrisse zeichnen. Die Blume, die seitlich zu sehen ist, braucht eingeschlagene Blüten. Das kannst du andeuten, indem du auf einer Seite des Blütenblattes eine zweite wellige Linie zeichnest.

4 Die Blumen kann man jetzt schon supergut erkennen. Somit dürfen die Hilfslinien, also die Kreise und Linien, die du am Anfang gezeichnet hast, wegradiert werden. Zeichne die Konturen noch mal besser nach und ergänze mehr eingeschlagene Kanten bei den Blütenblättern.

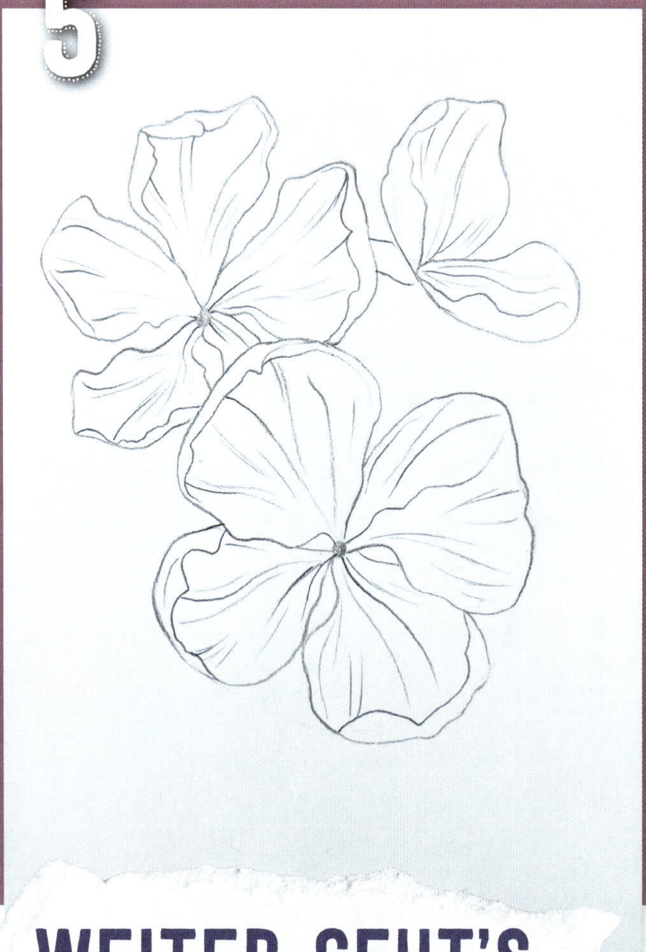

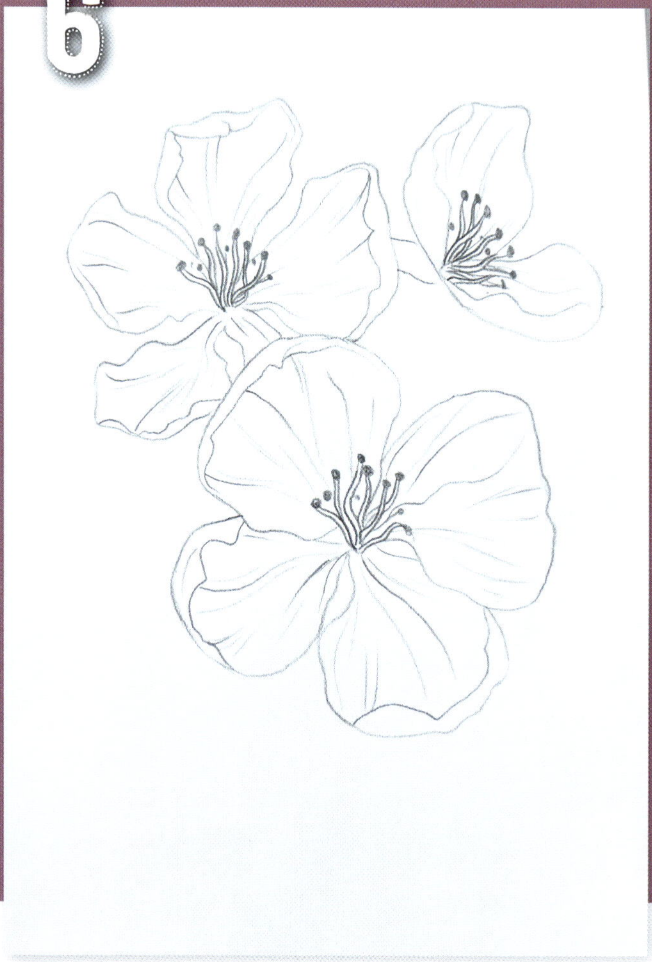

WEITER GEHT'S

5 Viele Blumen haben interessante Muster, daher kannst du eine Struktur in die Blütenblätter zeichnen. Am besten eignen sich hier Falten. Die Striche fangen bei einer Kante oben oder unten an und werden immer blasser zum Ende hin.

6 Nun malst du die Staubfäden, die erinnern mich immer an Korallen. Auf jeden von diesen Fäden gehört eine kleine Kugel, das sind die Staubbeutel der Blume. Bei Zeichnungen kannst du alles immer etwas größer darstellen. Im echten Leben sind diese Staubbeutel nicht so groß. Es ist jedoch schön, bestimmte Details in Zeichnungen hervorzuheben.

7

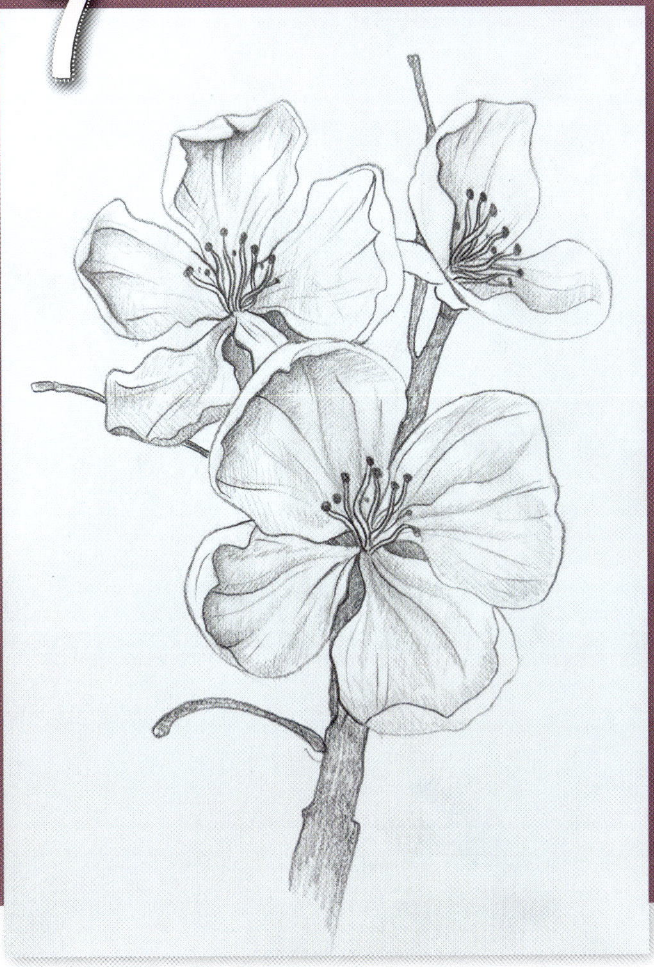

8

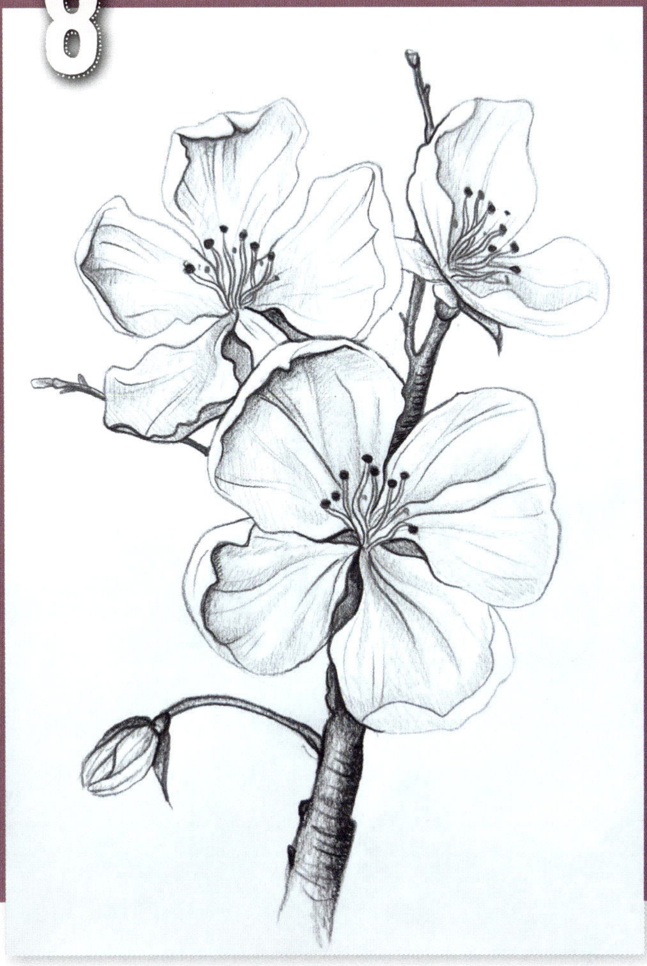

7 Überall dort, wo eine Kante ist, gerade da, wo sich die Blätter knicken, kannst du Schatten setzen. Ob du die Schraffuren verblenden möchtest oder nicht, kannst du selbst entscheiden. Ich finde, bei diesem Motiv sieht es auch nicht verblendet super aus. Danach verbindest du die Blüten alle mit einem Ast, den du ebenfalls schraffieren kannst, gerne etwas kräftiger.

8 Zu guter Letzt habe ich noch eine größere Knospe und ein paar kleine Knospenansätze hinzugefügt. Zeichne dazu einfach Ovale, die du mit dem Stiel verbindest. Achte hier noch mal auf die Schatten. Und wenn du dem Ast noch etwas mehr Struktur verleihst, wirkt deine Zeichnung spannender.

FEUER

Ein riesiger Meilenstein für die Menschheit war die Entdeckung des Feuers, oder besser gesagt das Entzünden von Holz. Schon vor vielen Jahrtausenden endeckten die Steinzeitmenschen, dass man Fleisch mit Hitze so zubereiten kann, dass es weniger Krankheiten und Magenprobleme verursachte. Außerdem wurde das Feuer zum Jagen eingesetzt. Ich bin mir aber sicher, dass der Umgang damit erst einmal geübt werden musste. Genau wie das nächste Tutorial. Es wird jetzt ein wenig anspruchsvoller, aber verzweifle nicht gleich beim ersten Versuch. Mit etwas Übung bekommst du das hin!

MATERIAL

- BLEISTIFT HB, 3B UND 2H
- SCHWARZER STIFT
- RADIERGUMMI
- VERWISCHWERKZEUG

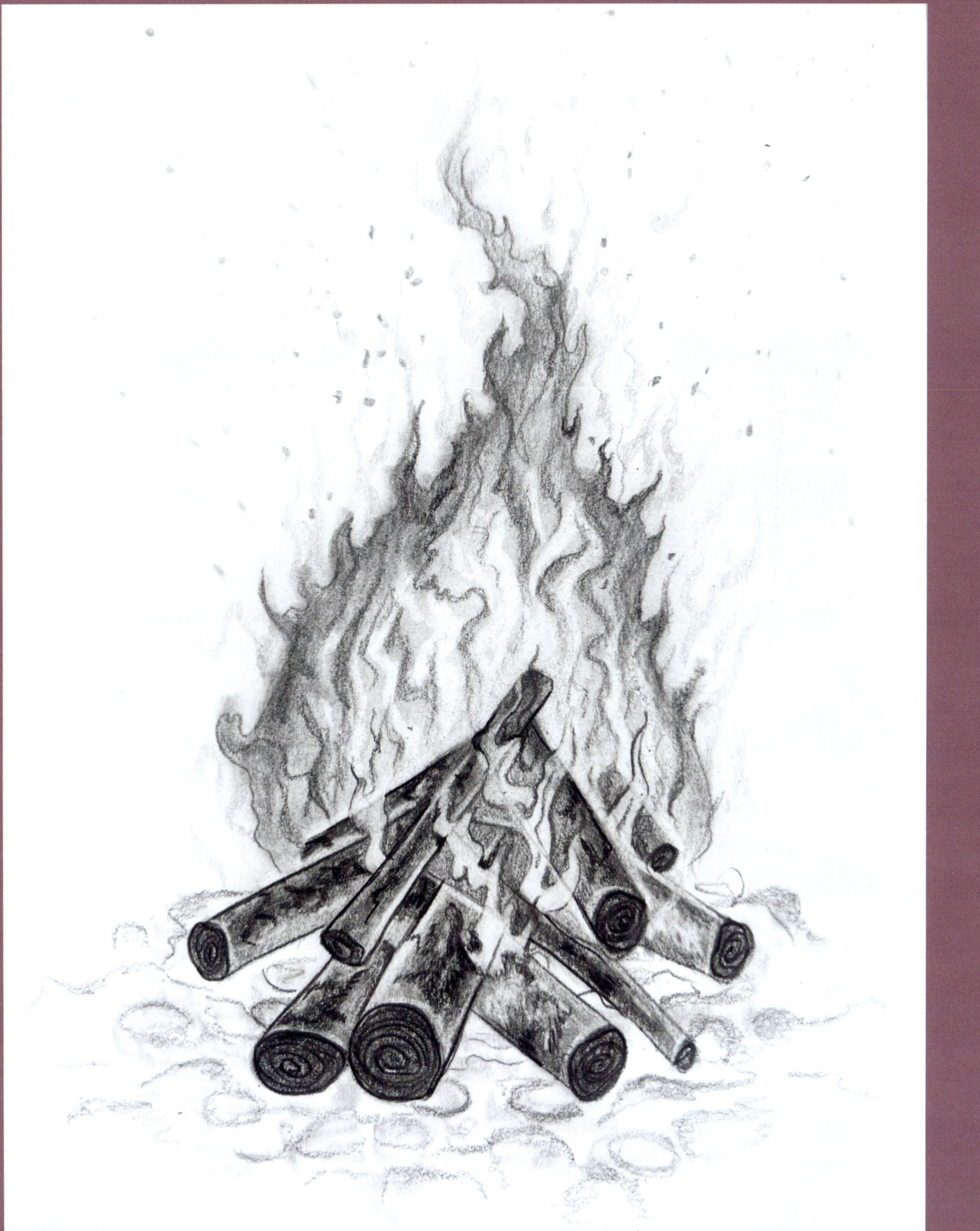

SO GEHT'S

1 Als Grundlage skizzierst du dir erst einmal mit einem Oval den Untergrund vom Feuer an. So hast du eine bessere Orientierung für das Lagerfeuer. In das Oval hinein kannst du nun einige Linien zeichnen. Sie stellen die Orientierungslinien für das Brennholz dar. Es sollten nicht zu viele sein, und sie sollten eine Art Dreieck bilden. Denke daran, dass die Linien noch umrandet werden.

2 Anschließend kannst du das ganze Gerüst einmal wegradieren, man sollte es aber noch ein wenig erkennen können. Die Flamme kannst du auch schon mal andeuten, die geht geschwungen nach oben und verläuft dabei sehr spitz.

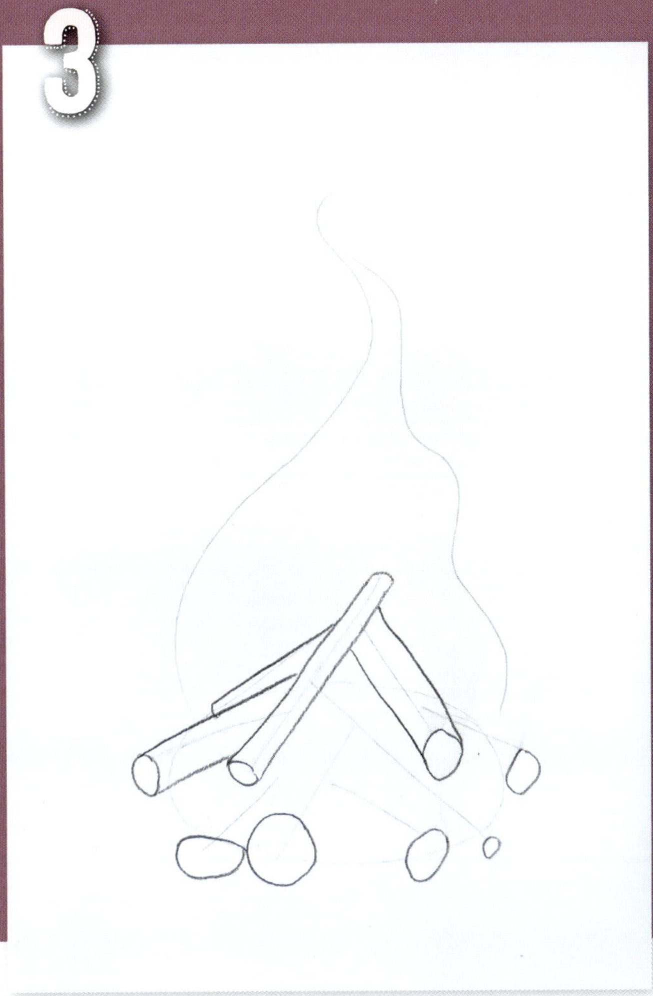

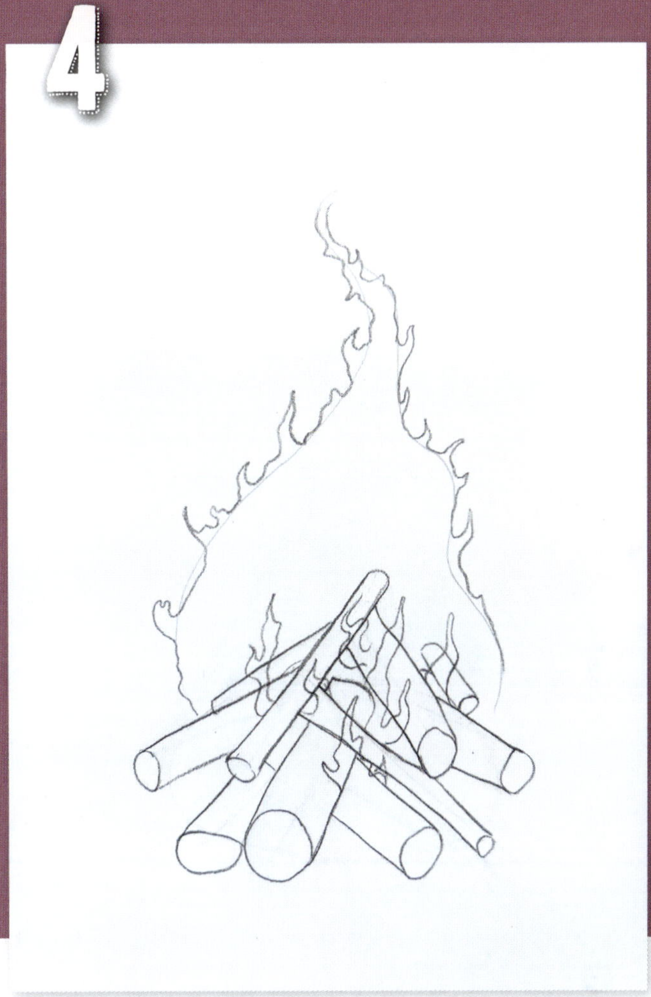

3 Nun werden die Linien in Form gebracht und umrandet. Fang am besten erst mal damit an, am vorderen Ende der Linie einen Kreis anzudeuten. Danach kannst du die äußere Form ziehen, sodass die Form eines Zylinders entsteht. Die Holzscheite können immer unterschiedlich dick sein, und die Form muss nicht besonders symmetrisch sein, da es sich um ein Naturprodukt handelt.

4 Die Flamme, die du zuvor angedeutet hast, kannst du nun etwas realistischer zeichnen, indem du außen ganz viele Miniflammen zeichnest. Auch zwischen dem Holz kannst du ein paar Flammen zeichnen, die heraustreten.

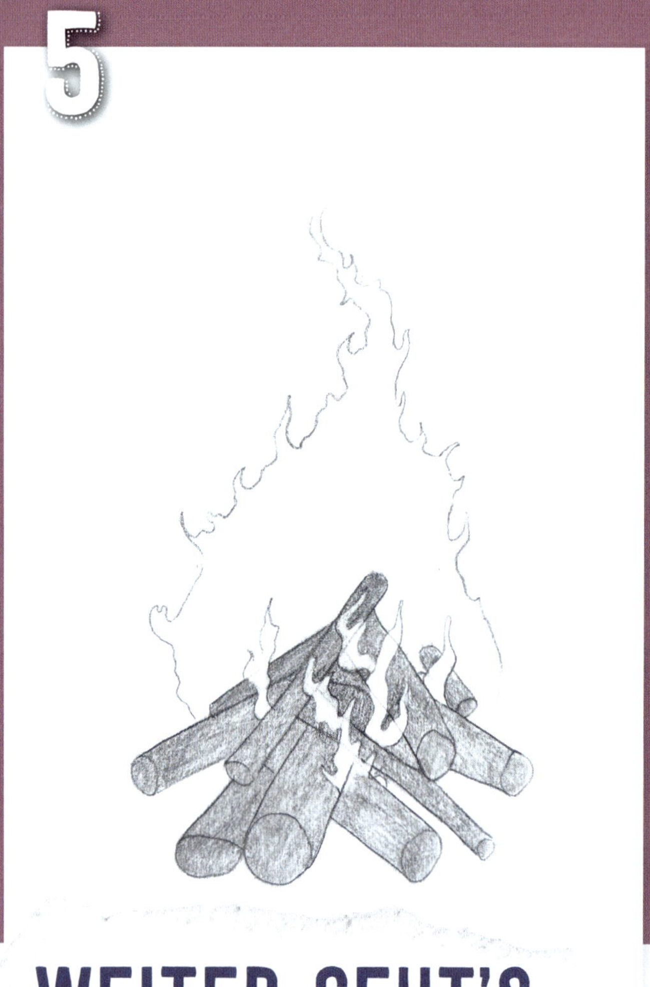

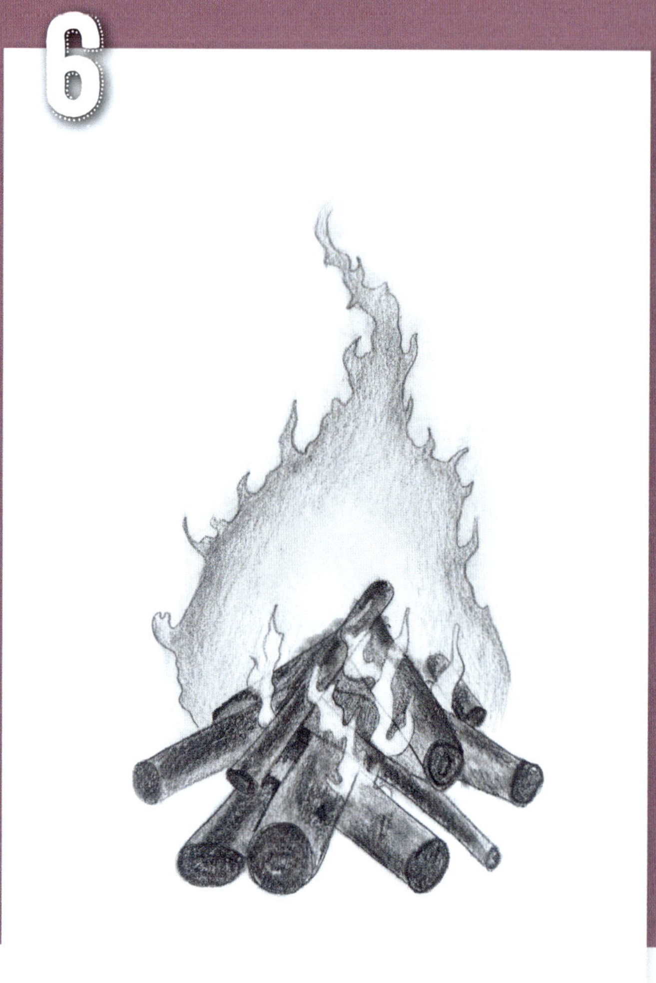

WEITER GEHT'S

5 Male jetzt die gesamte Fläche des Brennholzes aus und verwische die Fläche. Hast du über die kleinen Flammen drübergemalt, kannst du ihre Fläche mit einem spitzen Radiergummi wieder aufhellen.

6 Die Flamme sollte innen am hellsten sein, schattiere daher nur an der Kante entlang. Versuche dabei, einen Verlauf miteinzubringen. Benutze hier gerne zwei unterschiedlich starke Bleistifte. Am besten verblendest du das Ganze mit einem Pinsel und gerne ein wenig über den Rand hinaus, da Feuer ja keine scharfen Kanten hat. Die Hölzer können an der Stelle auch schattiert werden.

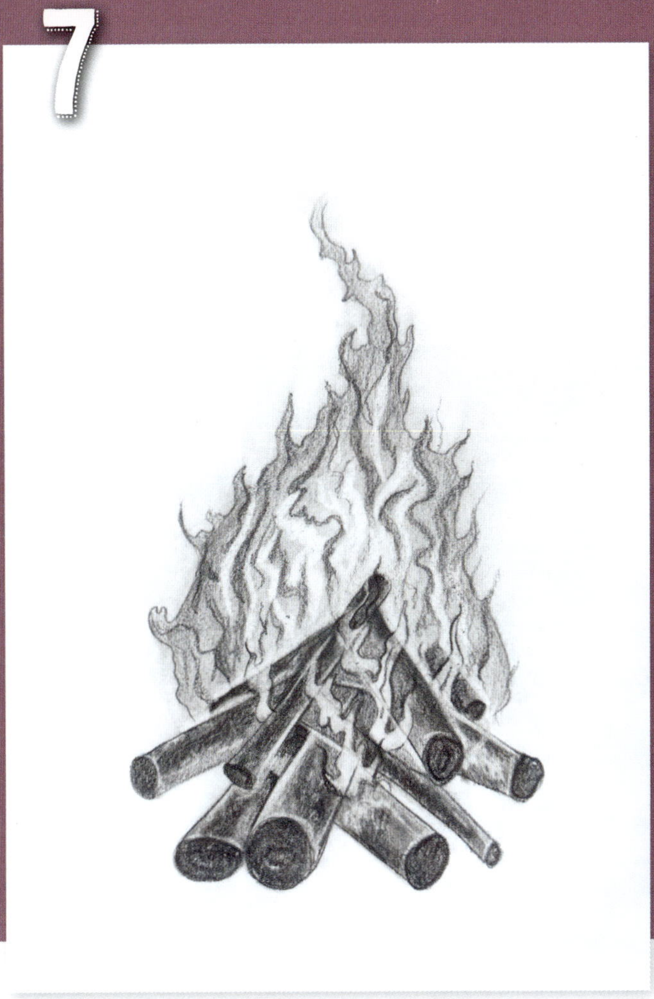

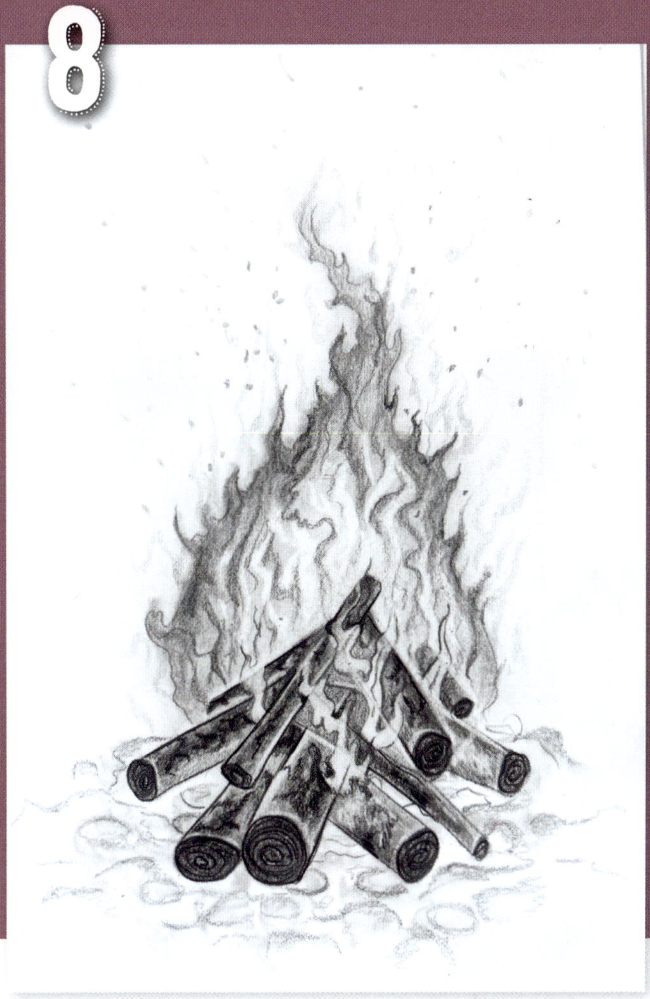

7 Das Innere der Flamme muss natürlich noch etwas ausgearbeitet werden. Daher zeichnest du hier mit einem weichen Bleistift viele weitere Flammen und Wellen rein, so sieht dein Feuer realistischer aus. Mit dem Radierstift kannst du den leuchtenden Effekt noch mal verstärken, indem du ein paar Zwischenräume sowie die Seiten der Holzscheite hell radierst.

8 Zum Schluss schnappst du dir deinen Papierwischer oder Bleistift und malst damit viele Funken um das Feuer herum. Mit einem ganz hellen Bleistift kannst du außerdem die Flammen an der Kontur etwas ausweiten. Und wenn du möchtest, kannst du den Boden andeuten, auf dem sich die Holzscheite befinden.

WASSERTROPFEN

Zum Überleben ist nicht nur Feuer notwendig, sondern auch Wasser. Es ist, wie ich finde, eins der schönsten Dinge, die auf dieser Welt existieren. Wir haben so viel kühles Nass um uns herum: Ozeane, Wasserfälle, Schnee ... Der Planet Erde ist ein Wasserplanet. Und aus diesem Grund darf dieses Element auch hier nicht fehlen. Niemand konnte als Kind einer beschlagenen Scheibe widerstehen, um etwas darauf zu kritzeln. Weil die Kombination von Wasser und Glas so spannend ist, bringen wir diese jetzt aufs Papier.

MATERIAL

- BLEISTIFT HB UND 5B
- SCHWARZER STIFT
- RADIERGUMMISTIFT
- VERWISCHWERKZEUG

SO GEHT'S

1 Dieses Bild macht unfassbar viel Spaß, und das Ergebnis sieht immer verblüffend aus. Schraffiere zunächst mit einem relativ dunklen Bleistift eine große Fläche. Das hast du bereits im Grundlagenteil gelernt.

2 Jetzt kannst du die Fläche verblenden. Der Effekt kommt am besten zur Geltung, wenn du das Grafit so gleichmäßig wie möglich verblendest. Lasse dir bei diesem Schritt also viel Zeit.

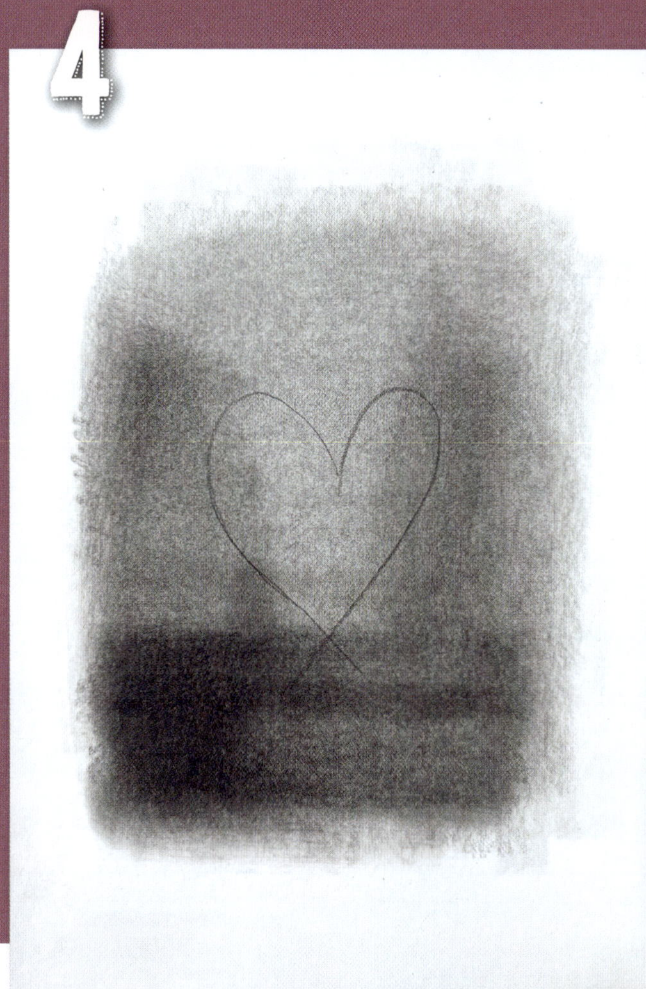

3 Außerdem kannst du einen Hintergrund andeuten. Hierbei sollte das Bild ebenfalls verschwommen sein, da es sich ja um eine Glasscheibe handelt. Stell dir vor, hinter der Glasscheibe befinden sich Gebäude, eine Straße oder Laternen. Dort, wo sich ein Objekt befindet, schraffierst du also dunkler.

4 Lasse deiner Kreativität freien Lauf und entscheide dich für ein Motiv, welches du leicht skizzierst. Das Motiv sollte nicht zu kompliziert sein. Stell dir vor, du malst etwas mit dem Finger auf eine beschlagene Scheibe, z. B. einen Buchstaben oder Smiley. Ich habe mich für ein Herz entschieden.

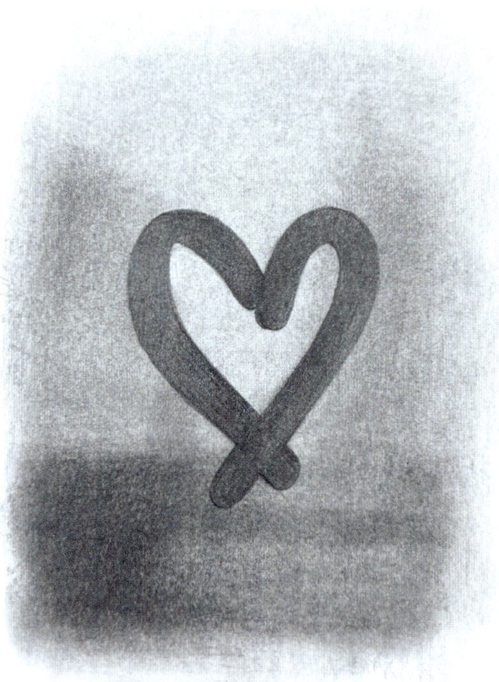

5

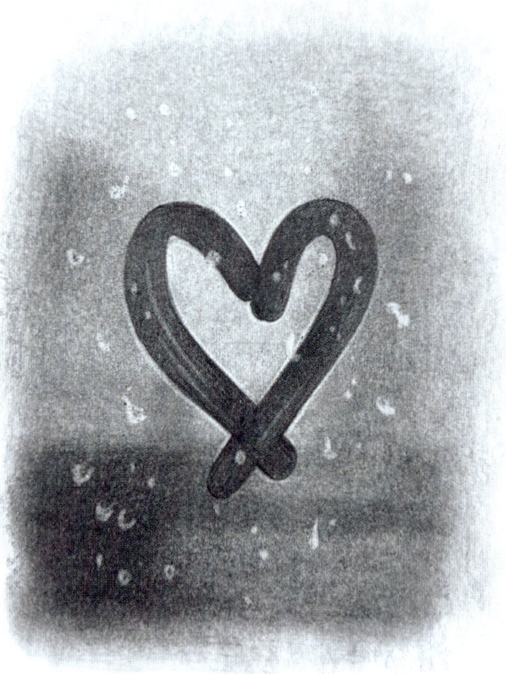

6

WEITER GEHT'S

5 Die Skizze kannst du nun umranden und das Innere schraffieren sowie verwischen. Der Rand sollte an den Ecken abgerundet sein, und die Linie sollte sehr dick und gleichmäßig sein. Zudem sollte das Motiv dunkler gezeichnet sein als der Hintergrund des Bildes, sodass es sich gut abhebt.

6 Nun kannst du mit einem Radierstift die Wassertropfen einradieren. Die können mal größer, mal kleiner sein und in der Form variieren. Am besten radierst du bei etwas größeren Tropfen nur die Umrisse ein.

7

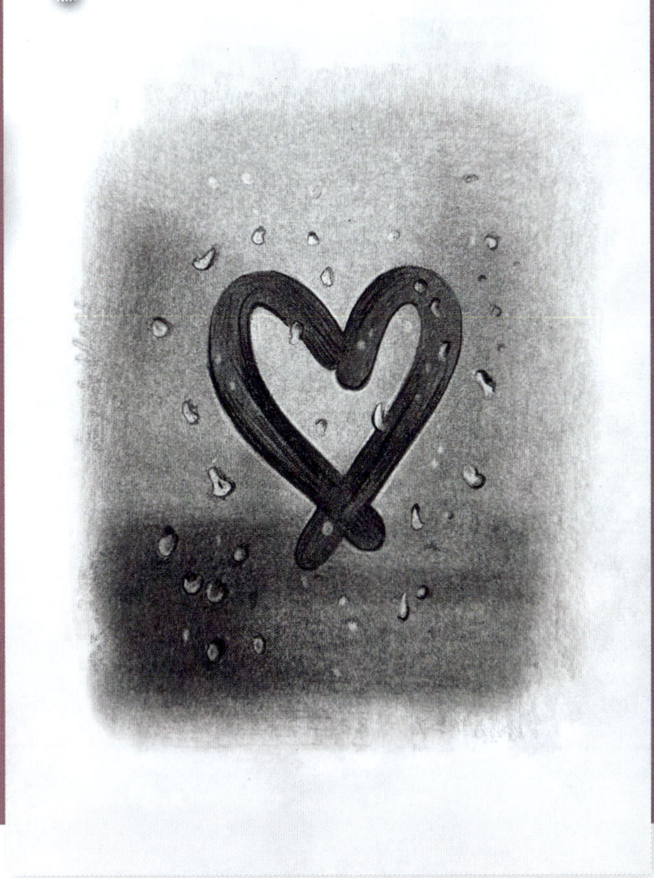

8

7 Mit einem sehr dunklen Bleistift kannst du bei jedem Tropfen auf der einen Seite einen Schatten zeichnen. So entstehen mit einer ganz einfachen Technik superrealistische Wassertropfen. In dein Motiv kannst du ebenfalls mit dem dunklen Stift eine Spur zeichnen und die Ränder dunkler zeichnen.

8 Fast geschafft! Nun kannst du dir noch einmal den Radierstift zur Hand nehmen und ganz viele Spuren, die nach unten fließen, radieren. Drücke dabei nur ganz leicht auf. Mit einem Bleistift kannst du dasselbe machen, um den Effekt zu verstärken.

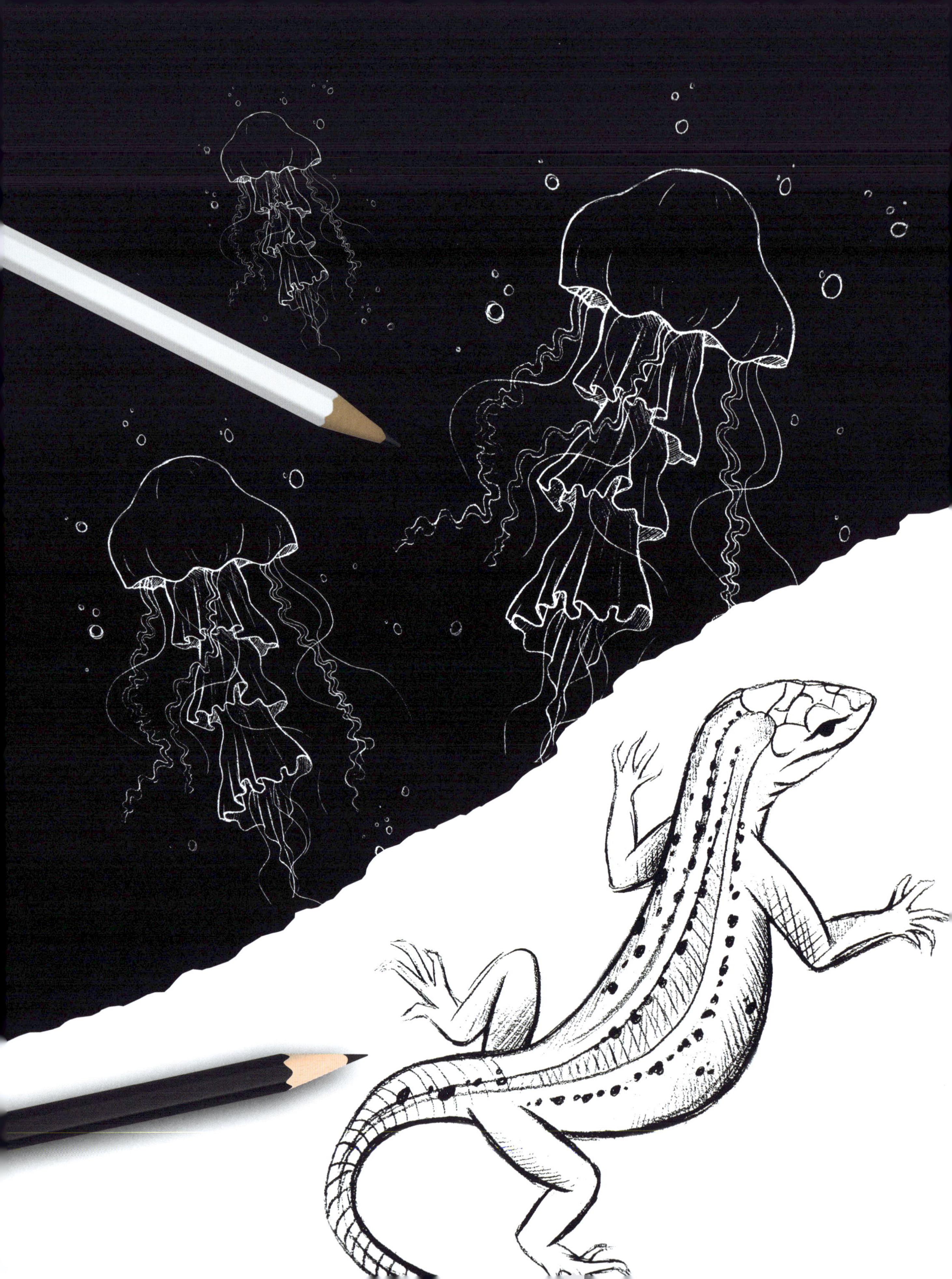

TIERE

Es geht weiter in der Entstehungsgeschichte und mit deiner Zeichenreise. Aus kleinsten Mikroben entstanden Lebewesen, aber nicht nur Pflanzen, sondern auch Tiere. Anfangs gab es natürlich nicht alle Tierarten, die wir heute so kennen. Auch das war ein Prozess. Die ersten Tierarten waren Meeresbewohner. Diese entwickelten sich dann so lange weiter, bis einige fähig waren, an Land zu überleben. Und dort nahm das Geschehen weiter seinen Lauf.

QUALLE

Wusstest du, dass die Qualle eines der ersten Tiere auf unserem Planeten war? Sie kann in diesem Buch als Metapher für deinen Zeichenprozess stehen, denn sie hat sich immer den Umständen angepasst und sich weiterentwickelt. Unsere heutige Welt, alles, was uns so selbstverständlich erscheint, hat Milliarden von Jahre gebraucht und ist dauernd im Wandel. Dein Zeichenprozess ist ein Klacks dagegen, obwohl es ein paar Jahre dauert, das Zeichnen zu lernen. Aber wenn du dranbleibst, wirst du unglaublich stolz auf dich sein!

MATERIAL

- BLEISTIFT HB
- SCHWARZER STIFT
- RADIERGUMMI

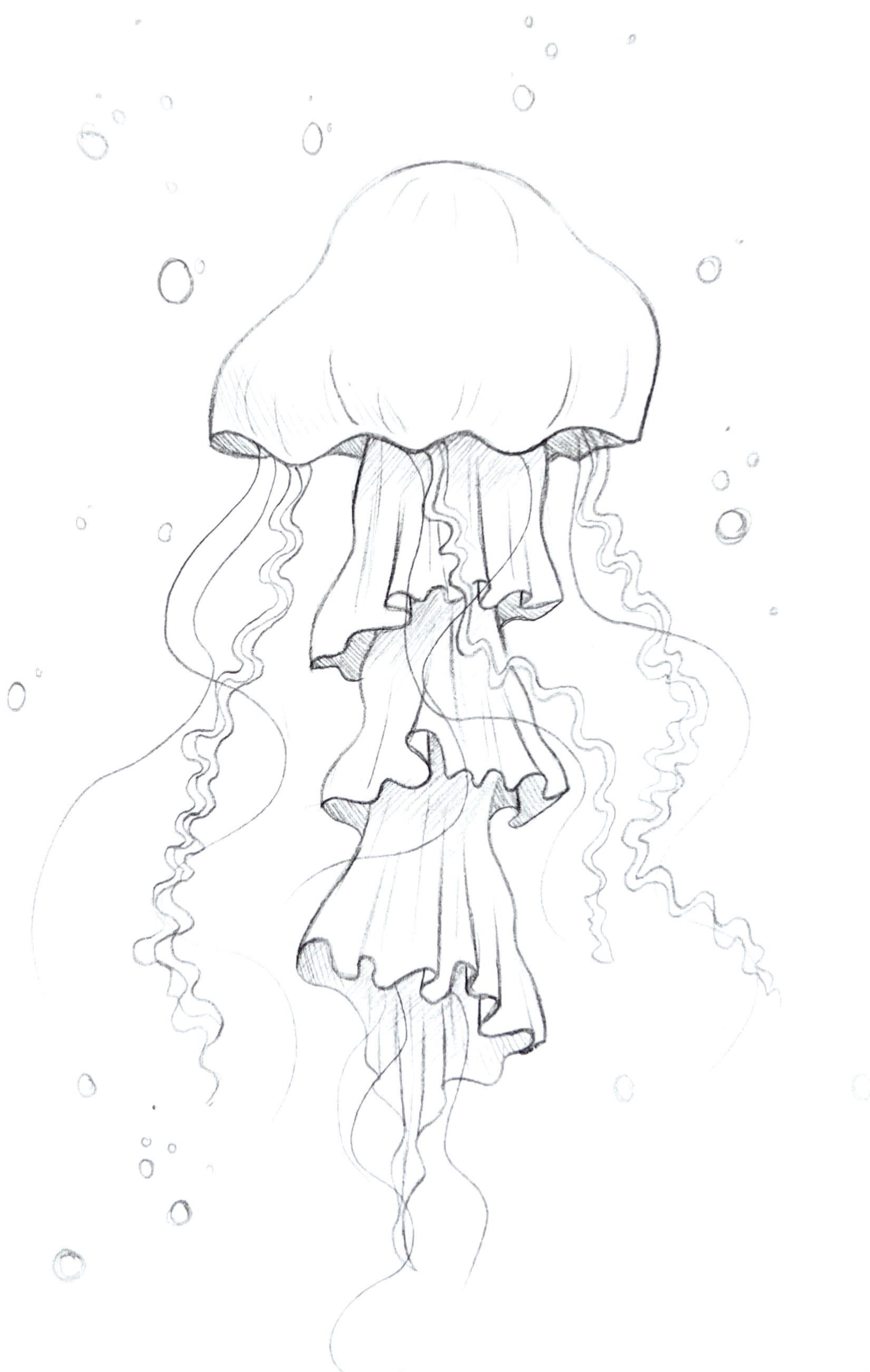

SO GEHT'S

1 Fang mit einer horizontalen Linie an. Achte dabei darauf, dass unterhalb von ihr noch genug Platz für die Tentakeln der Qualle ist. Danach zeichnest du einen welligen Bogen darüber und schon hast du das Grundgerüst für den Quallenschirm gezeichnet.

2 Die Hilfslinie aus dem ersten Schritt radierst du weg, allerdings so, dass man sie noch ganz leicht erkennen kann. Dann zeichnest du eine wellenförmige Linie an diese Stelle. Im Hintergrund kannst du noch eine zweite Welle einzeichnen, die sich mit der ersten ein wenig überlappt. Dadurch erhält deine Zeichnung Tiefe.

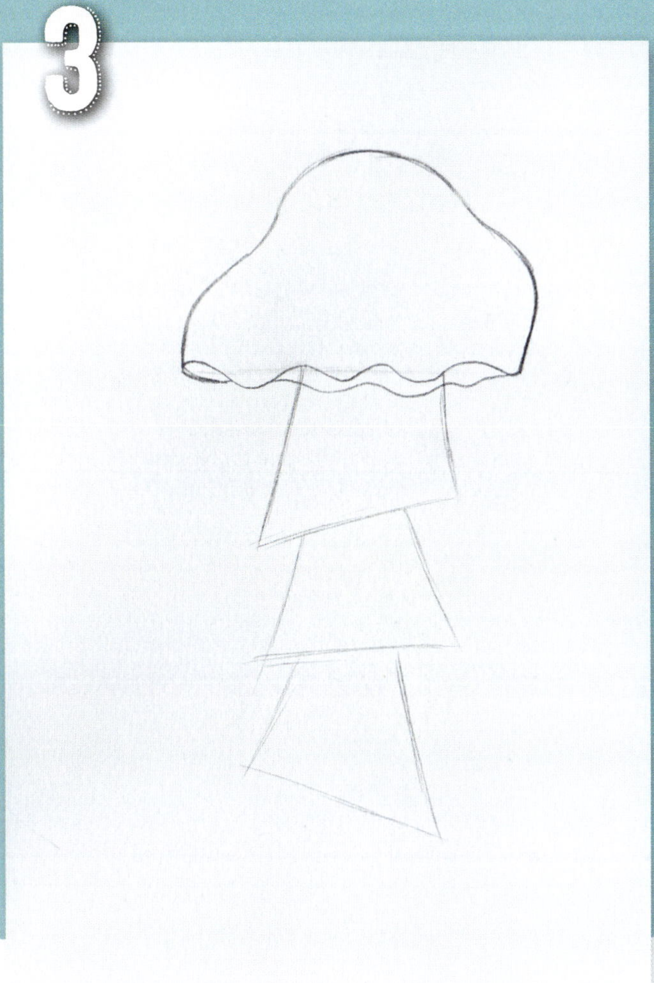

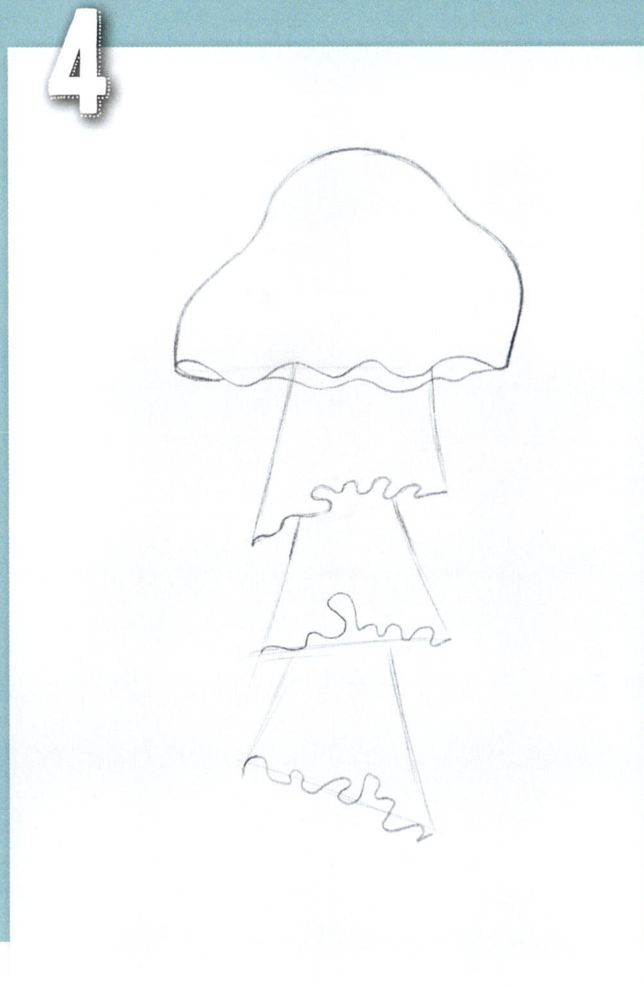

3 Jetzt kommt der spannendste Teil, und zwar der Hauptkörper der Qualle. Zeichne dazu unterhalb des Quallenschirms Rechtecke, die schief und unförmig sein dürfen. Oben sind sie etwas schmaler. Ich habe mich für drei Rechtecke entschieden, du kannst aber auch gerne mehr zeichnen, dann wird deine Qualle etwas länger.

4 An dieser Stelle kannst du die untere Linie der Rechtecke jeweils ein wenig wegradieren, das kannst du aber auch im nächsten Schritt erledigen. Die untere Kante der Rechtecke soll nun zu einem „Rüschenrock" geformt werden. Achte dabei darauf, dass viele kleine Wellen entstehen, die in alle Richtungen zeigen.

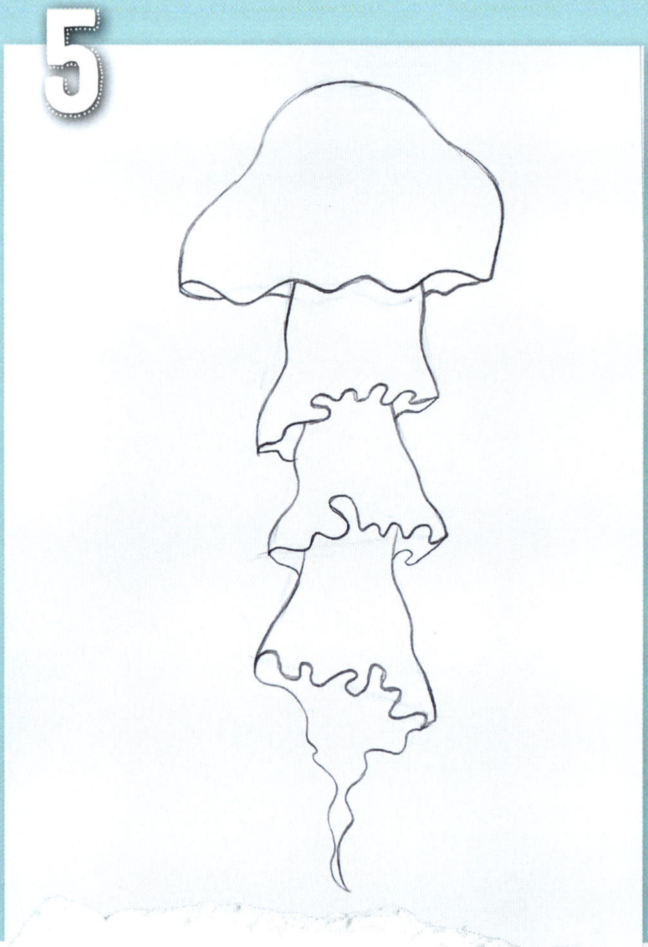

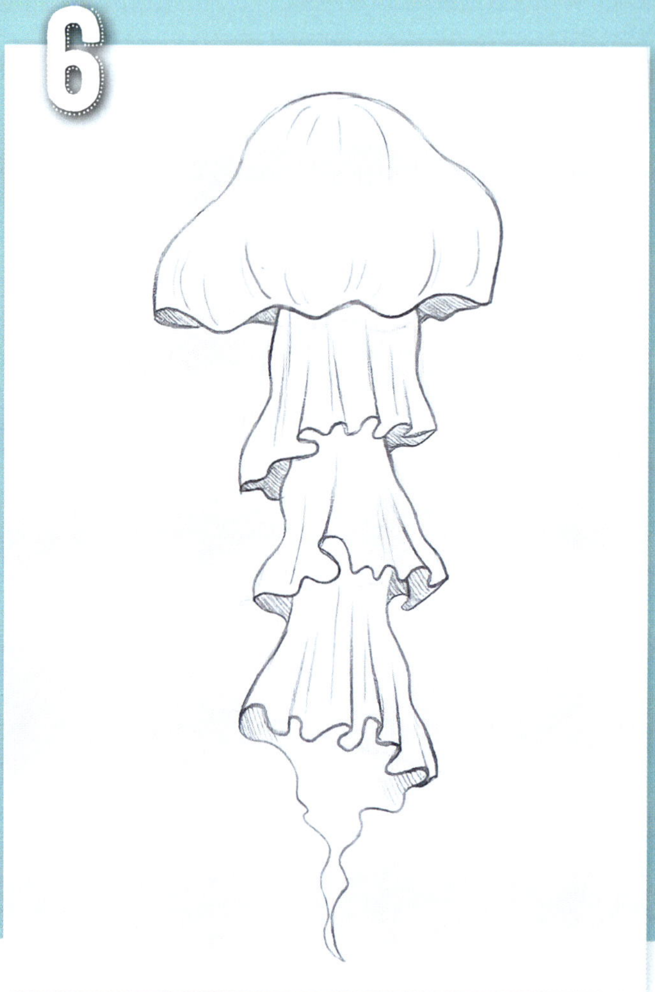

WEITER GEHT'S

5 Falls du es noch nicht erledigt hast, ist es jetzt an der Zeit, die geraden Linien zwischen den Rüschen zu entfernen, genauso wie die restlichen Striche links und rechts. An deren Stelle malst du eine wellige Linie. Ein krauses Dreieck ganz unten an der Qualle rundet das Ergebnis ab.

6 Nun kann man die Qualle schon sehr gut erkennen, es fehlen aber noch ein paar Details und Schatten. Alle Flächen, die die hintere Ebene bilden, schraffierst du mit einem Bleistift leicht aus. Verwende dazu diagonale Striche. An den höchsten Stellen der Rüschen zeichnest du jeweils Falten, genau wie im Schirm der Qualle. Dadurch sieht dein Motiv realistisch und spannend aus.

QUALLE

7

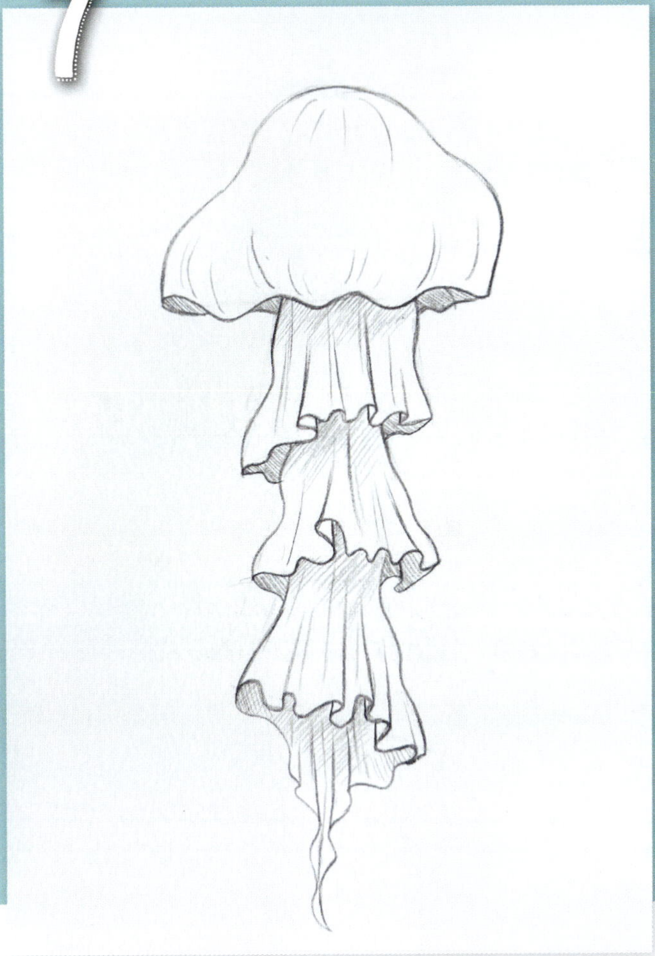

8

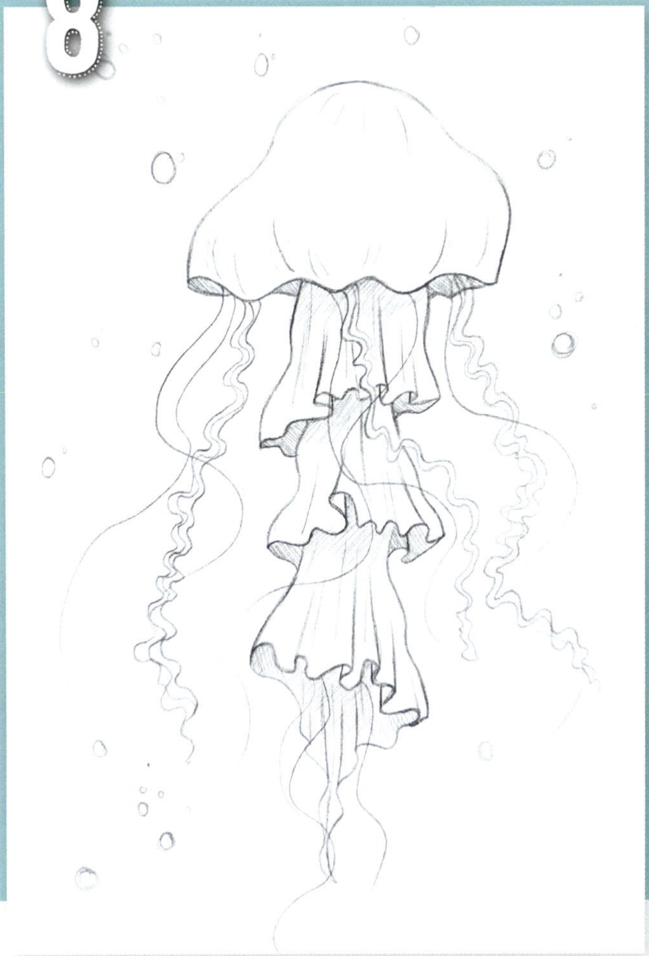

7 Weitere Schattierungen zeichnest du mit diagonalen Strichen dort ein, wo sich die Einzelteile überlappen.

8 Danach fehlen nur noch ganz viele lockige Tentakel. Am besten malst du dazu jeweils eine doppelte wellige Linie, so wirkt es dreidimensional. Ein paar in Wellen verlaufende Linien sehen neben den Tentakeln auch spannend aus. Um das Bild vollkommen zu machen, kannst du noch Luftbläschen, Fische oder Algen einzeichnen – worauf du Lust hast. Sei kreativ!

DINOSAURIER

Wie gerne ich doch diese Tiere einmal lebendig sehen würde! Für mich scheinen sie wie Fabelwesen. Aber sie haben existiert, das beweisen uns zahlreiche Ausgrabungen. Sie gehören zur Geschichte unseres Planeten und waren mal ein wichtiger Bestandteil der Erde. Sie passen deshalb thematisch sehr gut in dieses Buch.

Das Prinzip für das Zeichnen des Dinokörpers kannst du auch auf andere Tiere anwenden, wenn du den gesamten Körper abbilden möchtest. Das Gerüst ist immer mehr oder weniger gleich, nur die Kontur muss je nach Tier angepasst werden.

MATERIAL

- BLEISTIFT HB UND 2B
- SCHWARZER STIFT
- RADIERGUMMI
- VERWISCHWERKZEUG

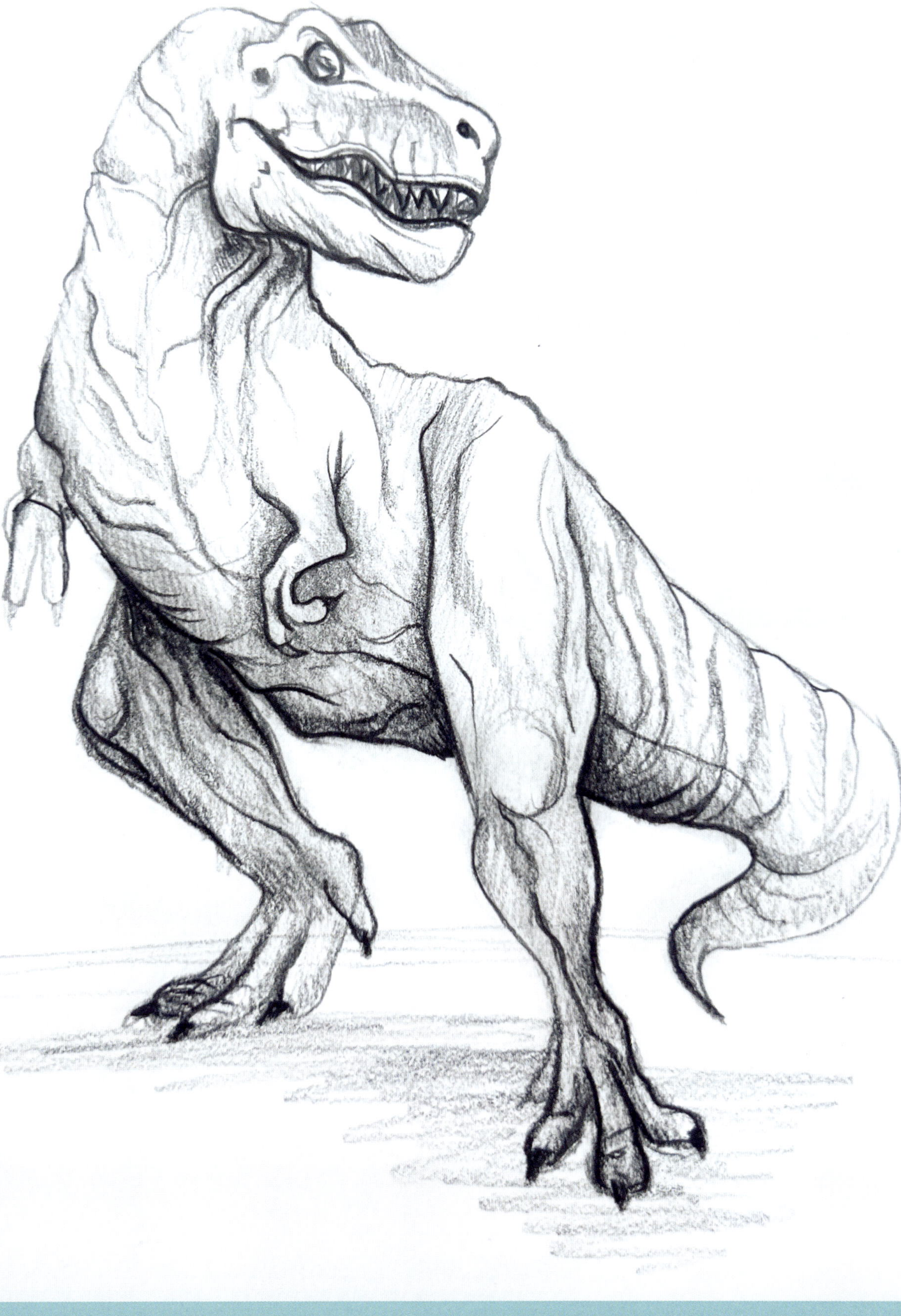

1

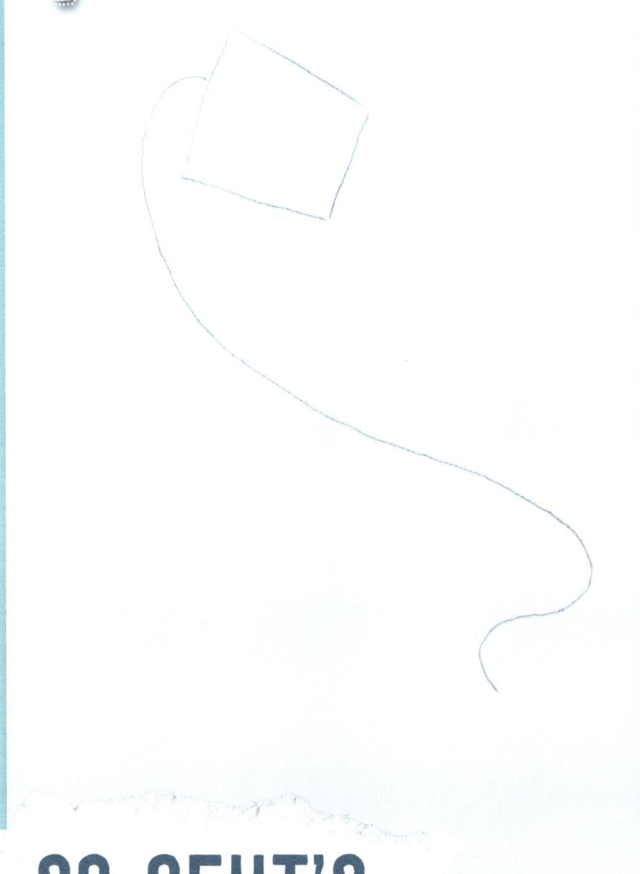

2

SO GEHT'S

1 Bevor du mit diesem Bild anfängst, lohnt es sich, einen Blick auf die fertige Zeichnung zu werfen. Denn so kannst du die Position von der Kurve und dem Kopf (dem Rechteck) besser einschätzen und übernehmen. Stell dir vor, du zeichnest die Wirbelsäule.

2 Es ist bei solchen Motiven übrigens total normal, zwei oder mehrere Anläufe zu brauchen. Danach kannst du aber die Linie schon mal umranden. Zum Ende hin wird die Figur immer schmaler, wie bei einer Schlange.

3

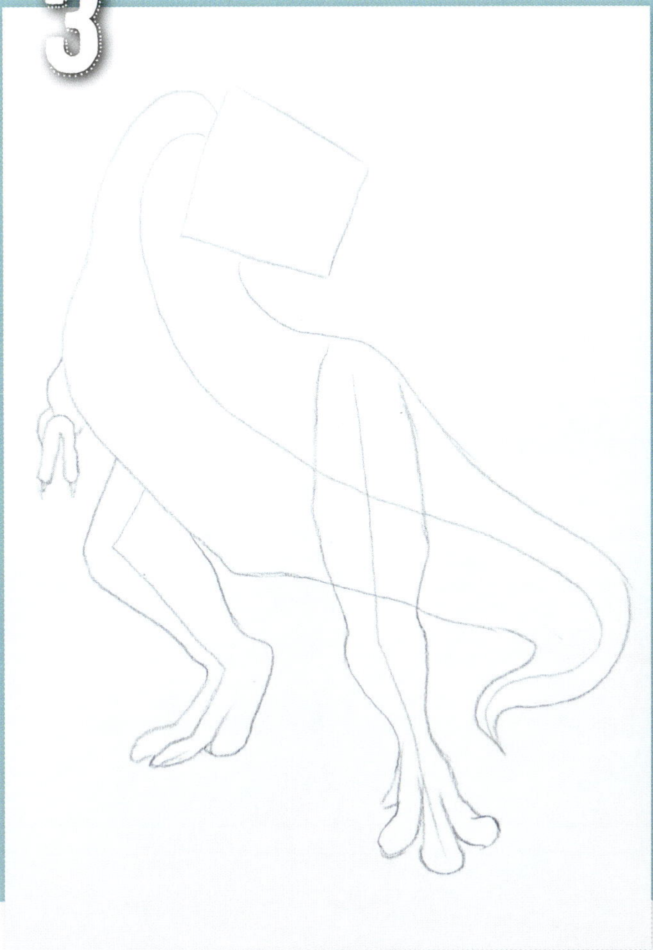

4

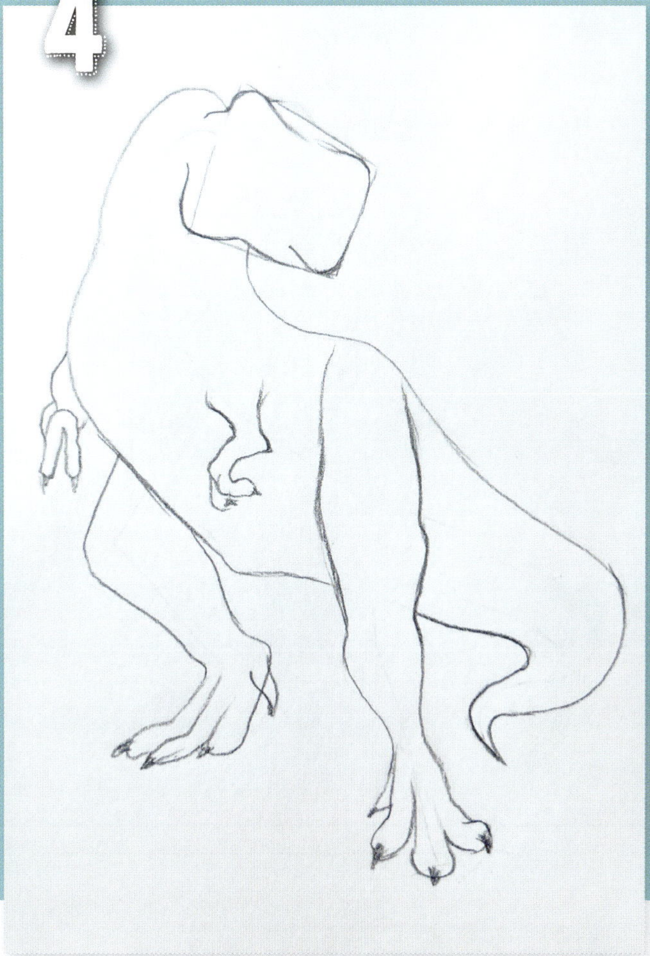

3 Dasselbe machst du mit den Gliedmaßen. Hier ist es ein wenig schwieriger, da es nicht nur eine einfache Umrandung ist, sondern schon ein paar Details wie die Knie und Füße ins Spiel kommen. Auch die Krallen kannst du schon zeichnen.

4 Jetzt radierst du wie immer alle Hilfslinien weg und zeichnest die Konturen noch einmal nach. Hier habe ich auch schon den Kopf in Form gebracht und das Gesicht angezeichnet. Es sieht einem Krokodilskopf ähnlich.

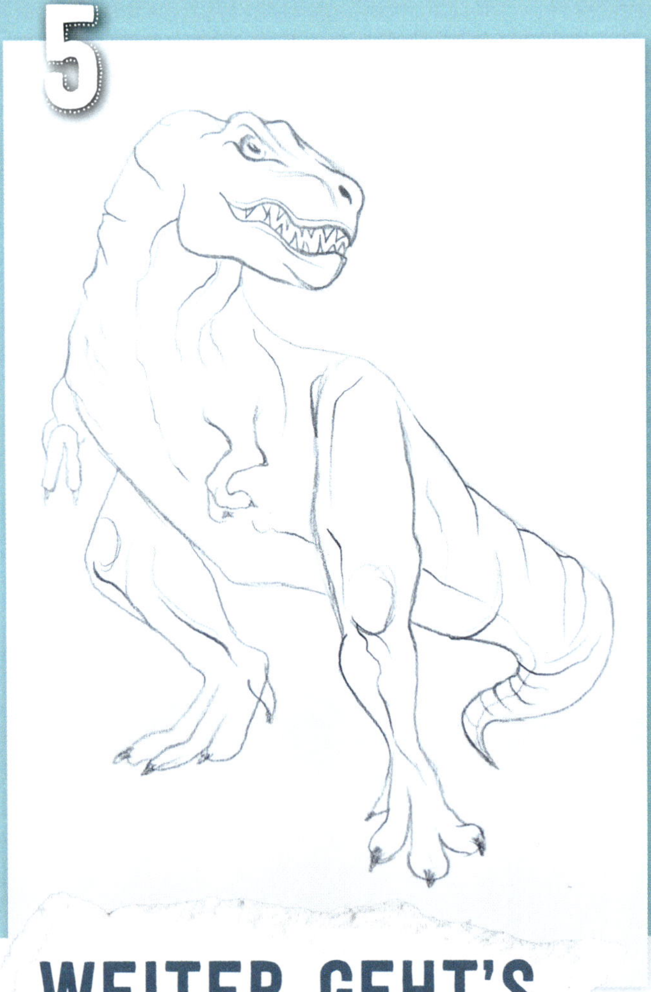

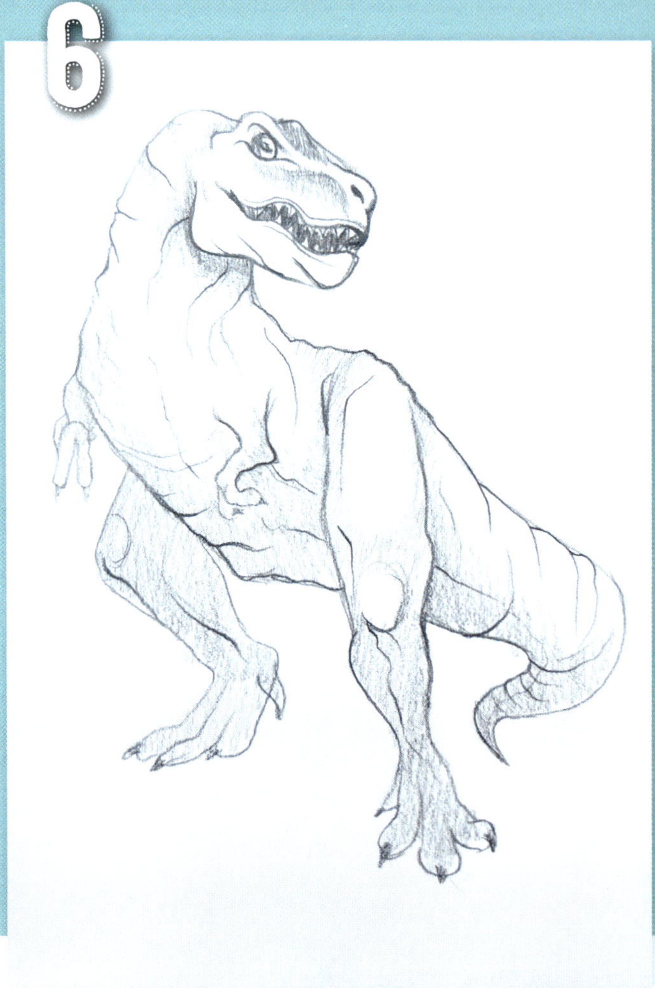

WEITER GEHT'S

5 Das Wichtigste sind die Details, denn bisher sieht der Dino noch aus wie ein Plastikspielzeug. Damit das Raubtier mehr Plastizität erhält, kannst du Falten einzeichnen, vor allem dort, wo sich die Gelenke befinden oder der Körper sich dreht.

6 Jetzt sind noch die Schatten dran. Die Stellen, die sich weiter unten befinden, malst du am dunkelsten. Auch dort, wo sich z. B. der Kopf oder die Gliedmaßen überlappen, kommt ein dunkler Schatten hin.

7

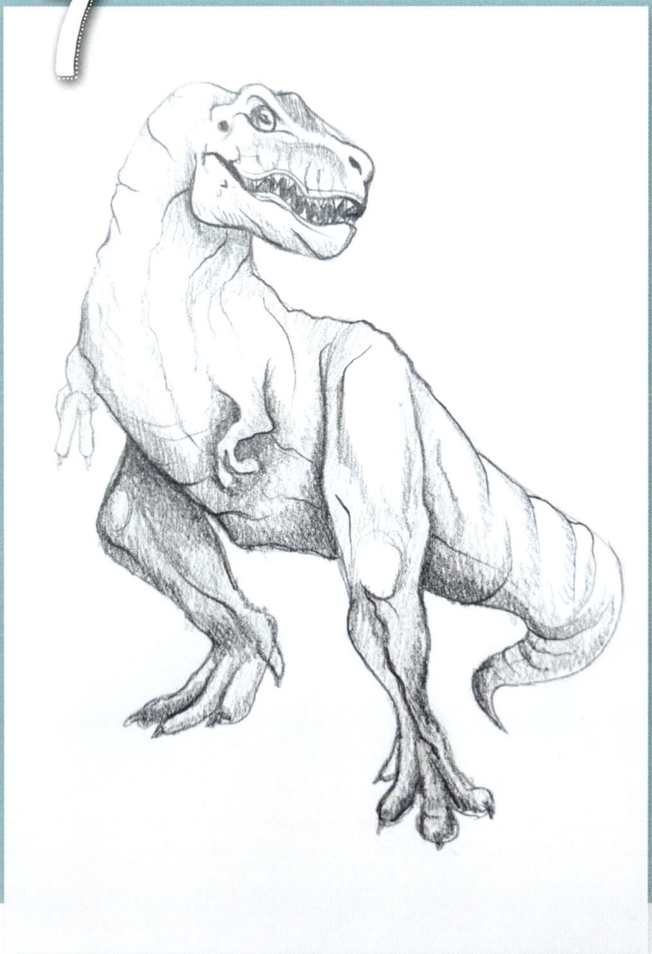

8

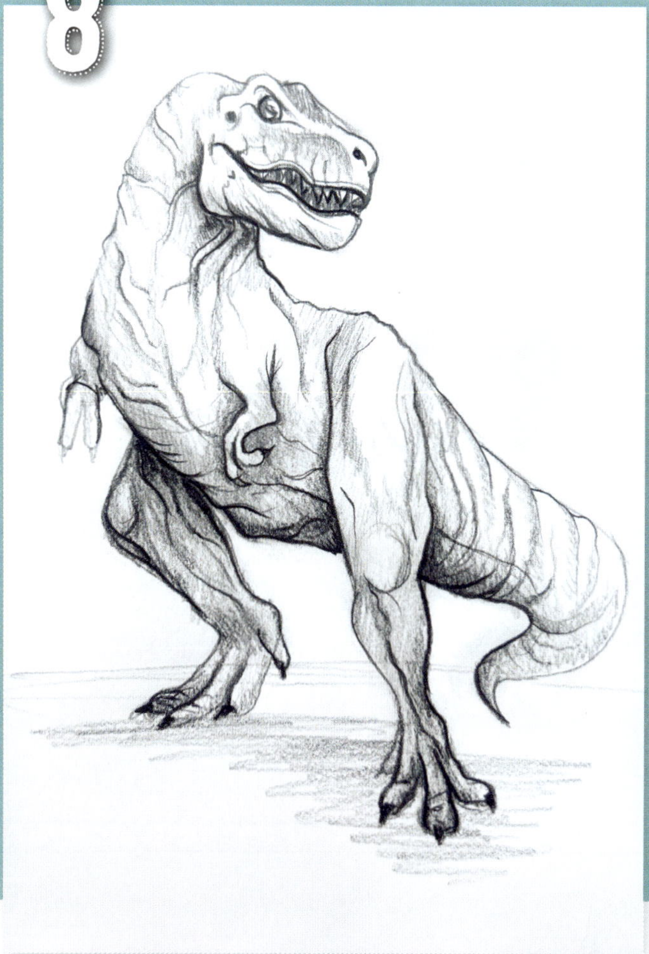

7 Um noch intensivere Schatten zu setzen, kannst du einen dunkleren Bleistift verwenden. Außerdem ist es wichtig, bei so einer rauen Oberfläche super viele Falten und Details zu setzen. Ich habe den T-Rex nicht verblendet. Das unterstreicht die Struktur auch noch mal.

8 Zu guter Letzt kommt wie immer der schwarze Stift zum Einsatz. Erinnerst du dich auch noch an den Hinweis, den ich dir im Grundlagenteil bezüglich des Hintergrunds bei Zeichnungen gegeben habe? Es reicht meist schon, einen Boden anzudeuten. So schwebt deine Figur nicht einfach in der Luft.

KATZE

Früher hat man Tiere nur als Beute angesehen. Mit der Zeit hat sich das aber geändert, und für viele Menschen sind Haustiere nicht mehr wegzudenken. Und wenn ich schon ein Tutorial von einer Katze mache, musste ich unbedingt meinen geliebten süßen Begleiter, meinen Kater Jarik, zeichnen. Eine Sache kann ich dir vorab verraten: Die Art und Weise, das Gesicht einer Katze zu zeichnen, ist tatsächlich sehr ähnlich zu dem Prozess, wie man ein menschliches Gesicht zeichnet. Deshalb stellt dieses Tutorial eine gute Grundlage dafür dar, später Gesichter zu zeichnen.

MATERIAL

- BLEISTIFT HB UND 3B
- SCHWARZER STIFT
- RADIERGUMMISTIFT
- ZIRKEL

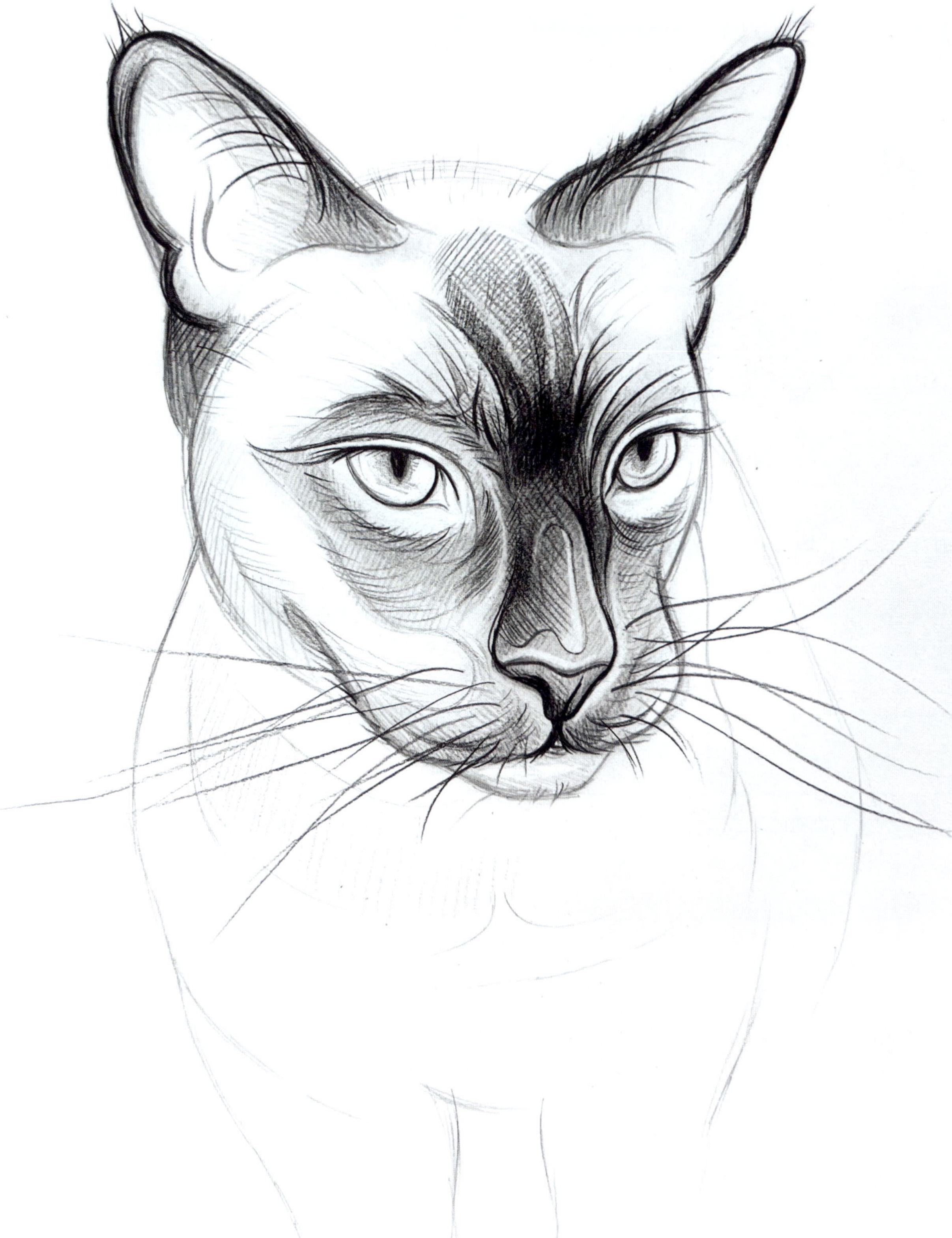

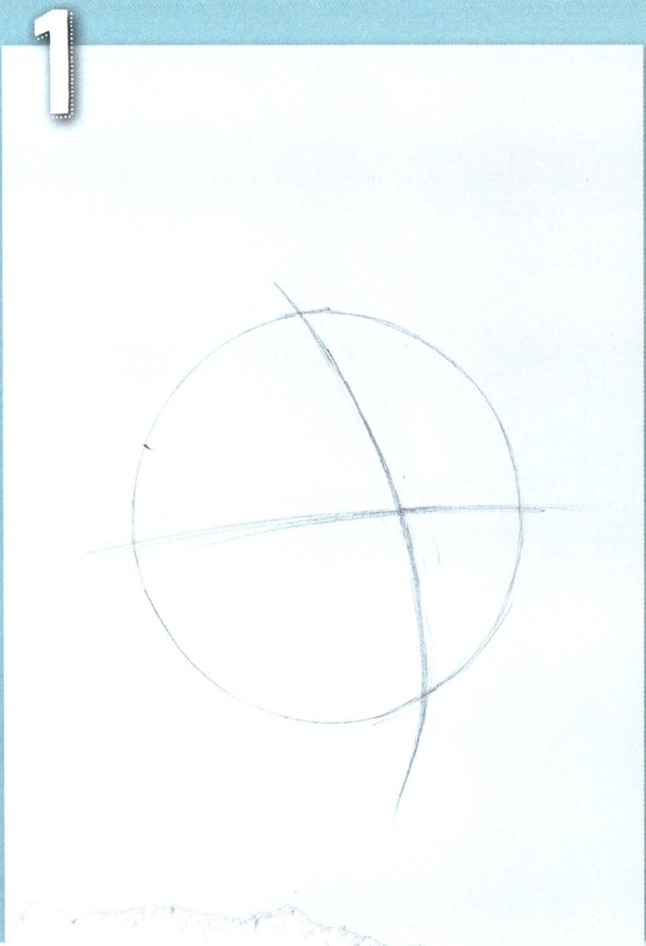

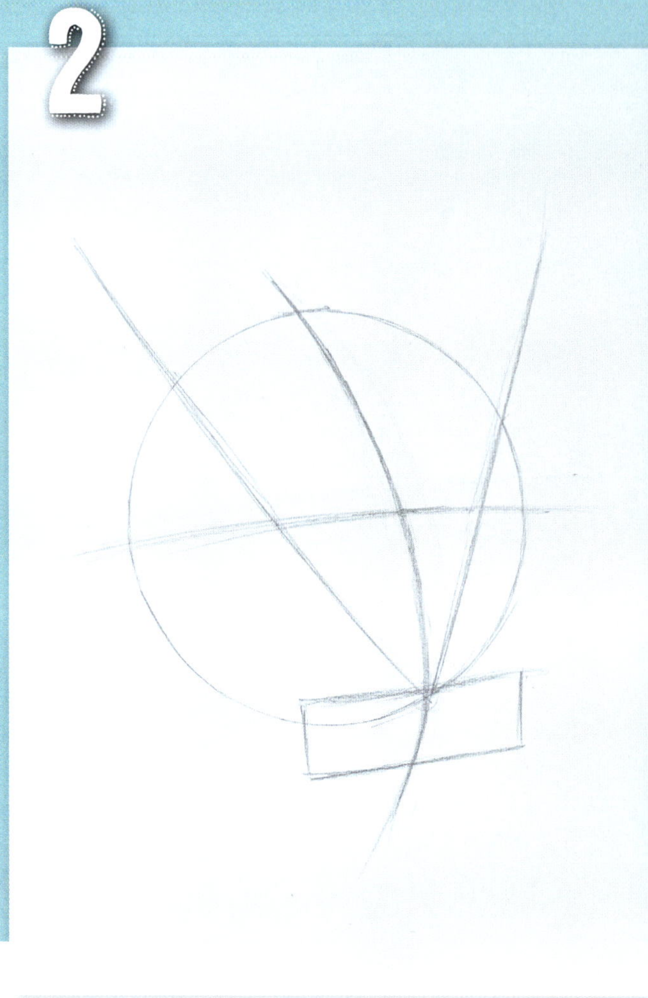

SO GEHT'S

1 Für den ersten Schritt wird wie so oft ein Kreis benötigt. Den kannst du frei Hand zeichnen oder mit einem Zirkel. In diesen Kreis zeichnest du zwei Unterteilungen. Am besten halbierst du den Kreis mit einer relativ geraden Linie. Etwas weiter rechts zeichnest du eine Kurve, um die Mitte des Katzengesichts festzulegen.

2 Dort, wo die senkrechte Linie den Kreis berührt, setzt du an und ziehst zwei lange Striche diagonal nach oben, sodass ein Dreieck entsteht. Unterhalb kannst du ein kleines Rechteck zeichnen. Achte dabei darauf, dass das Rechteck denselben Winkel hat wie die waagerechte Linie im Kreis. Ansonsten könnte das Gesicht schief aussehen.

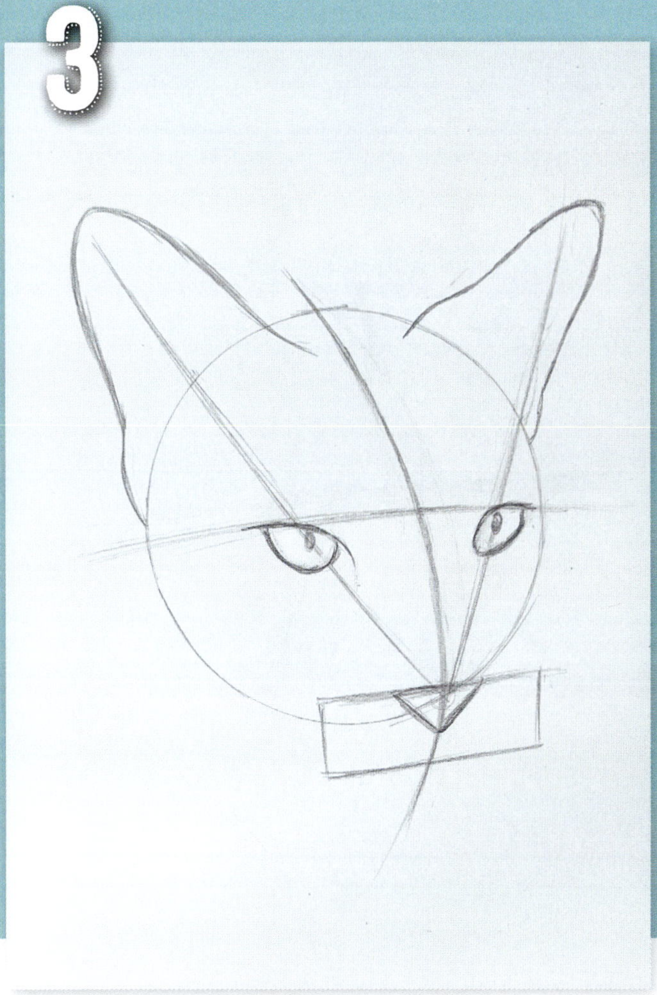

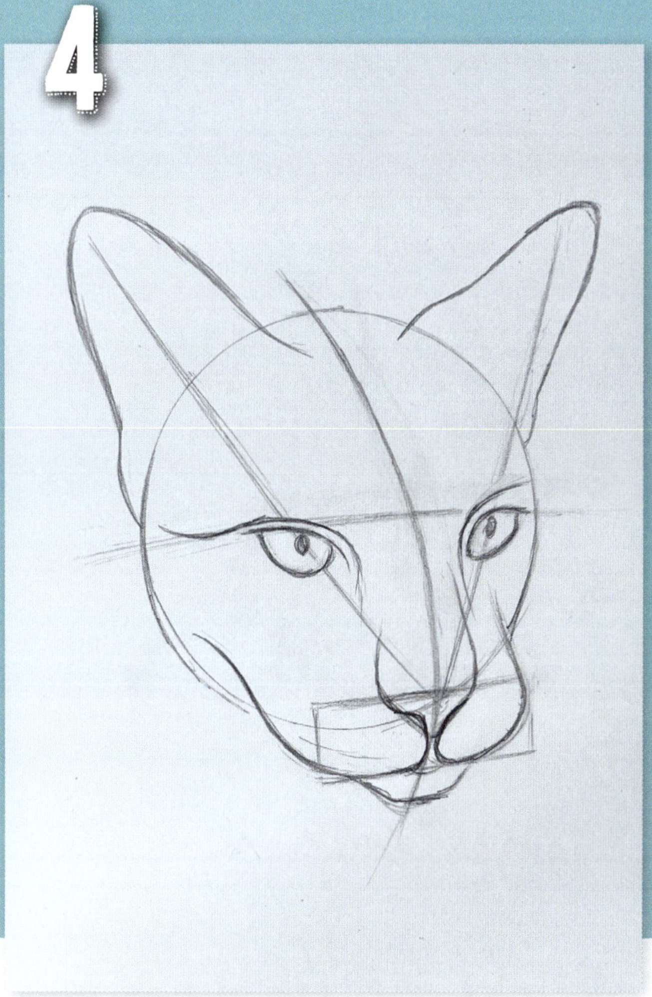

3 Jetzt kannst du mithilfe der Orientierungslinien die Ohren, Augen und die Nase einzeichnen. Die Ohren befinden sich genau an den Enden der Linien des Dreiecks. Die Augen werden unterhalb der waagerechten Linie und auf der Linie der diagonalen Linien eingezeichnet. Die Nase befindet sich auf Höhe des Rechtecks. Du zeichnest sie erst mal als kleines Dreieck ein.

4 Auf Basis des Konstrukts vom Anfang kannst du nun das Gesicht weiter ausarbeiten. Du wirst merken, dass es damit recht einfach ist, die Proportionen symmetrisch darzustellen, auch wenn das Gesicht aus der Dreiviertelansicht, also etwas seitlich, zu sehen ist.

5

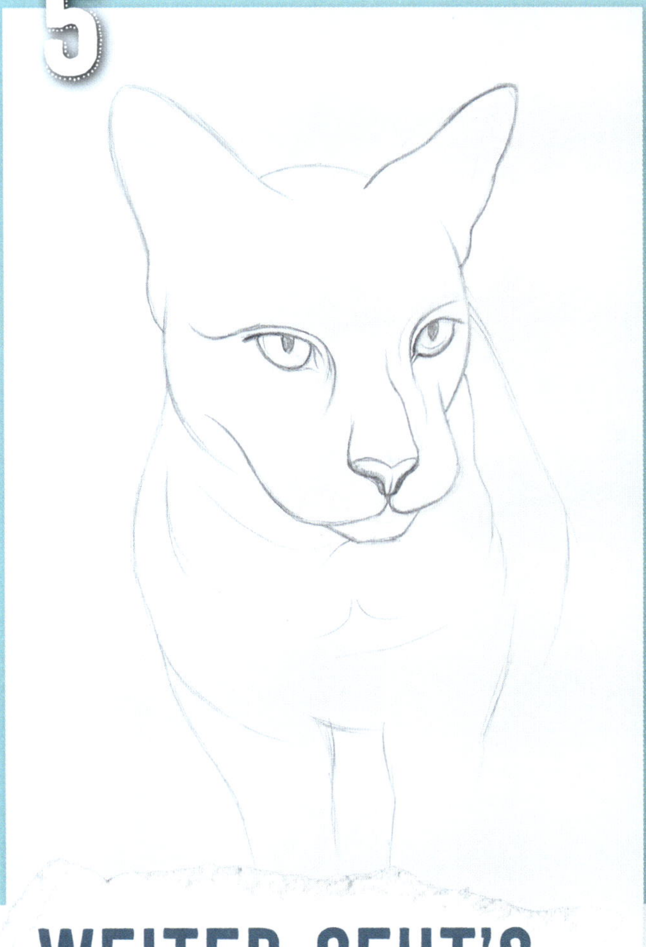

6

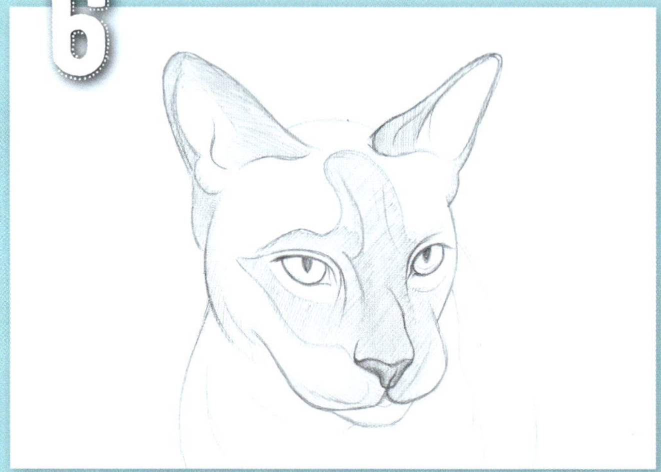

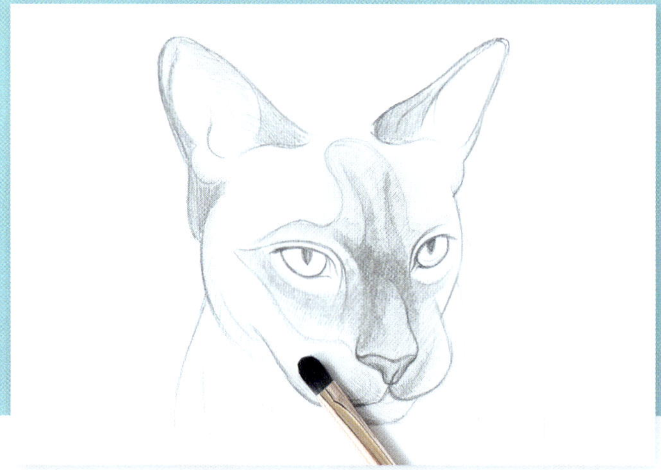

WEITER GEHT'S

5 So sieht das Gesicht aus, wenn die Hilfslinien weg sind. Den Körper habe ich auch schon etwas angedeutet, damit der Kopf nicht im leeren Raum schwebt. Allerdings liegt der Fokus in diesem Tutorial allein auf dem Katzengesicht, und der Körper soll nur skizziert werden.

6 Im nächsten Schritt kannst du die Stellen schraffieren, die dunkel sind. So erscheint das Gesicht authentischer. Die meisten Tiere haben ja ein Muster im Fell. Das Schraffieren bei Fell ist ein wenig schwieriger, oft sieht das sehr unnatürlich und chaotisch aus. Daher verblende ich das Ganze an dieser Stelle, um später die Fellstruktur besser ausarbeiten zu können.

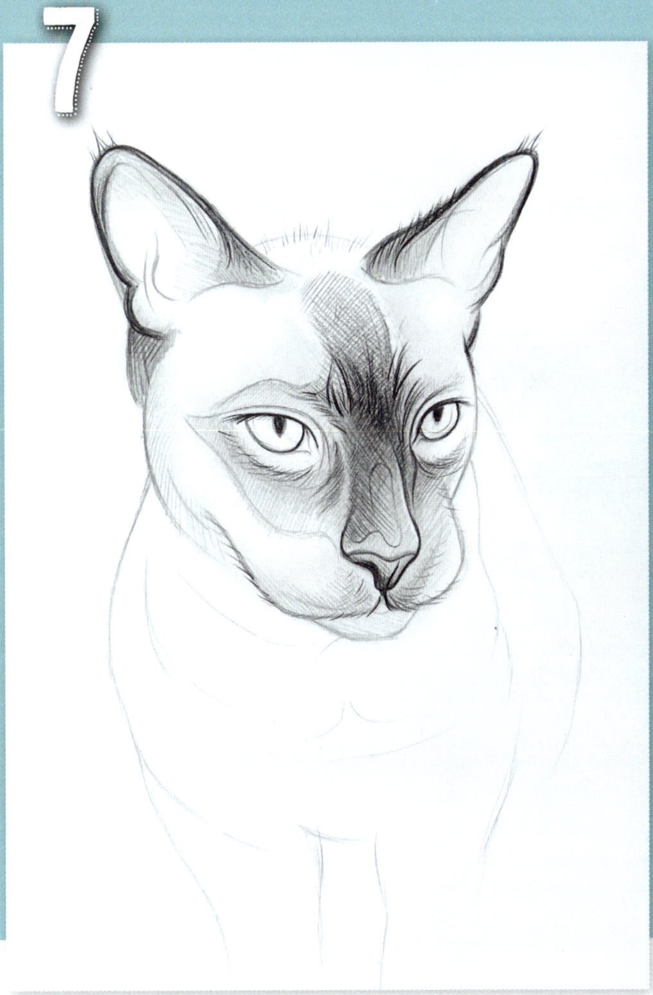

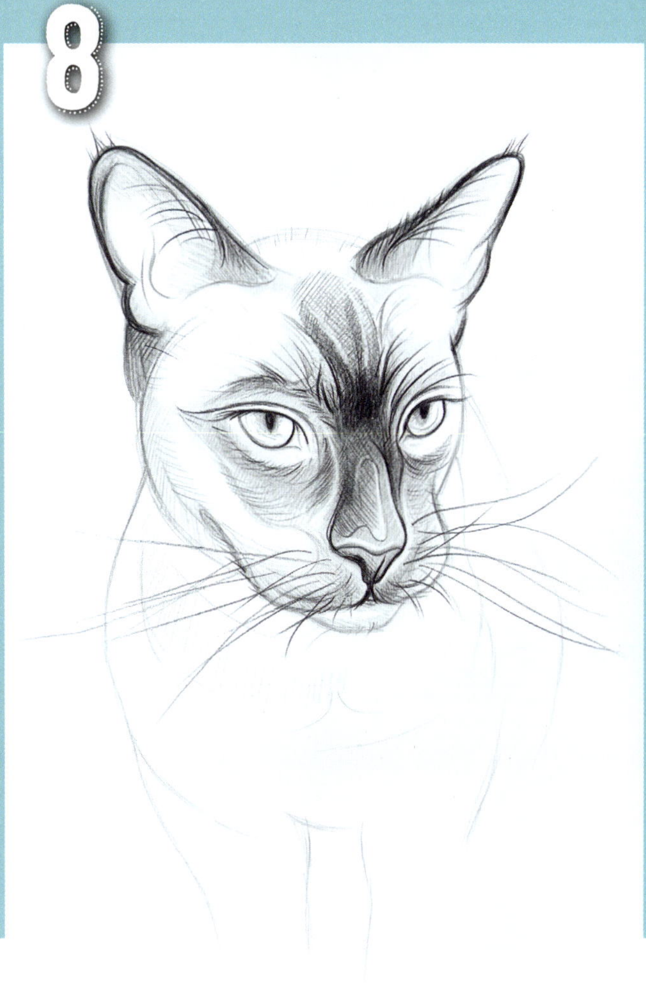

7 Bei Haaren oder Fell sollten ein paar Stellen mehr ausgearbeitet werden, damit man es gut erkennen kann. Das ist nicht so einfach, nimm dir also unbedingt Zeit dafür. Ich finde, am wenigsten unordentlich sieht es aus, wenn man ein paar wenige Haare am Rand zeichnet. Die Haare sollten immer zusammenlaufen, wie eine Art Dreieck, so sehen sie natürlicher aus.

8 Experimentiere beim Gestalten des Fells ein wenig. Der Radiergummistift kommt hier auch sehr gut zur Geltung, wenn du einige Härchen damit einradierst. Vergiss die Schnurrhaare nicht!

EIDECHSE

Unsere Vorfahren haben uns vielleicht doch nicht ganz verlassen, oder was meinst du? Ich finde, Echsen sehen den Dinos total ähnlich, nur als Mini-Version, irgendwie süß. Vielleicht wird es bei deinem Zeichenprozess ja auch mal vorkommen, dass du längst vergessene Motive oder Techniken gerne mal wieder ausprobieren möchtest. Habe keine Scheu, Dinge noch mal auszuprobieren und wieder aufzugreifen, auch wenn es lange her ist, dass du diese angewendet hast. Erinnerst du dich an die Anleitung, wie man einen Dino zeichnet? In ähnlicher Weise wird auch eine Eidechse gezeichnet, dennoch gibt es ein paar Unterschiede.

MATERIAL

- BLEISTIFT HB
- SCHWARZER STIFT
- RADIERGUMMI
- VERWISCHWERKZEUG

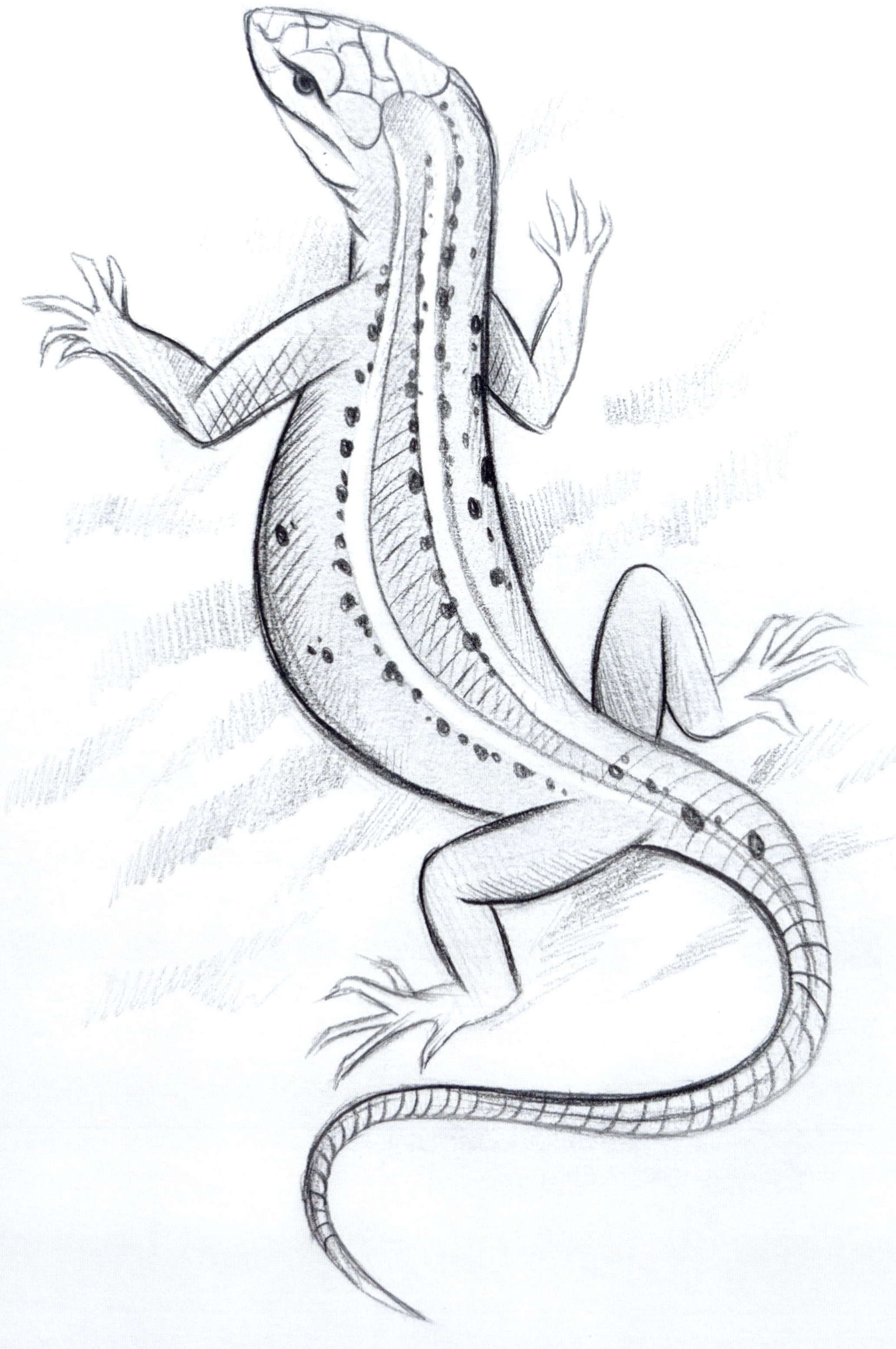

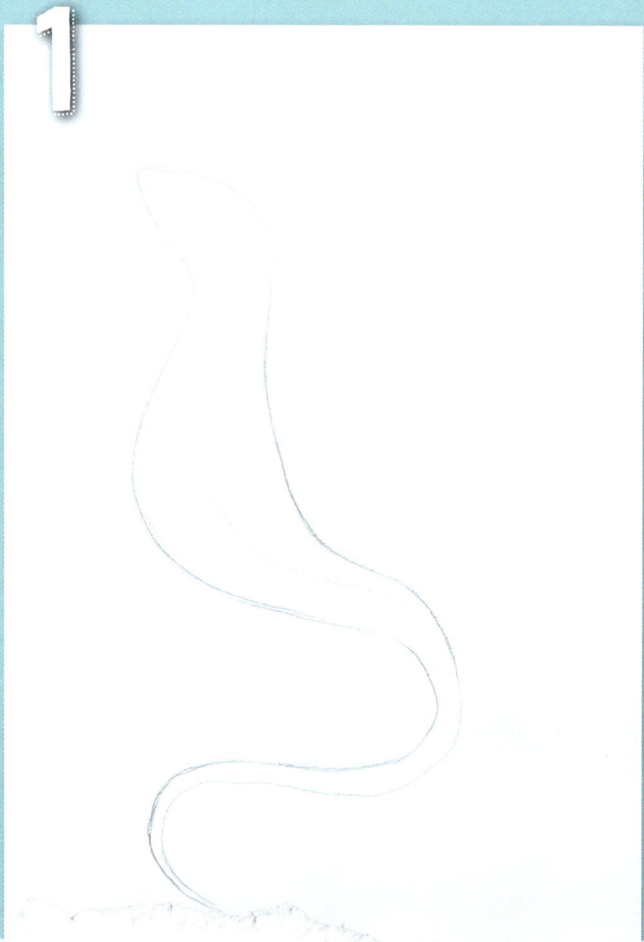

SO GEHT'S

1 Auch hier wird zu allererst eine geschwungene Linie benötigt. Genau wie bei dem Dino kannst du dir diese als Wirbelsäule vorstellen. Umrande die Linie mit zwei weiteren Linien, je nach Körperbereich mal näher dran oder weiter weg. Es ist wichtig, dass man den Kopf vorne gut erkennt.

2 Zeichne nun die Linien für die Gliedmaßen ein. Diese bilden jeweils ein Dreieck, weil die Beine einer Echse wie bei uns Menschen aus zwei langen Knochen bestehen.

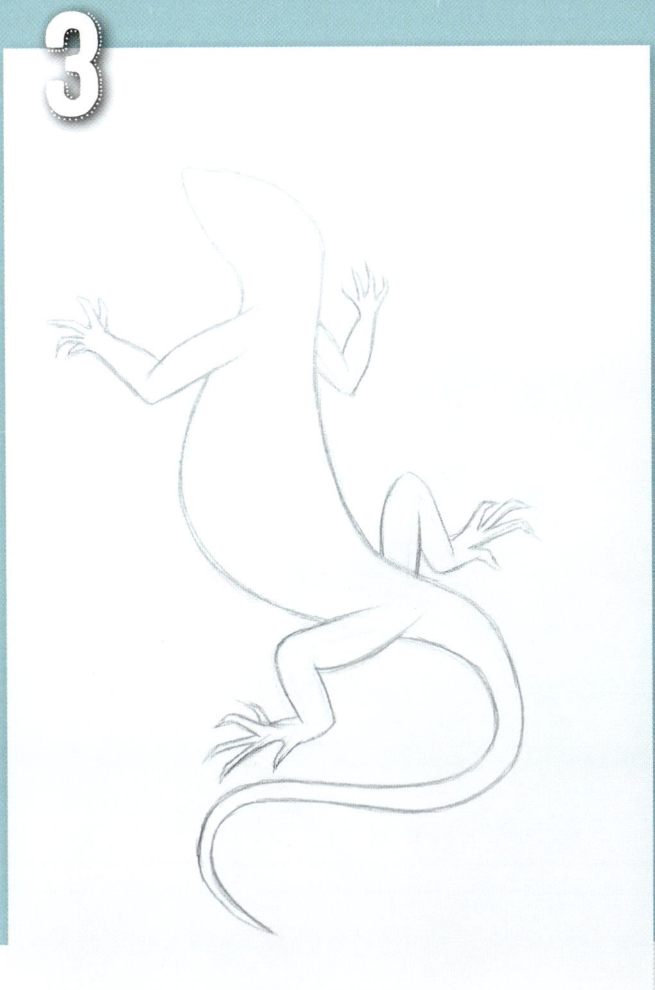

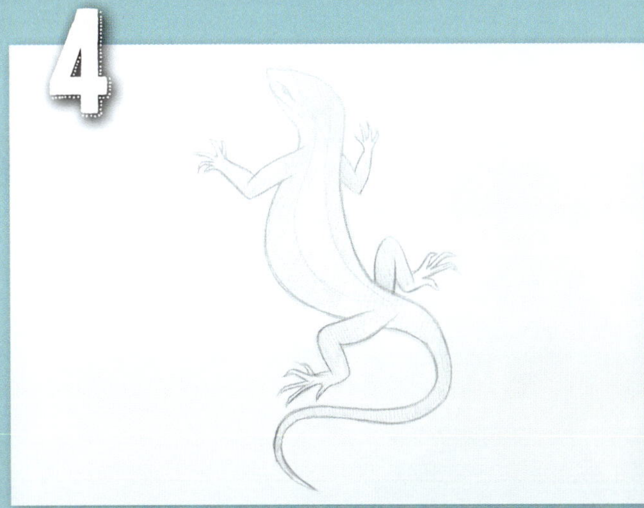

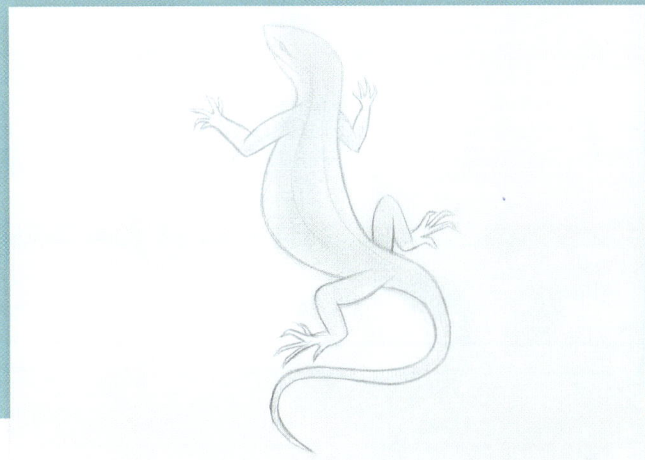

3 Dann fängt die Feinarbeit an. Die winzigen Zehen sind etwas tricky. Wenn du aber alle Tutorials bis hierhin durchgearbeitet hast, hast du bestimmt schon den Dreh raus.

4 Schraffiere die gesamte Fläche und verblende sie mit einem Pinsel. So schaffst du einen idealen Untergrund für den nächsten Schritt. Sehr wichtig ist, dass du einen weichen Bleistift verwendest, der sich gut wegradieren lässt. Außerdem kannst du leicht aufdrücken, um zwei Linien zu malen.

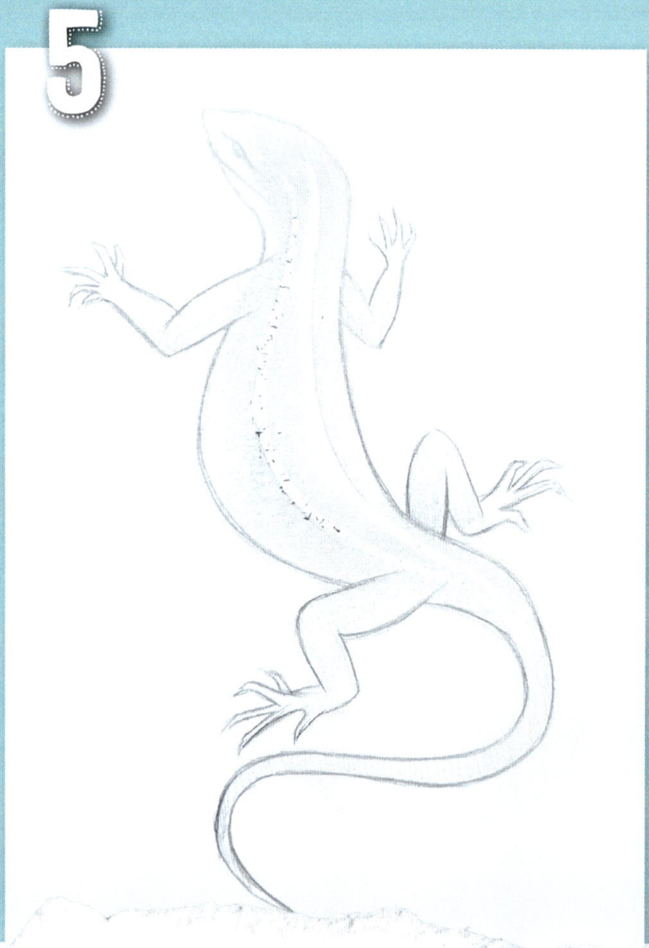

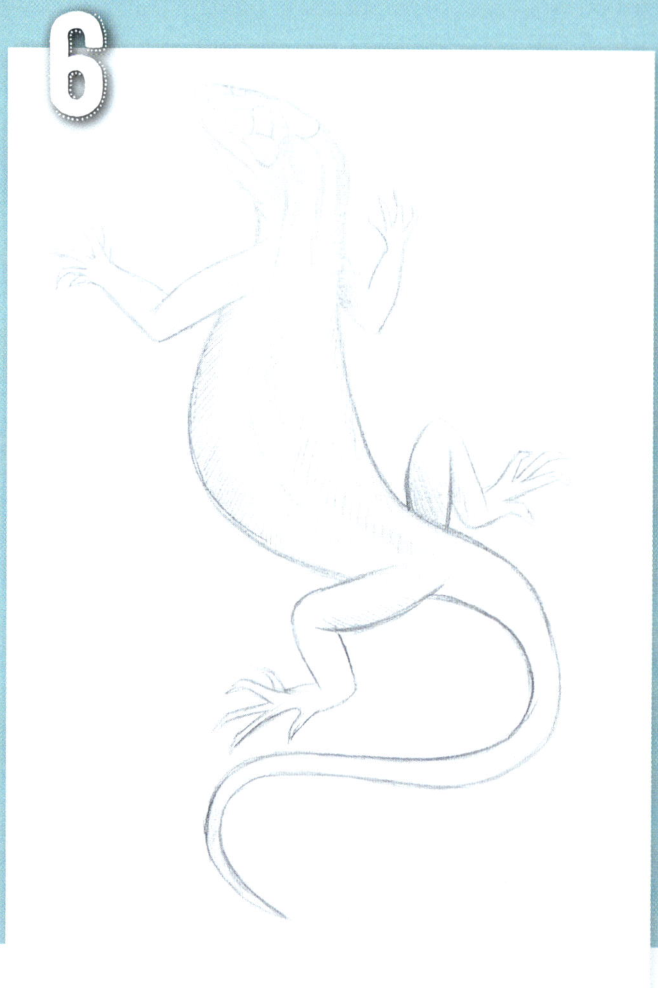

WEITER GEHT'S

5 Hier siehst du auch, wieso es ganz wichtig ist, nicht zu fest aufzudrücken. Dort, wo die Linien waren, radierst du einmal entlang, damit ein schönes Muster entsteht.

6 Weiterführend kannst du zwischen den beiden Linien schraffieren. Am besten lässt du ein wenig Abstand zwischen den einzelnen Strichen. Am Kopf entlang zeichnest du außerdem ein schuppenartiges Muster.

7

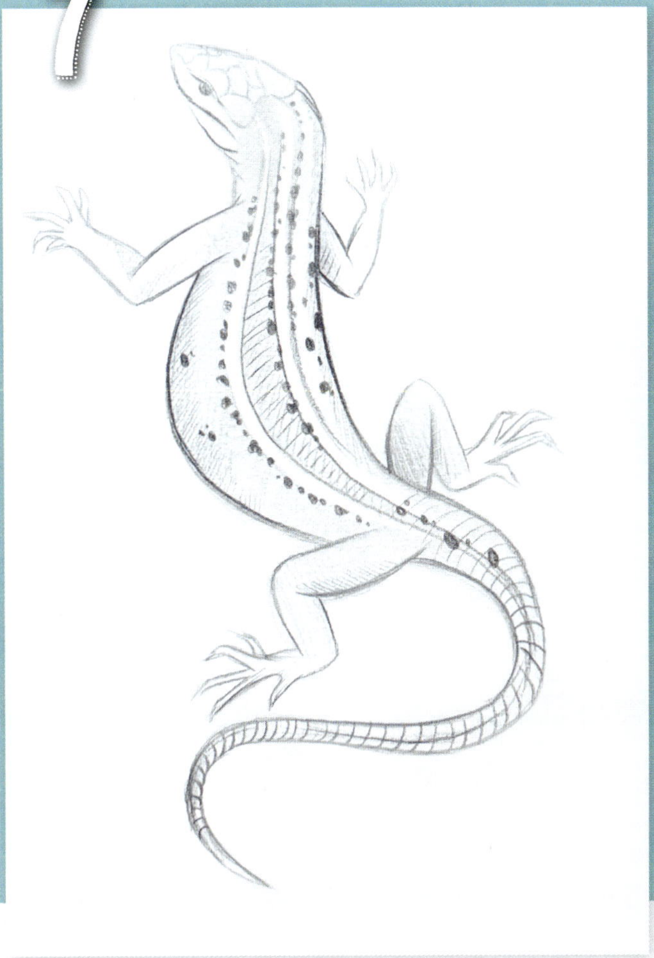

8

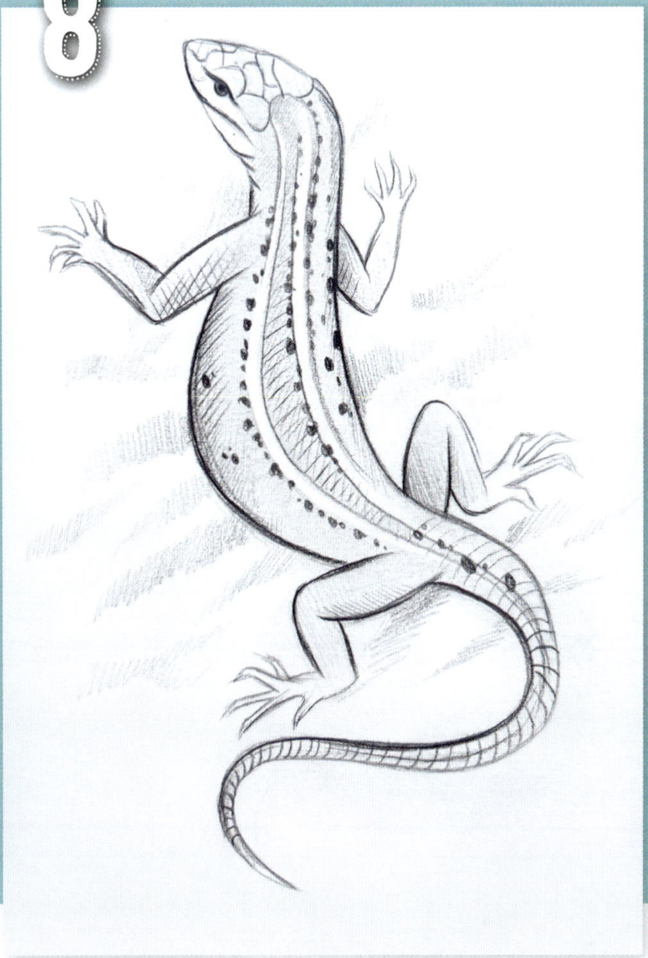

7 Ab jetzt kann sich deine Kreativität voll entfalten: Zeichne verschiedene Muster auf den Rücken der Eidechse, z. B. Punkte oder andere Formen, die dir in den Sinn kommen.

8 Wie bei anderen freistehenden Motiven sieht ein Hintergrund immer toll aus. Hier habe ich den Boden sehr vereinfacht dargestellt.

FELL

Viele Tiere haben ein Fell, gerade Haustiere wie Katzen, Hunde oder Meerschweinchen. Manchmal möchte man das Fell ausarbeiten, um die Zeichnung so richtig flauschig aussehen zu lassen. Das ist mit einer schlichten Skizze nicht so einfach. Daher möchte ich dir nicht vorenthalten, wie man realistisches Fell zeichnet. Dasselbe Prinzip kannst du auch bei Frisuren anwenden, wenn du Menschen zeichnest.

MATERIAL

- BLEISTIFT 2B
- DRUCKBLEISTIFT
- SCHWARZER STIFT
- RADIERGUMMI
- VERWISCHWERKZEUG ODER PINSEL

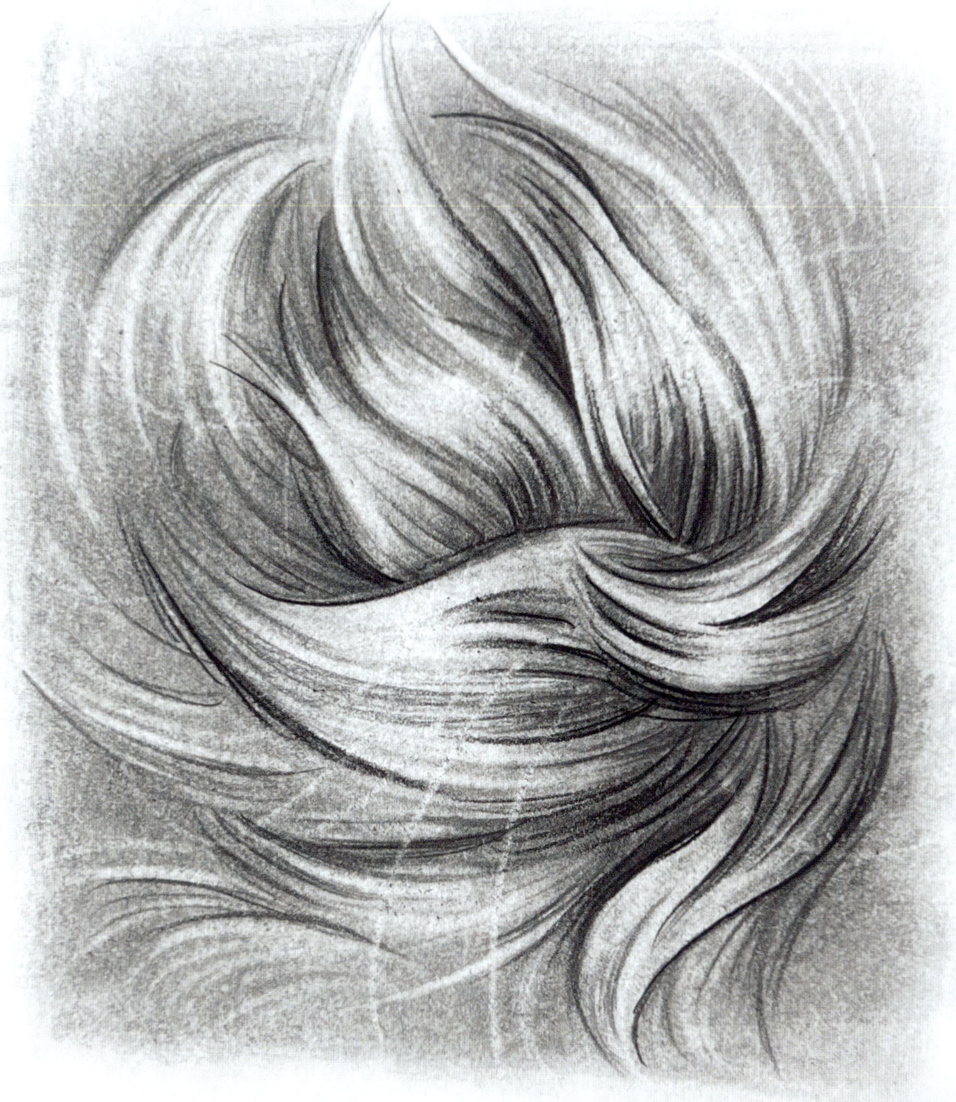

1

2

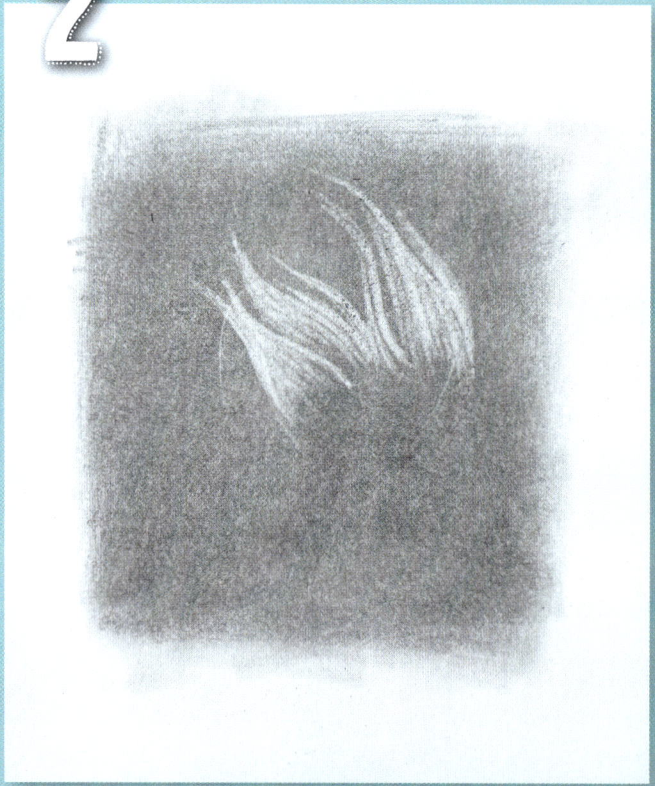

SO GEHT'S

1 Für die Übung reicht es, eine kleine Fläche zu schraffieren. Wenn du ein Tier oder Haare zeichnen möchtest, schraffierst du die gesamte Fläche, auf der Haare oder Fell zu sehen sind. Die Fläche verblendest du anschließend. Das ist wichtig, um besser radieren zu können.

2 Spitze nun deinen Radierstift gründlich an. Betrachte deine Vorlage und versuche, mit dem Radierer die Haarstruktur nachzubilden. Wenn du nicht gut verblendet hast, schmiert es an der Stelle sehr stark.

3

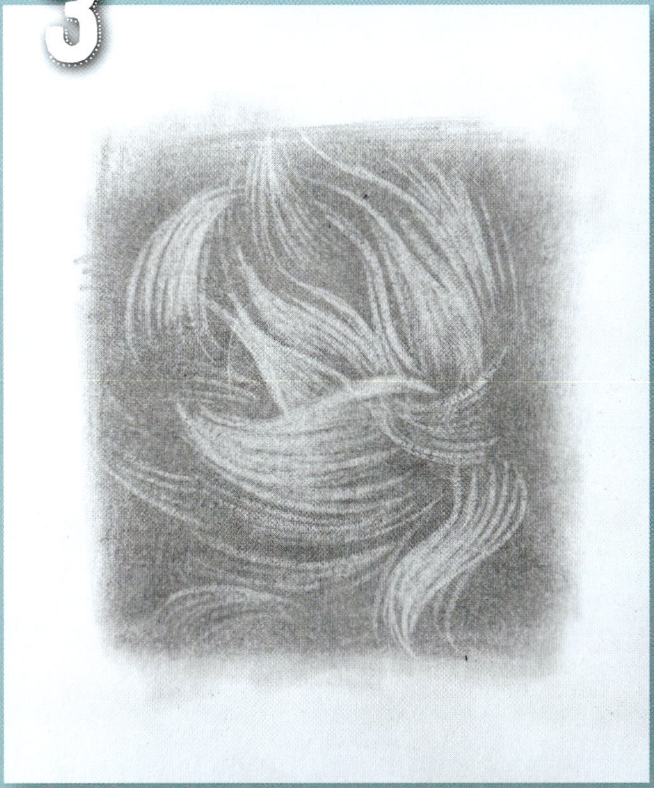

4

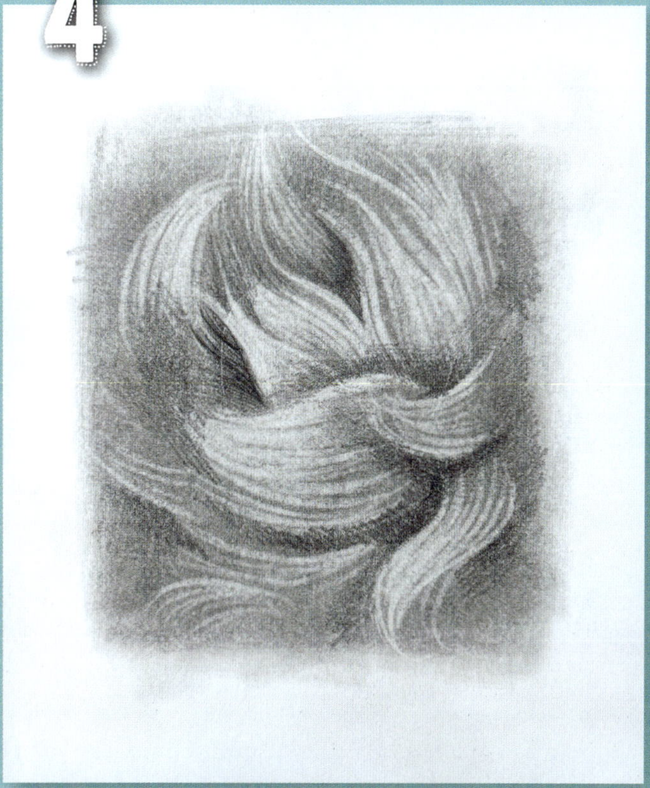

3 Beim Radieren solltest du mit den Haaren anfangen, die sich ganz hinten befinden. Danach radierst du die nächste Schicht, also die Strähnen, die die erste Schicht überlappen.

4 Im nächsten Schritt schattierst du die entstandenen Zwischenräume, so sieht es automatisch nicht mehr so abgetrennt aus. Hier sollten keine scharfen Kanten von den Schatten zu sehen sein.

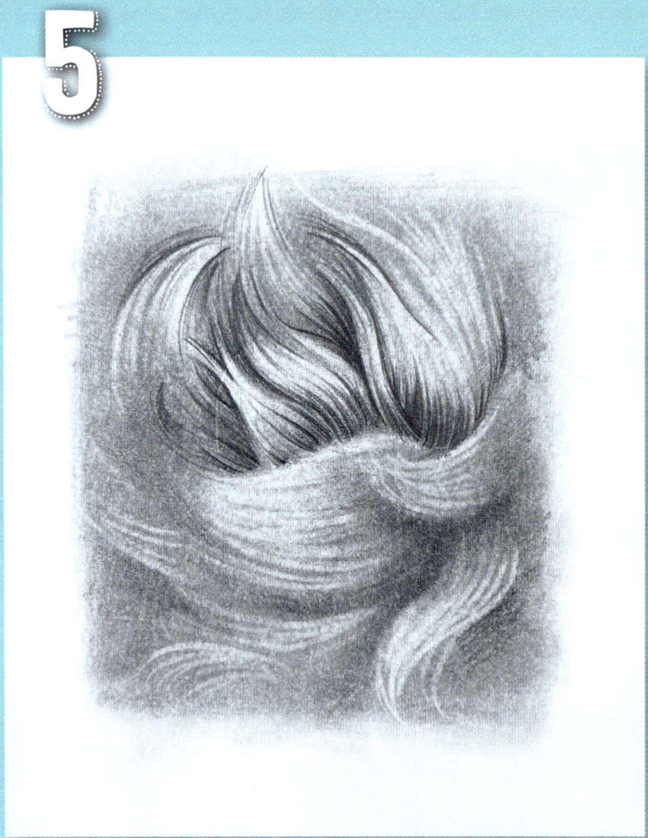

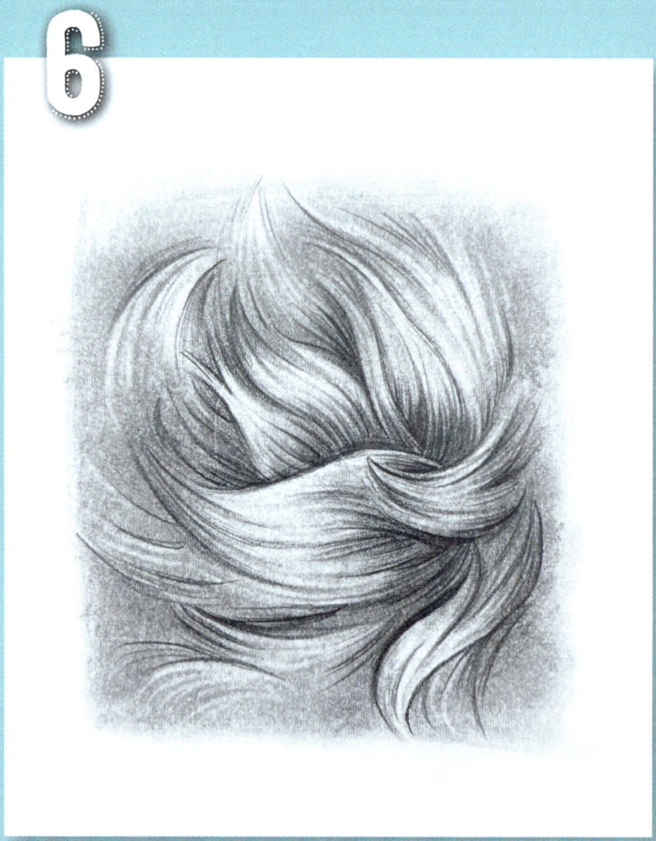

WEITER GEHT'S

5 Nun zeichnest du die einzelnen Haarbüschel noch mal nach. Genau wie zu Beginn fängst du mit den Strähnen an, die sich ganz unten befinden. Der Unterschied ist, dass du hierbei keinen Radierstift verwendest, sondern einen spitzen Bleistift.

6 Jetzt folgen die Strähnen, die ganz oben sind. Versuche, die Haare so ordentlich wie möglich zu zeichnen. So sieht das Fell am Ende flauschig und weich aus.

7

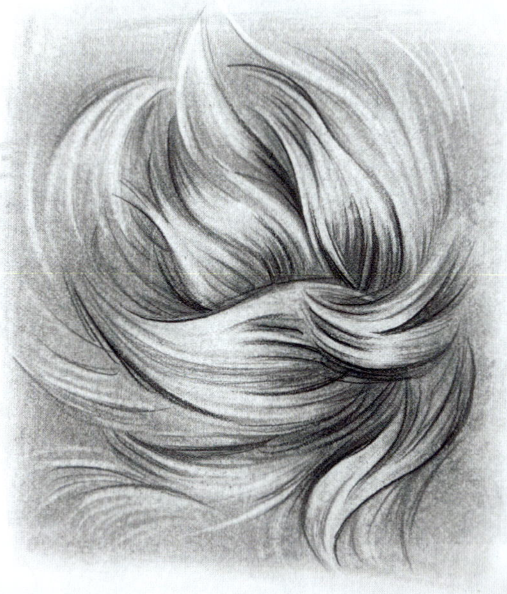

8

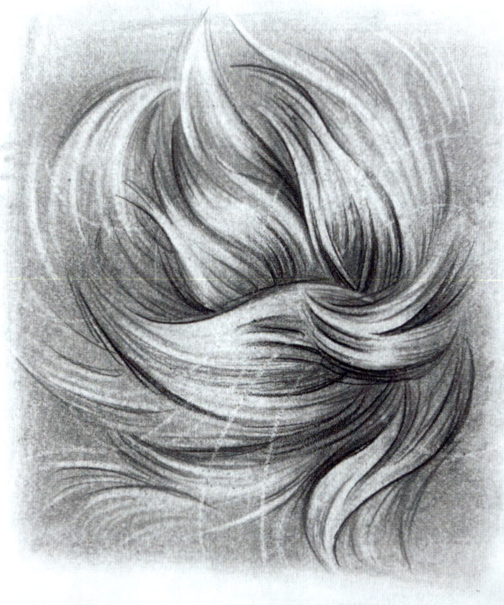

7 Die dunkelsten Stellen kannst du jetzt noch mal hervorheben. Bei Fell und Haaren ist es wichtig, mit sehr angespitzten Stiften zu zeichnen. Je mehr Haare du einzeichnest, desto realer wird das Ergebnis. Radiere und zeichne im Wechsel, bis du mit dem Ergebnis zufrieden bist.

8 Zum Schluss sieht es immer super aus, wenn du ein paar einzelne Härchen einradierst. So wirkt es nicht so künstlich, wie ich finde.

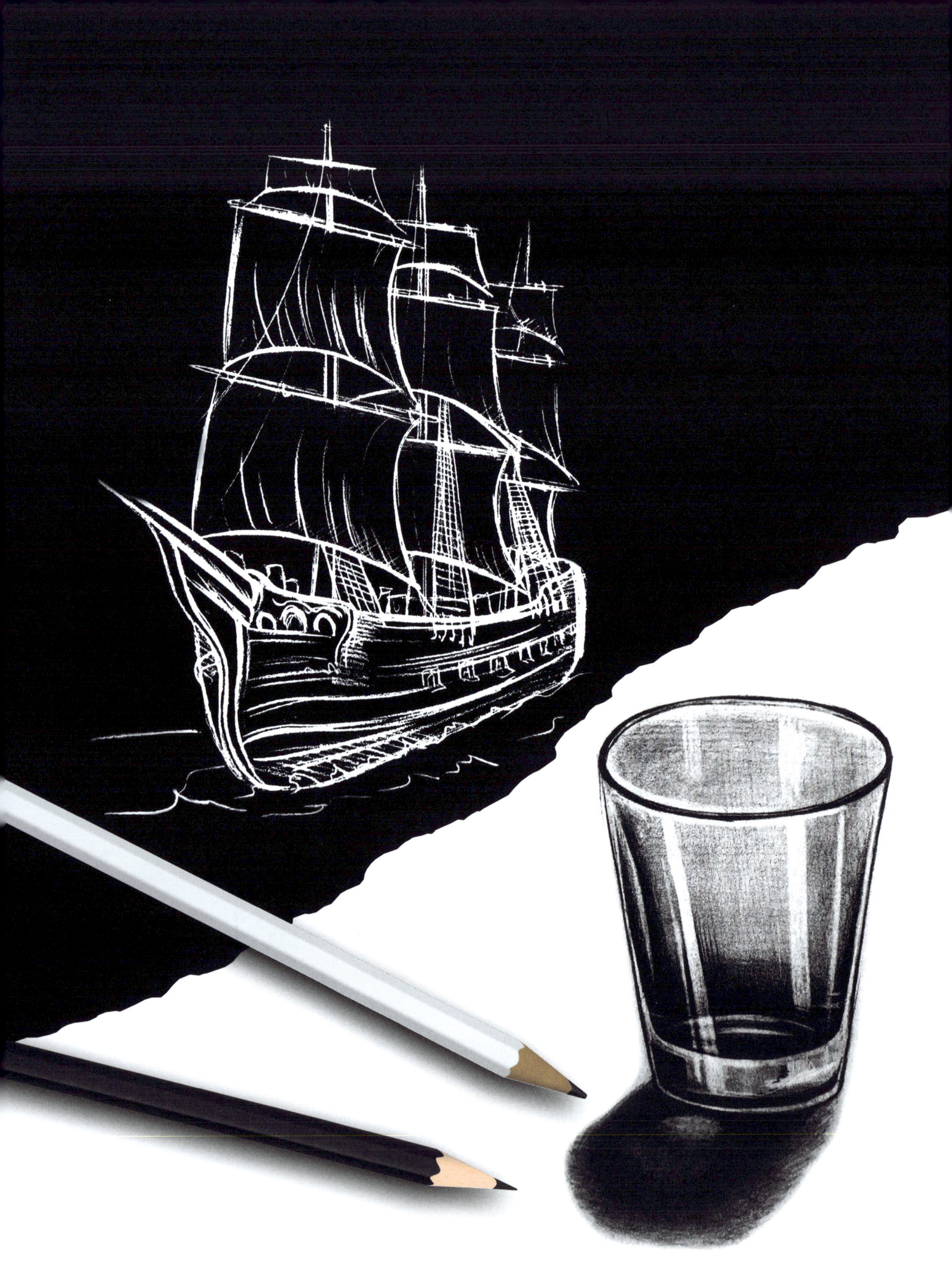

GEGENSTÄNDE

Nach den vielen Anleitungen und Übungen, die du nachgezeichnet hast, merkst du jetzt schon einen deutlichen Prozess in deinen Zeichnungen, oder? Genau wie in der Menschheitsgeschichte: Vor circa 2,6 Millionen Jahren haben Steinzeitmenschen die ersten Werkzeuge erfunden und gebaut. Und nun, viele Jahre später, bauen wir sogar Autos und Wolkenkratzer. Das hätten sich die Menschen früher nicht ansatzweise vorstellen können. Genauso kannst du dir im Moment vielleicht noch gar nicht vorstellen, was du erreichen kannst. In ein paar Jahren wirst du richtig gut zeichnen können, und wenn du zurückdenkst und dir deine ersten Zeichnungen noch mal anschaust, wirst du schmunzeln. Grundsätzlich habe ich in diesem Kapitel alle Gegenstände so gewählt, dass sie sehr unterschiedliche Oberflächen besitzen. So wirst du lernen, Holz, Stein, Glas und Blech zu zeichnen.

WERKZEUG

Ich finde, es ist ein unglaubliches Meisterwerk, sich so ein Werkzeug auszudenken und herzustellen. Es kommt uns banal und einfach vor, als könnte das jeder hinkriegen, aber stell dir vor, du hast noch nie in deinem Leben ein Werkzeug gesehen, geschweige denn benutzt. Aus der Notwendigkeit heraus entstanden Werkzeuge aus Stein und Holz, die dem Menschen beim Jagen und der Essenszubereitung nützlich sein sollten. Angewendet auf unsere Zeichenreise ist es also unmöglich, jetzt schon zu wissen, was du noch für Zeichenskills entwickeln wirst. Im Prozess wirst du merken, welche Techniken du noch benötigst, um deine bevorzugten Motive zu zeichnen.

MATERIAL

- BLEISTIFT 4B
- SCHWARZER STIFT
- RADIERGUMMISTIFT
- VERWISCHWERKZEUG

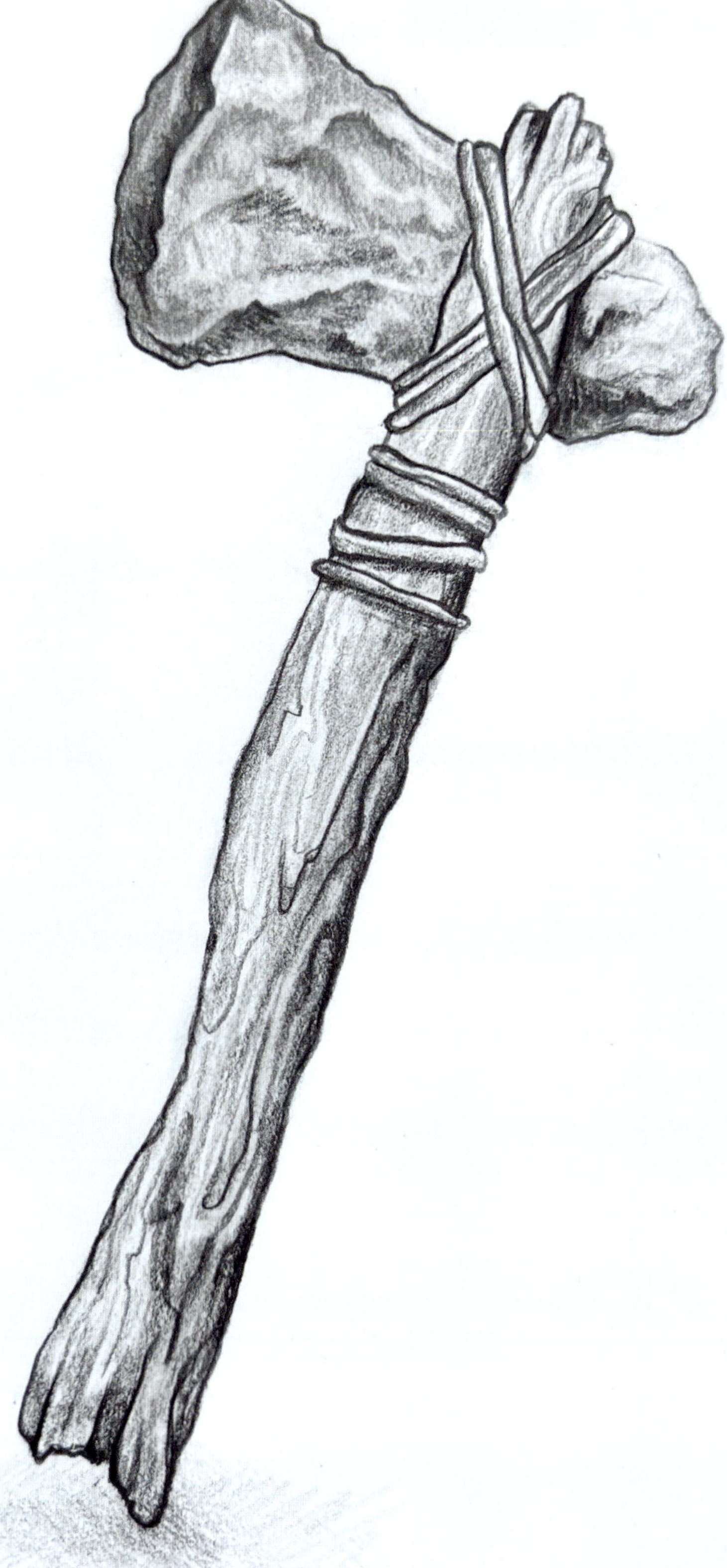

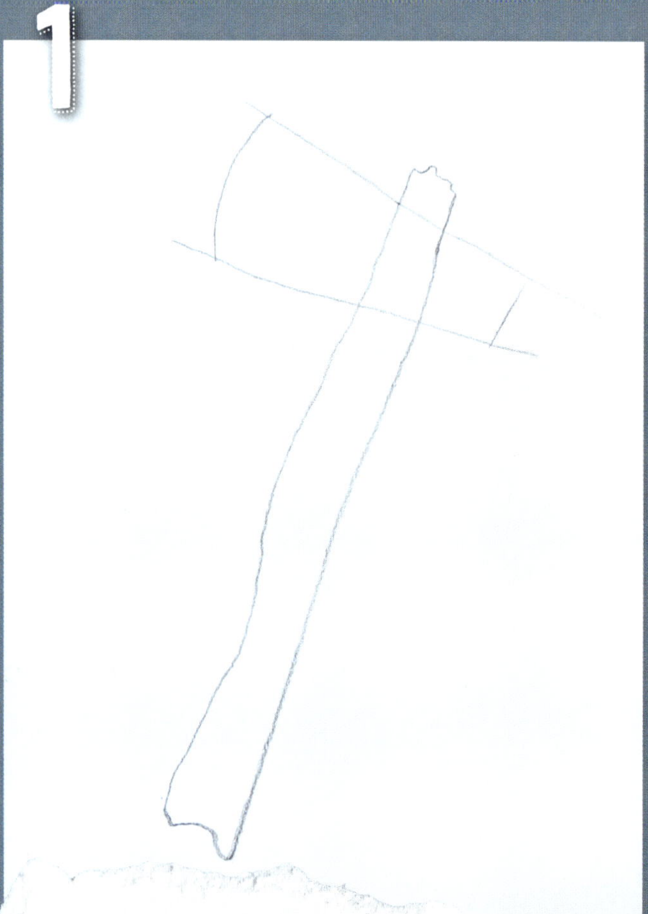

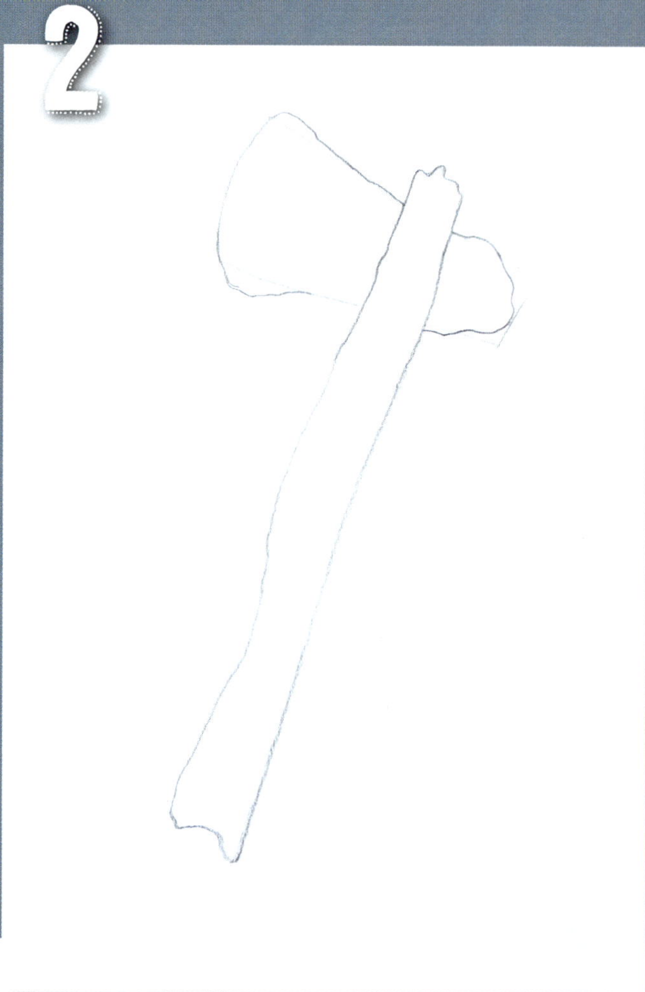

SO GEHT'S

1 Bei dieser Anleitung möchte ich dir hauptsächlich die Stein- und Holzstruktur näherbringen. Starte für den Holzgriff mit zwei parallelen Linien, die nicht gerade sein müssen. Das Konstrukt kannst du oben und unten wellenförmig verbinden, so sieht es aus wie abgebrochenes Holz. Danach kannst du den Stein durch vier Linien im oberen Bereich andeuten. Die linke Seite rundest du direkt schon mal ab.

2 Damit der Stein natürlich wirkt, gib ihm eine etwas wellige Kontur. Das Tolle an Naturmaterialien ist, dass ihre Formen nicht gerade sein müssen.

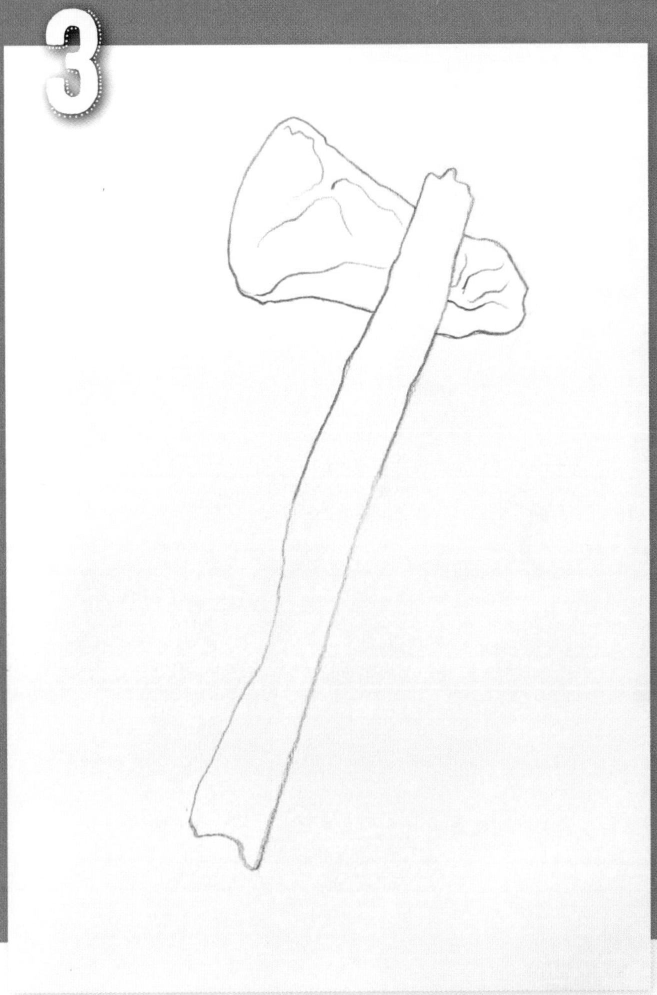

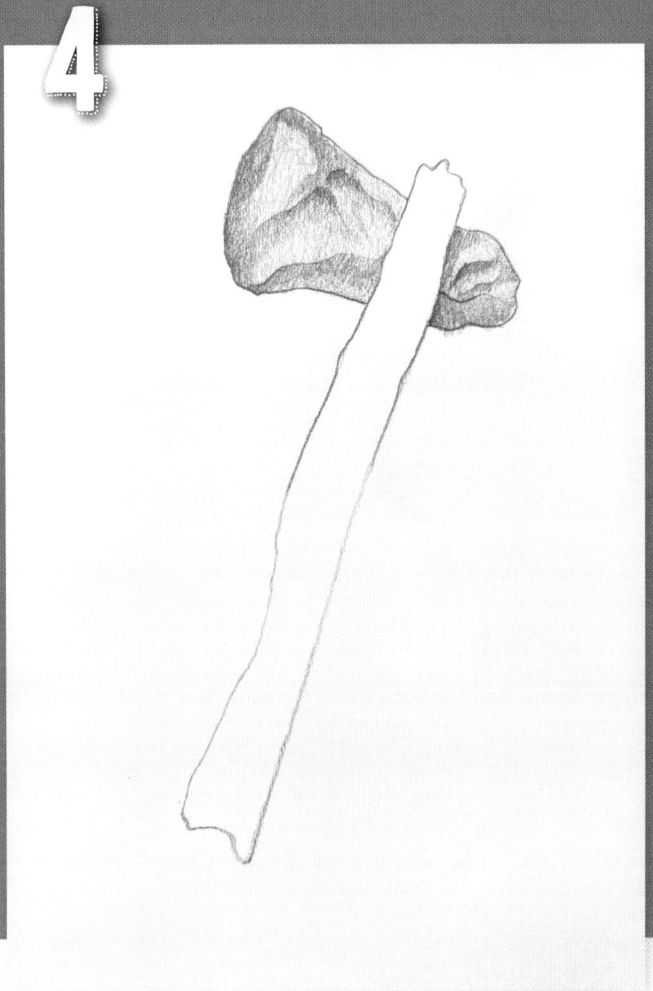

3 In den Stein skizzierst du schon mal die Kanten, die ihn authentisch erscheinen lassen. Das wird dir später beim Schattieren helfen.

4 Bei diesem Schritt orientierst du dich an den zuvor eingefügten Hilfslinien. Male zuerst den gesamten Stein aus, die Linien werden dann noch leicht durchschimmern, sodass du alle Ränder dunkler schattieren kannst.

5

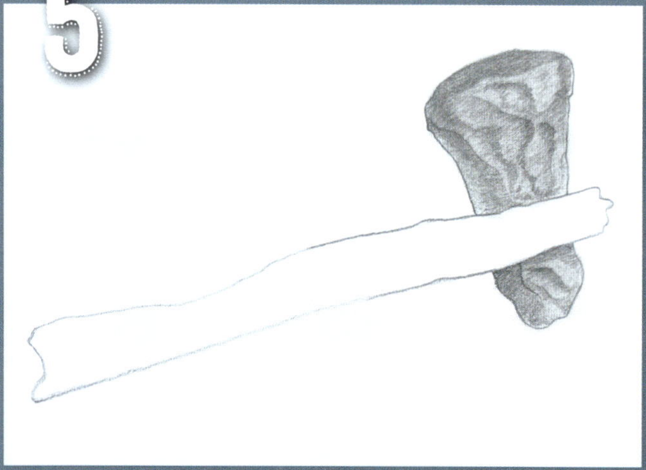

6

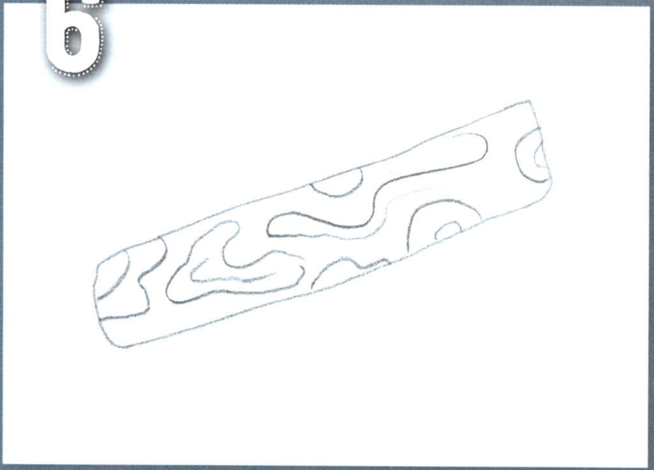

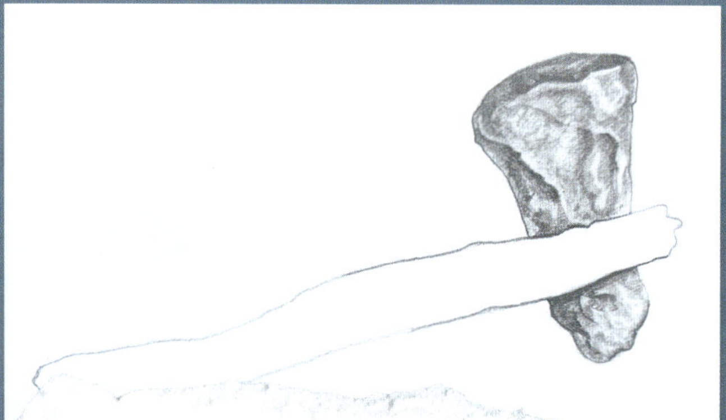

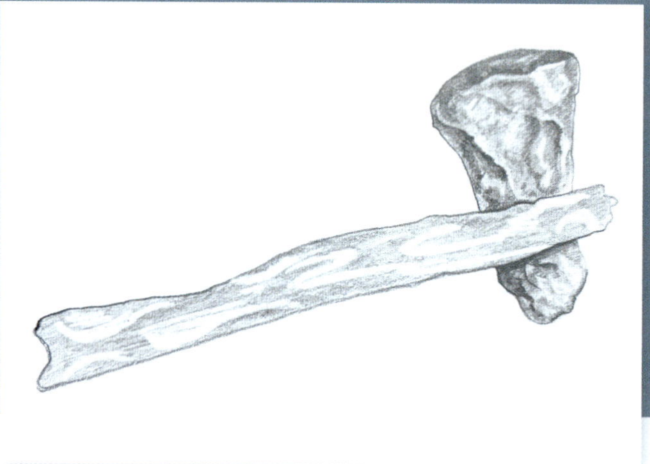

WEITER GEHT'S

5 Das alles verblendest du jetzt richtig gut, sodass es dir möglich ist, mit dem Radiergummi leichte Lichtreflexe und hellere Stellen einzuradieren. Denn wenn man den Bleistift nicht vorher verblendet, funktioniert das mit dem Radieren nicht so gut. Es wäre eine einzige Schmiererei.

6 In gleicher Weise kannst du mit dem Holzgriff fortfahren. Hier radierst du jetzt aber ein bestimmtes Muster ein, das die Holzstruktur andeutet. Um dir das zu veranschaulichen, habe ich es auf einem extra Blatt vorgezeichnet. Gerne kannst du die Konturen erst einmal mit einem Bleistift leicht vorzeichnen, wenn du dir noch nicht sicher bist.

7

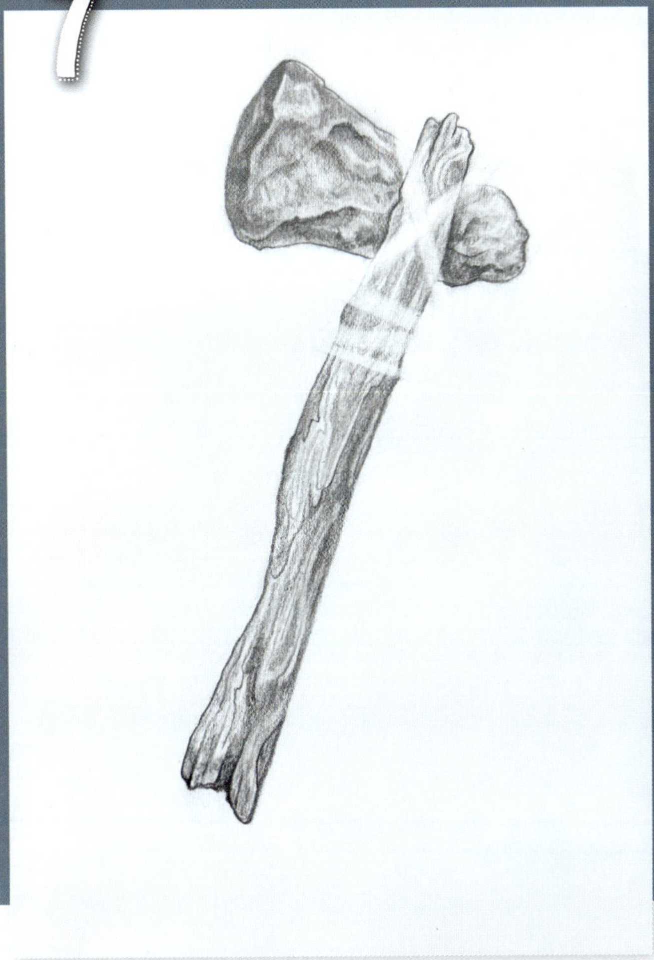

8

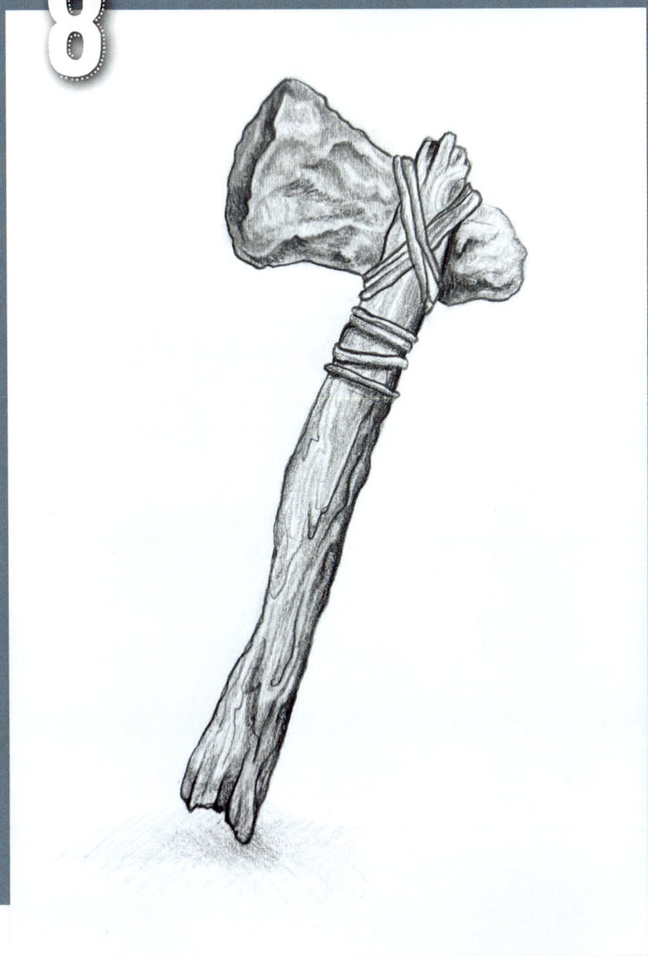

7 Das alles umfährst du noch mal mit dem Bleistift, um den Holzeffekt zu verstärken – die Kanten sollten nämlich sehr scharf sein. Danach kannst du ein Kreuz und drei weitere Stellen freiradieren. Dort soll die Schnur angedeutet werden, die das Holz und den Stein zusammenhält.

8 Umfahre die Schnur auch mit dem Bleistift, so sieht sie realistischer aus. Jetzt fehlen nur noch die letzten Schatten und etwas mehr Kontrast, und schon ist dein Steinzeitwerkzeug fertig.

GLAS

Beim Zeichnen musst du immer beachten, um welches Material es sich handelt. Wie du vorhin bemerkt hast, bist du beim Holz noch ziemlich frei. Wenn du jedoch Glas zeichnen möchtest, sind Lichtreflexe und eine extrem glatte Oberfläche superwichtig. Die makellose Optik ist hier ausschlaggebend.

MATERIAL

- BLEISTIFT 2H UND 2B
- SCHWARZER STIFT
- RADIERGUMMISTIFT
- PINSEL

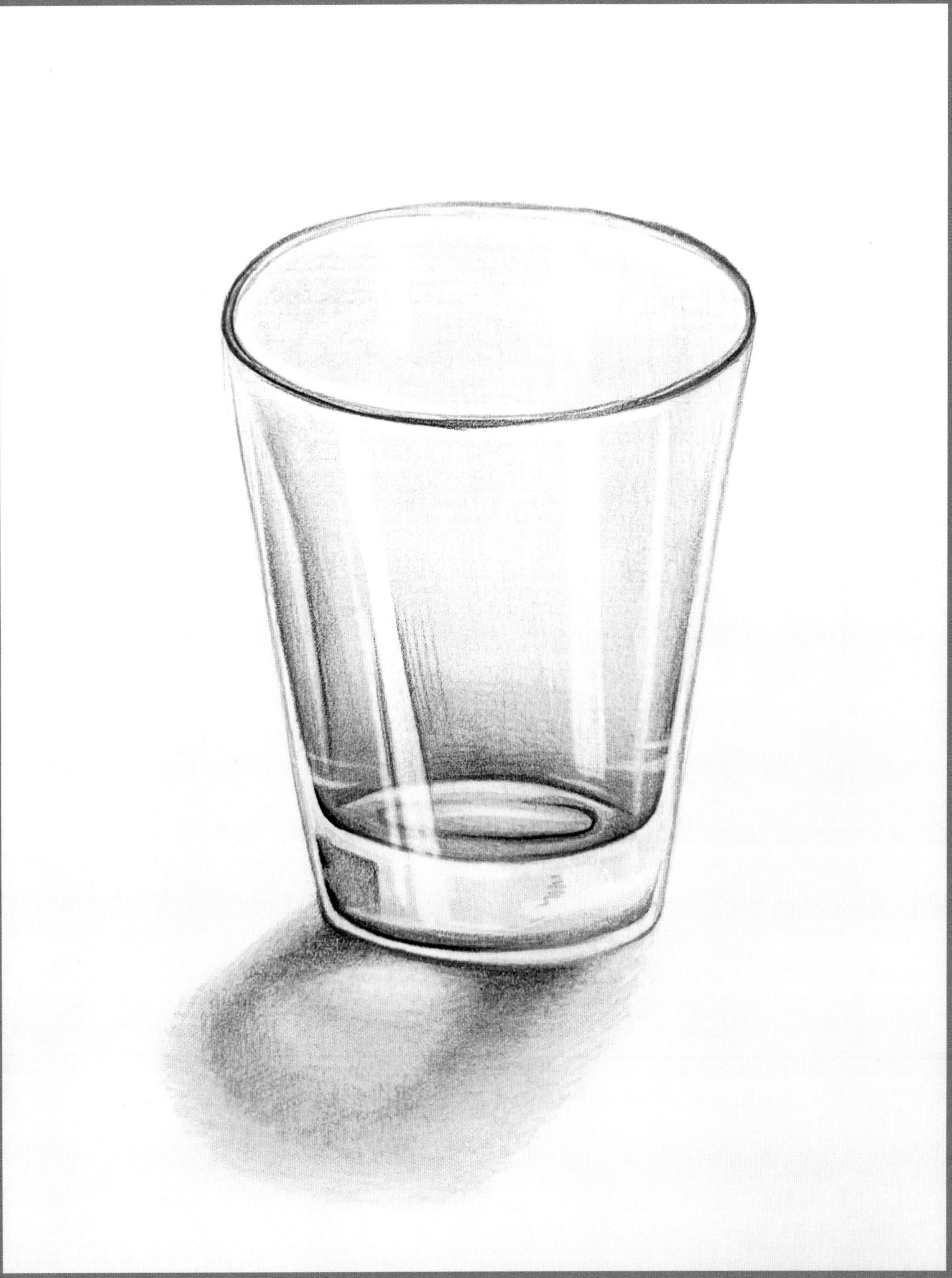

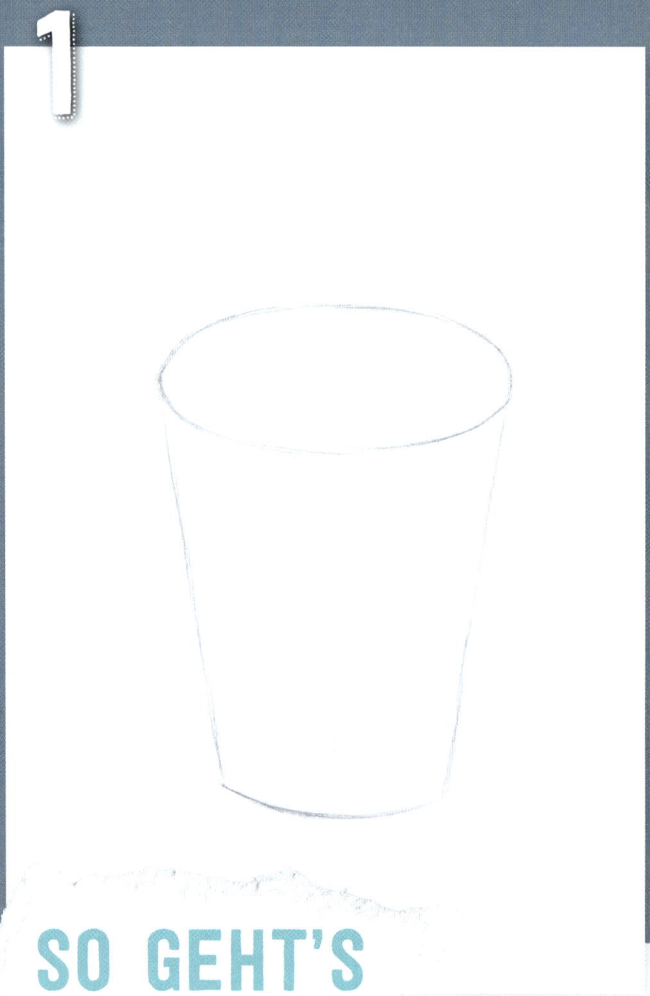

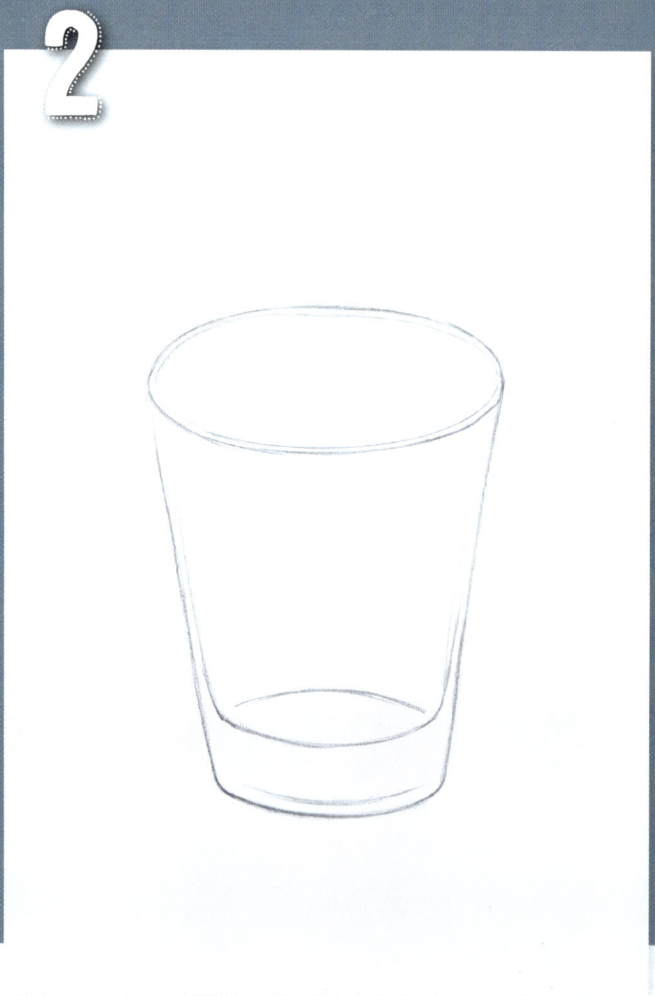

SO GEHT'S

1 Wir fangen wie immer mit der Grundform an, mit den äußeren Linien. Ich habe mir dazu zuerst einmal ein Kreuz zur Orientierung angezeichnet. Drücke dabei nicht zu sehr auf. Jetzt kannst du dein Glas symmetrisch zeichnen. Die Öffnung oben ist oval, genau wie die Kanten auf der unteren Seite. Ein Glas hat keine scharfen Kanten, es sind nie spitze Ecken zu sehen.

2 Nachdem du die Hilfslinien wegradiert hast, kannst du den Glasboden andeuten und das Glas dreidimensional zeichnen, indem du einen schmalen Rand an der Öffnung zeichnest. Die Linien selbst sollten sehr klar sein, um die Glasstruktur gut darzustellen.

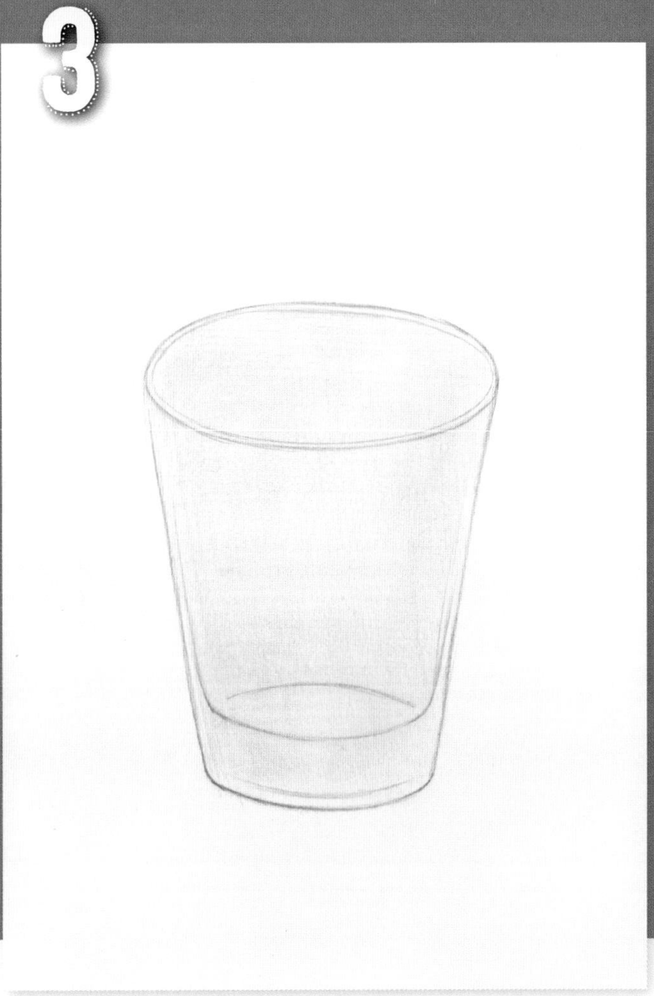

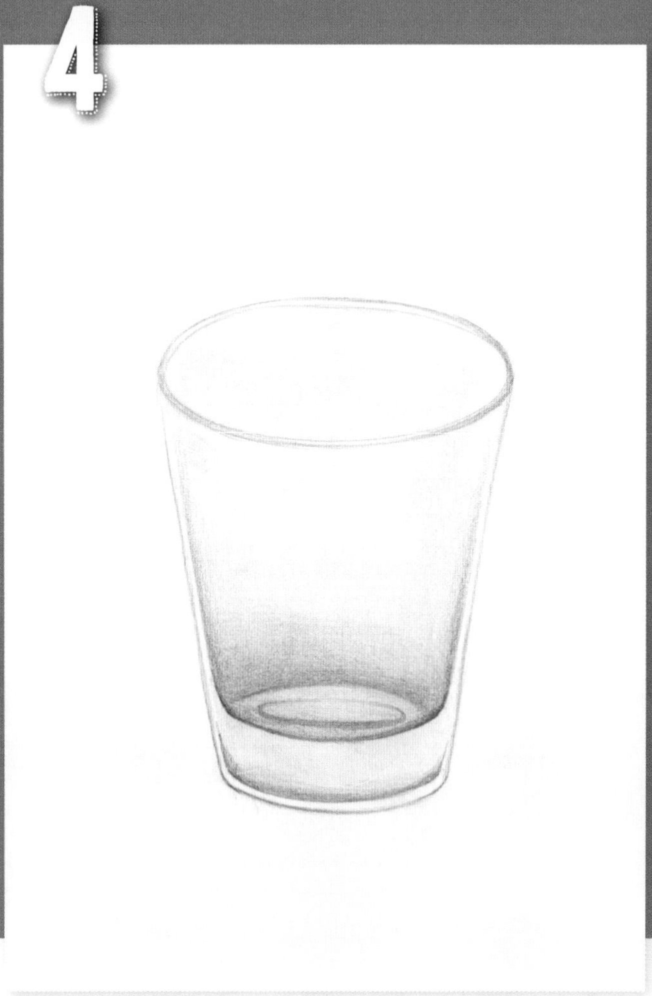

3 Die komplette Fläche schraffierst du jetzt mit einem relativ hellen Stift. Das Ganze sollte so gleichmäßig wie möglich aussehen, denn die Beschaffenheit von Glas ist sehr glatt und klar. So wird eine tolle Basis geschaffen, um anschließend Lichtreflexe und Schatten einzeichnen zu können. Wenn diese Fläche nicht gleichmäßig ist, könnte es sein, dass die Glasoptik nicht realistisch aussieht.

4 Dort, wo sich die Linien des Glasbodens befinden, kannst du Schatten setzen. So sieht es schon direkt wie ein Glas aus, aber ich finde, es fehlt noch ein kleiner Feinschliff.

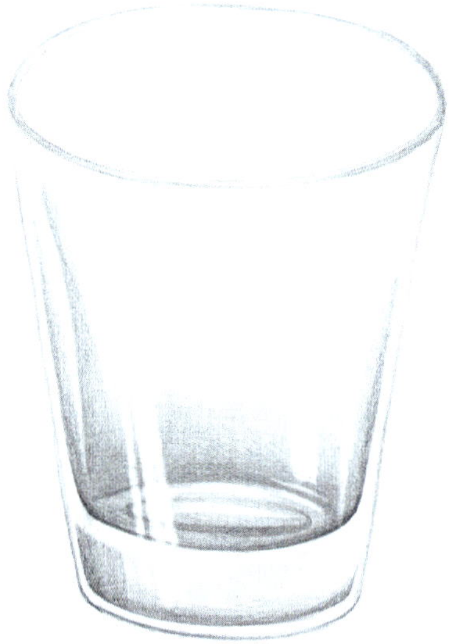

5

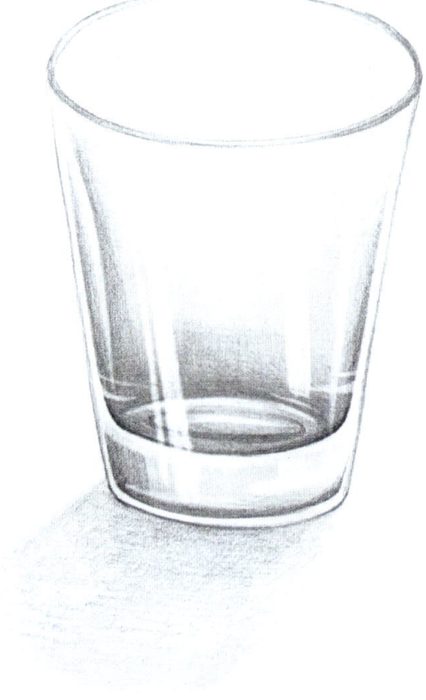

6

WEITER GEHT'S

5 Kommen wir zu meinem Lieblingsschritt. Es ist so simpel und schnell gemacht, aber der Effekt ist unglaublich. Schnappe dir einen Radiergummistift und radiere Lichtreflexe hinein. Diese sollten sehr scharfe Kanten haben, das kannst du auch mit dem Bleistift noch mal nachbessern und verstärken.

6 Sieh dir deine Zeichnung noch einmal an und überlege, wo eventuell noch Lichtreflexe oder Schatten fehlen. Natürlich darf auch ein Schatten auf dem Untergrund nicht fehlen. Den kannst du schon mal andeuten und verwischen.

7

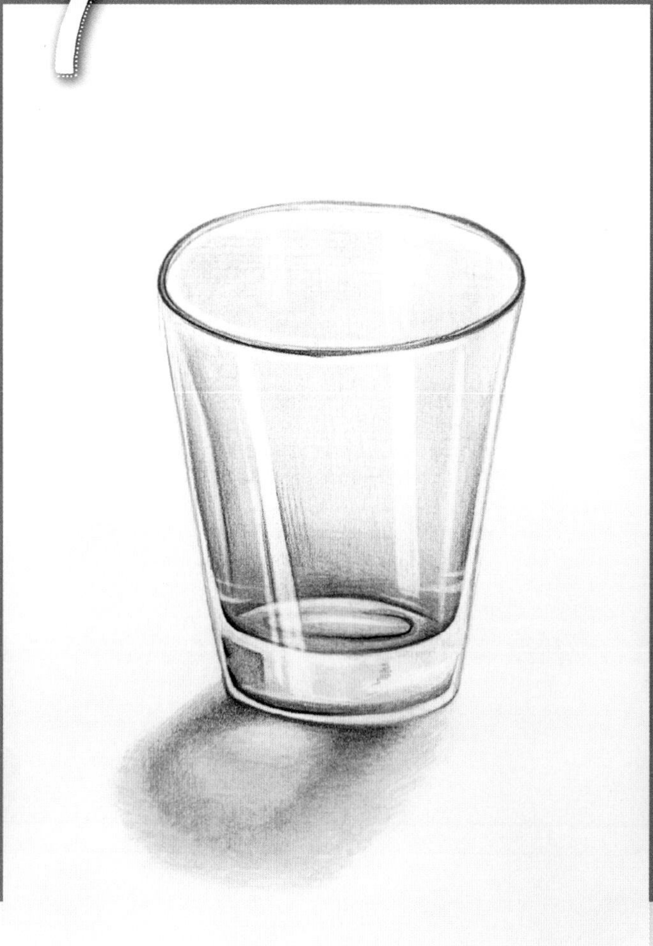

7 Zum Schluss kannst du wie immer mit dem schwarzen Stift Highlights setzen, diesmal jedoch superfein. Außerdem braucht der Schatten auf dem Boden weitere Schattenbereiche. Da das Glas ja durchsichtig ist, wirft es dementsprechend keinen gleichmäßigen Schatten, sondern der Schatten ist an manchen Stellen transparent.

GEBÄUDE

Gebäude zeichnet man in Perspektive. Dieses Thema wirst du auch im nächsten Projekt, dem Schiff, gebrauchen können. Hier möchte ich näher auf die Zwei-Punkt-Perspektive eingehen. Diese muss man relativ oft beim Zeichnen von Gegenständen und Landschaften anwenden. Mit dieser Technik kannst du aber nicht nur einzelne Gegenstände oder Häuser zeichnen, sondern auch ganze Städte, ohne den Überblick zu verlieren.

MATERIAL

- DRUCKBLEISTIFT
- SCHWARZER STIFT
- RADIERGUMMI
- LINEAL

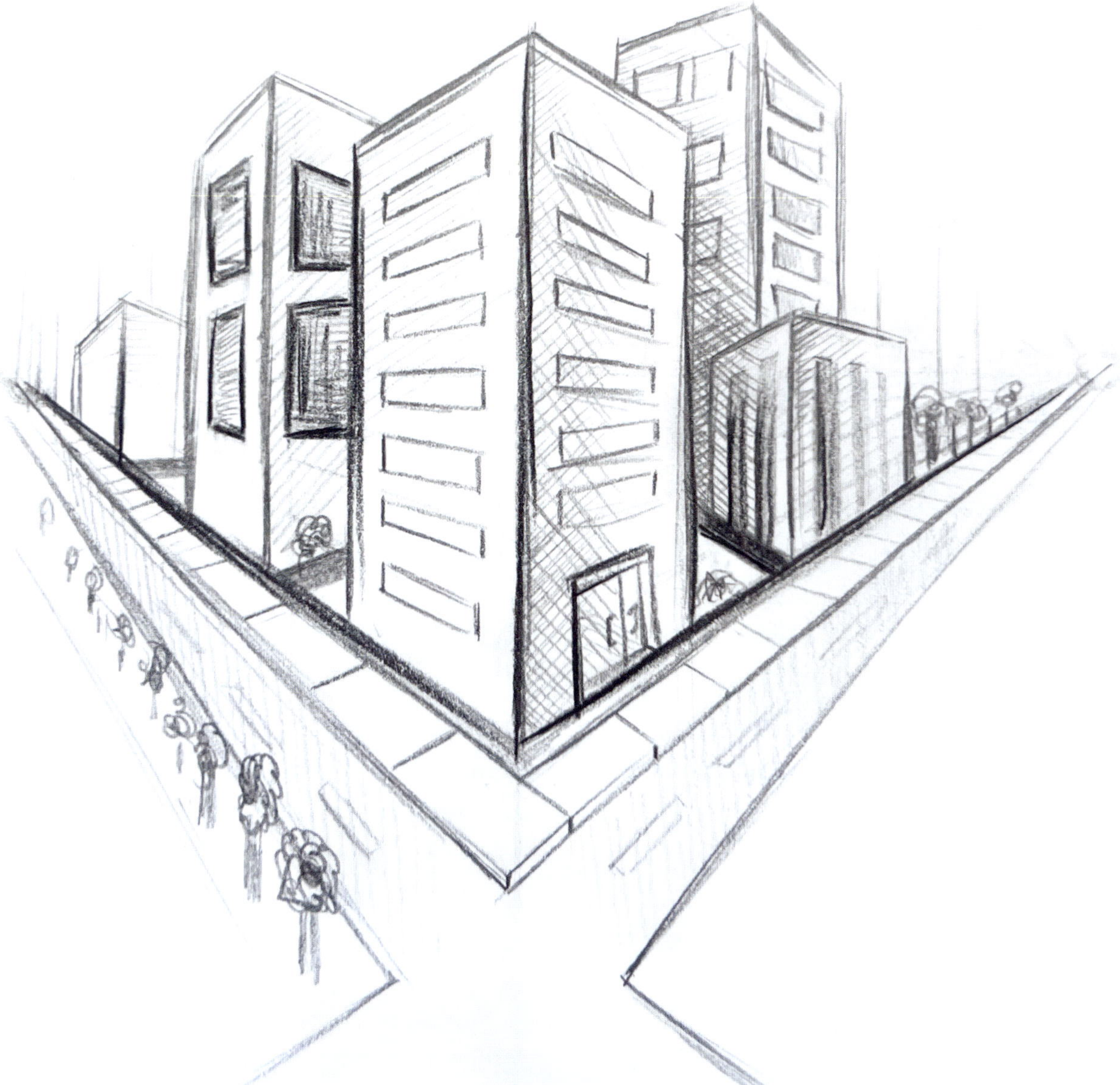

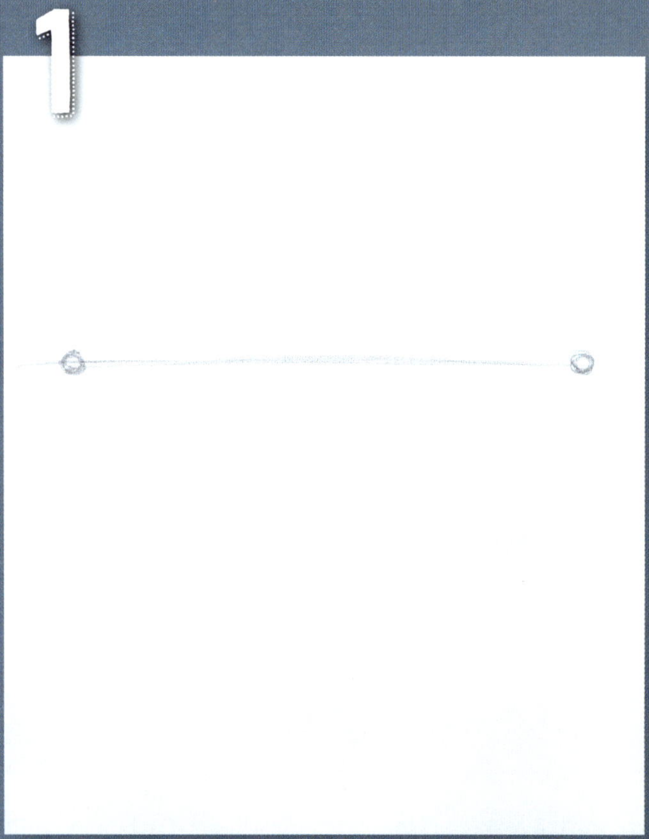

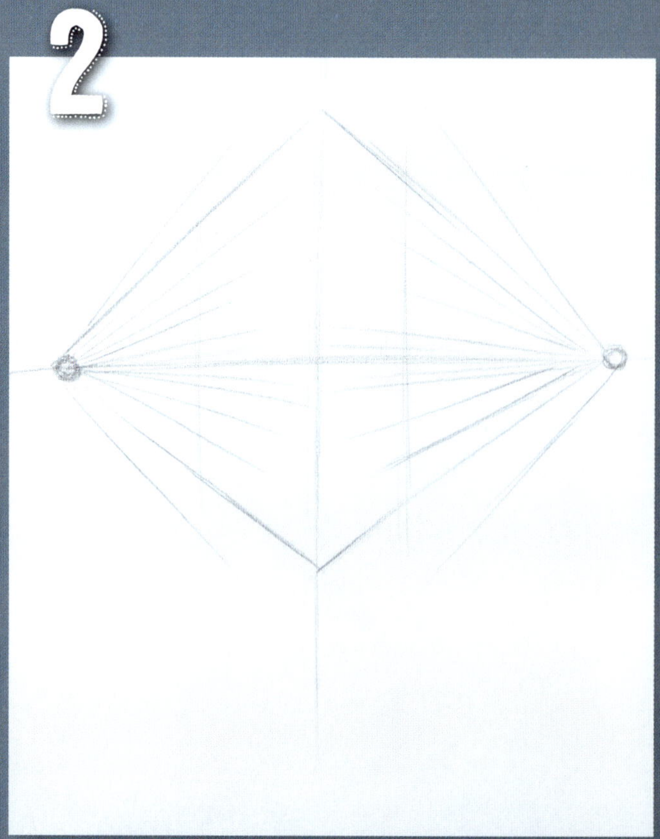

SO GEHT'S

1 Wie der Name schon verrät, geht es hier hauptsächlich um zwei Punkte, die man Fluchtpunkte nennt. Das sind unsere Ausgangspunkte, an denen wir uns orientieren werden. Zeichne also zunächst einmal eine gerade Linie und an beiden Enden einen Punkt.

2 Für die perspektivische Zeichnung ist ein Raster sehr hilfreich. Wenn du später den Dreh raushast, kannst du es auch mal ohne Raster probieren. Das Raster besteht aus einer vertikalen Mittellinie und jeweils einem Dreieck, oben und unten. Dieses Dreieck wird für eine bessere Orientierung in viele Unterteilungen aufgeteilt.

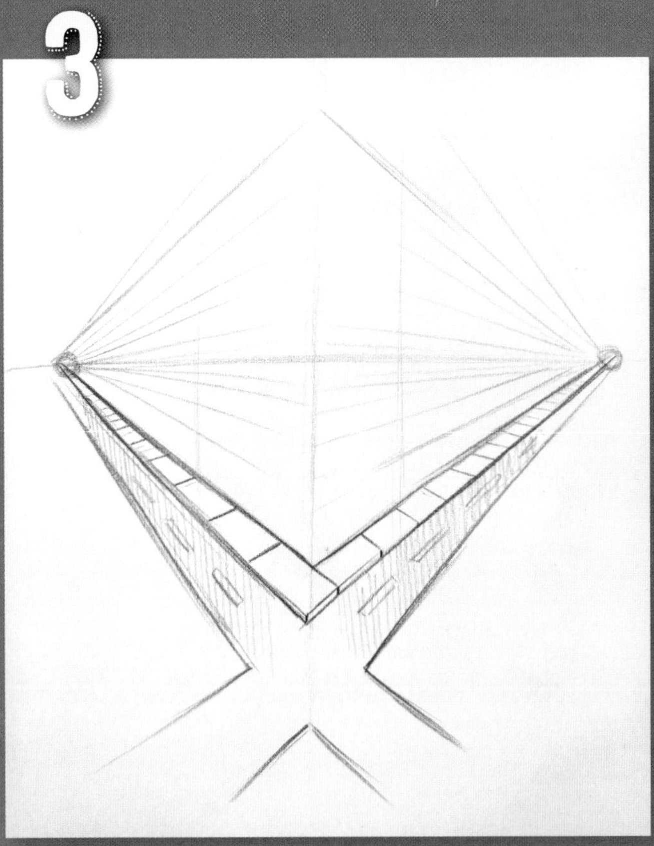

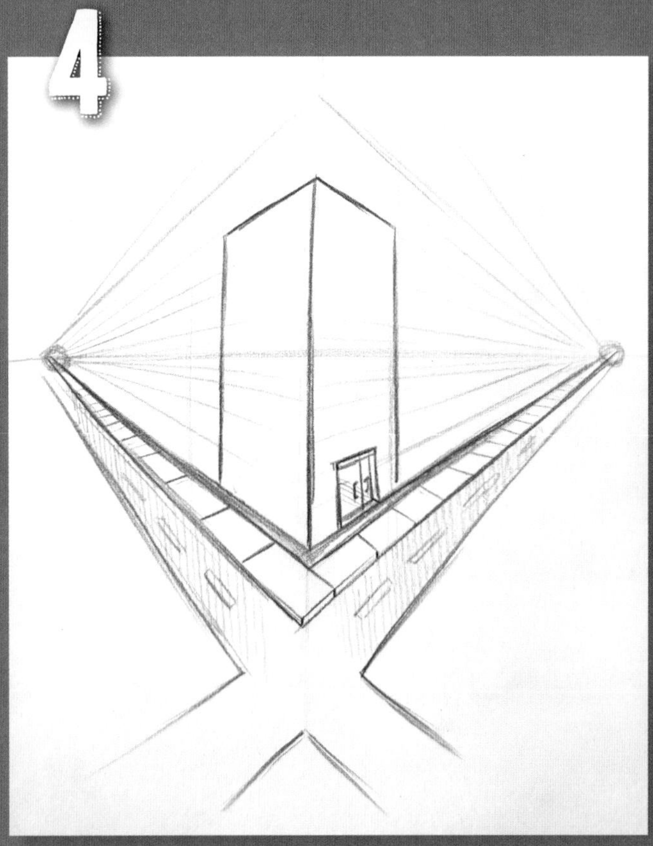

3 Wenn du mit deinem Raster fertig bist, kannst du dir entweder eine Vorlage suchen oder dir selbst ein Haus oder eine Stadtansicht ausdenken. Ich fange am liebsten mit dem Vordergrund an, in dem Fall der Straße.

4 Kommen wir zum ersten Gebäude. Am einfachsten ist es auch hier, das Gebäude, welches ganz vorne steht, zuerst zu zeichnen. Orientiere dich dabei immer an den Unterteilungen und der vertikalen Linie.

5

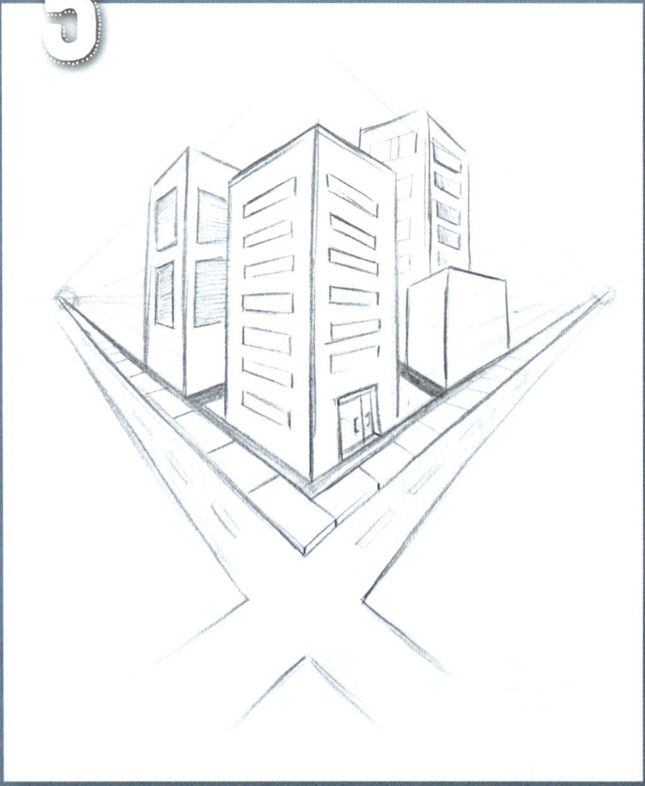

6

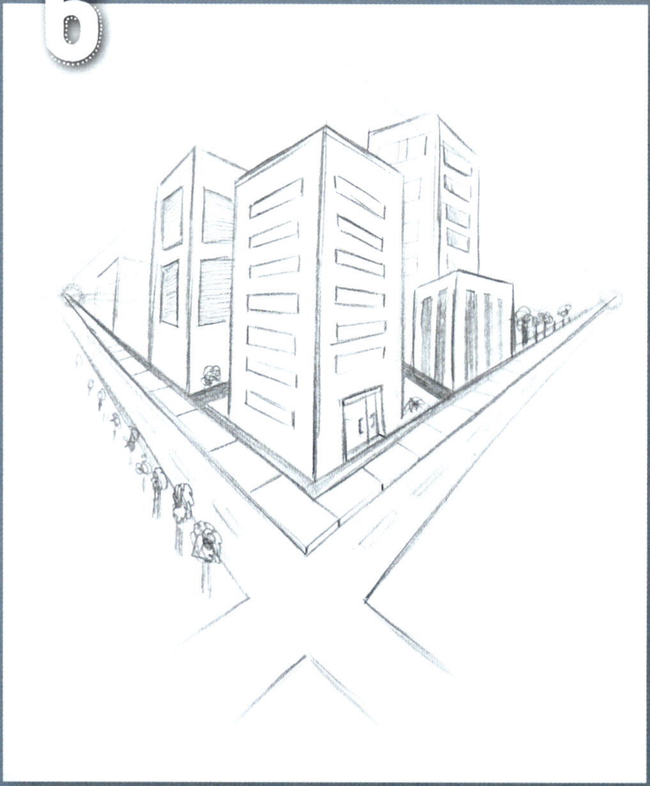

WEITER GEHT'S

5 Zeichne der Reihe nach mehr und mehr Häuser und Gebäude, mal hoch, mal niedrig. Wenn du dich an dein Raster hältst, wirst du merken, dass die Objekte zur Seite hin immer kleiner werden, bis sie kaum noch erkennbar sind.

6 Wie wäre eine Stadt, die nur aus Beton bestünde? Na ja, jedenfalls nicht schön! Daher sollten wir ein paar Bäume und Pflanzen einzeichnen. Vielleicht möchtest du auch Autos auf der Straße oder Vögel im Himmel zeichnen.

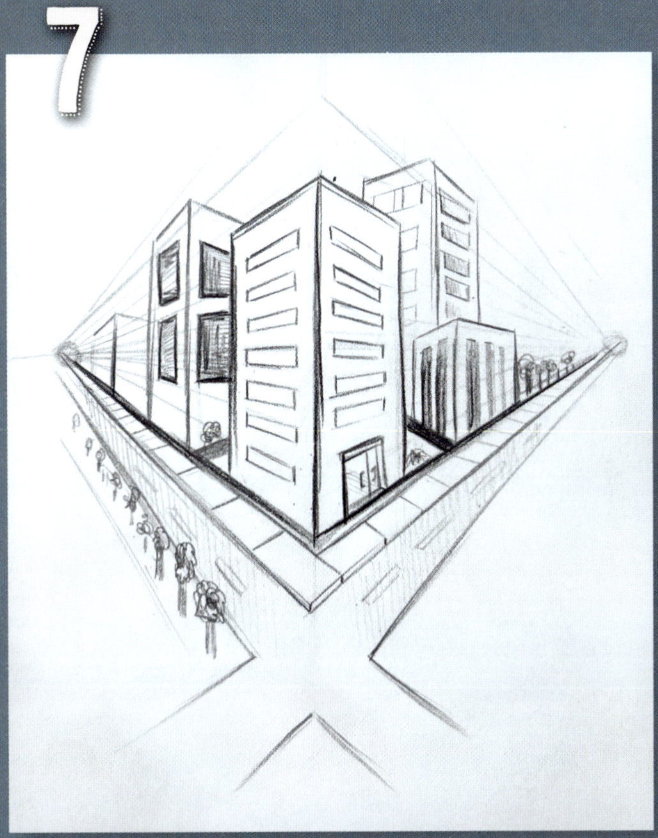

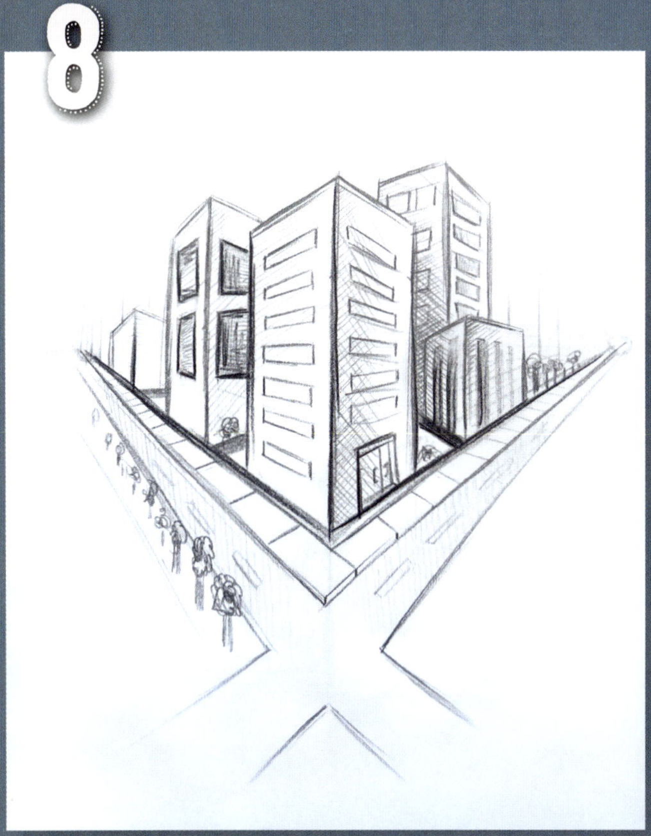

7 Bring nun mehr Schatten in die Stadt, um noch mehr Plastizität zu schaffen. Dabei hilft es, wenn du zuvor eine Sonnenseite festgelegt hast. Dein Bleistift sollte dabei sehr spitz sein.

8 Wenn du fertig bist, brauchst du das Raster natürlich nicht mehr, das kann also weg. Danach bist du fertig mit deinem Stadtbild.

SCHIFF

Mit der Zeit wurden nicht nur Werkzeuge und Wohnmöglichkeiten wie Zelte oder Hütten gebaut, sondern auch Transportmittel wie z. B. Schiffe. Die Motivation dahinter war natürlich nicht, dass es bestimmt viel Spaß macht, auf dem Schiff zu segeln, sondern die Eroberung neuer Länder und die Übersendung von Waren von einem Land in ein anderes. Damals ging es nun mal um das Überleben. Und das hat die Menschheit unfassbar vorangebracht.

MATERIAL

- BLEISTIFT HB
- DRUCKBLEISTIFT
- SCHWARZER STIFT
- RADIERGUMMI

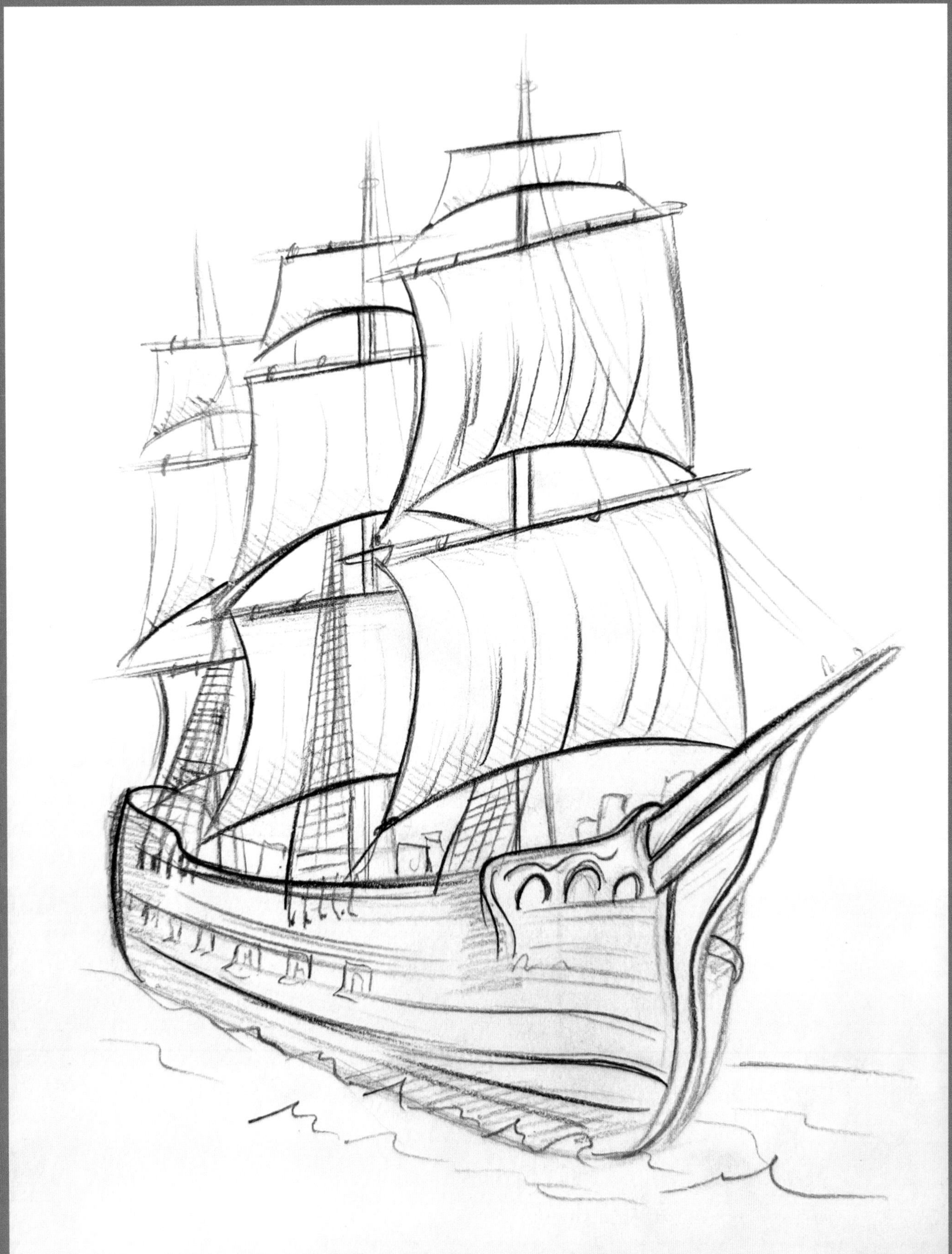

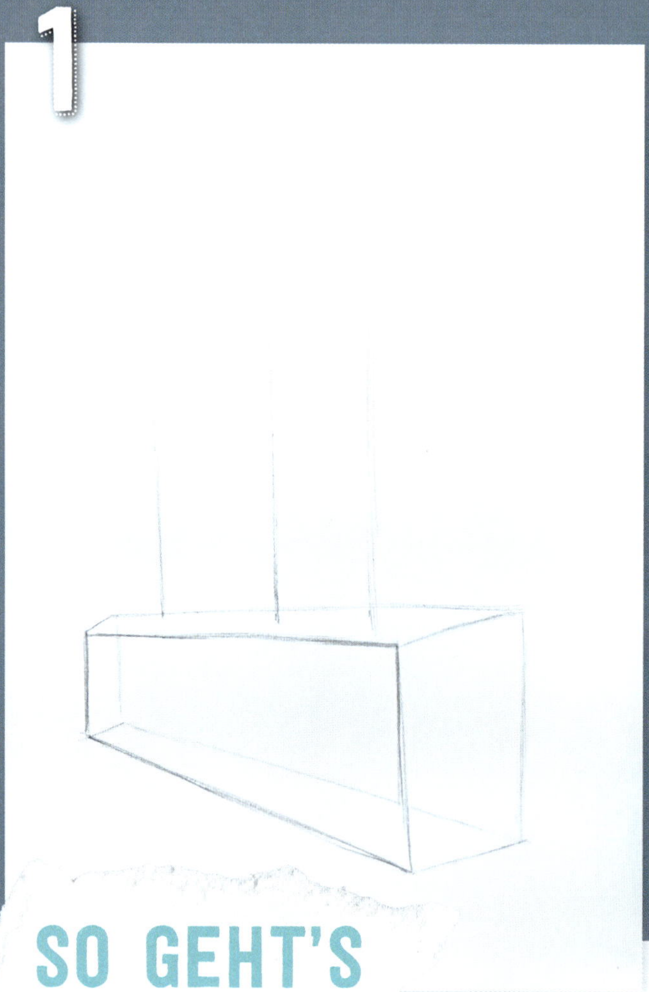

SO GEHT'S

1 Fang mit einem einfachen Rechteck an und denke dabei wieder an die Zwei-Punkt-Perspektive. Diesmal befindet sich der zweite Fluchtpunkt allerdings außerhalb vom Papier. Das Rechteck stellt eine Hilfe dar, um die richtige Perspektive für das Schiff zu treffen. Drei senkrechte Linien schaffen die perfekte Basis für die Segelmasten. Diese werden in Schritt 4 weiter ausgearbeitet.

2 Skizziere nun die horizonalen Masten. Orientiere dich dabei an der vorderen Kante des Rechtecks. Die Linien sollten alle im selben Winkel abgebildet sein. Für diesen Schritt ist das Rechteck als Basis sehr hilfreich.

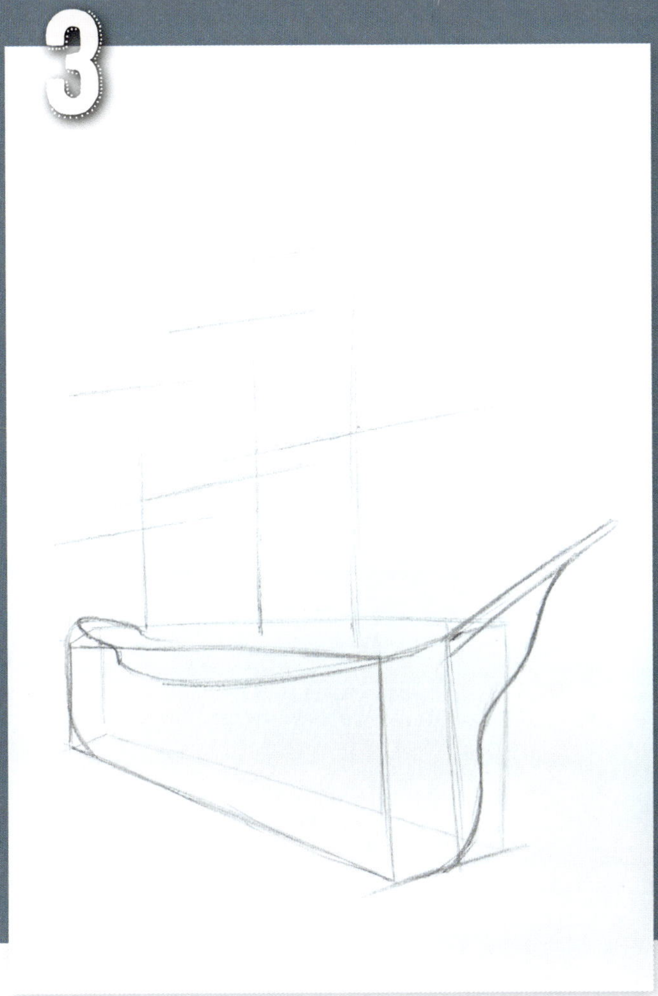

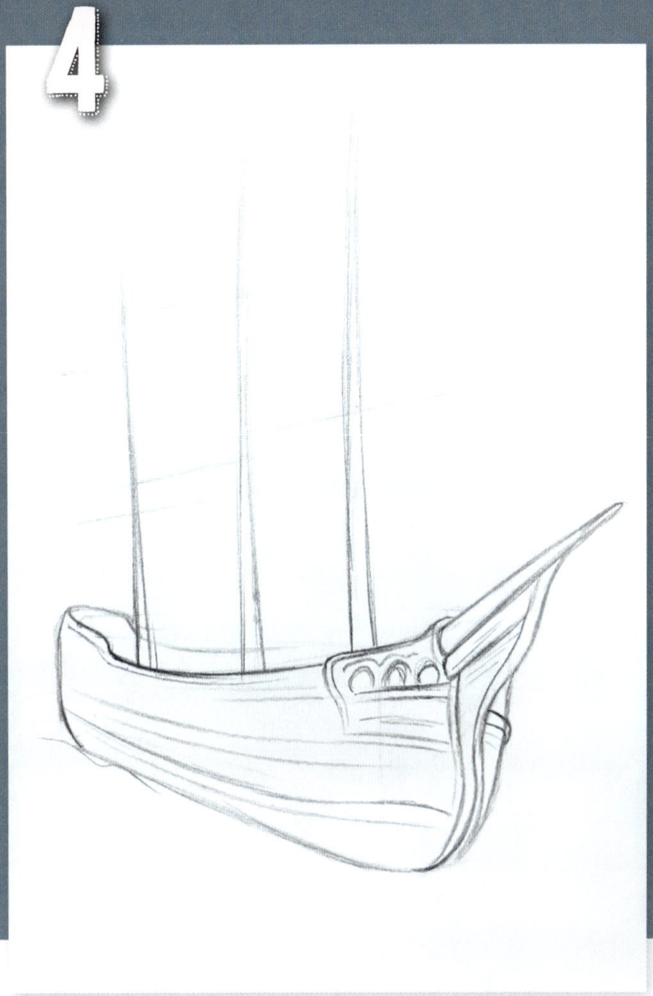

3 Aus dem Rechteck kannst du jetzt das Schiff formen. An sich brauchst du die Hilfslinien nicht mehr, da du die Segel schon gezeichnet hast.

4 Zeichne die Schiffsmasten jetzt etwas dicker, sodass sie nach oben hin schmaler werden. Außerdem ist die Länge wichtig: Je weiter hinten sich der Mast befindet, desto kürzer sollte er sein. Das Schiff kannst du vorne ausarbeiten und eine hübsche Holzstruktur mit einbringen.

5

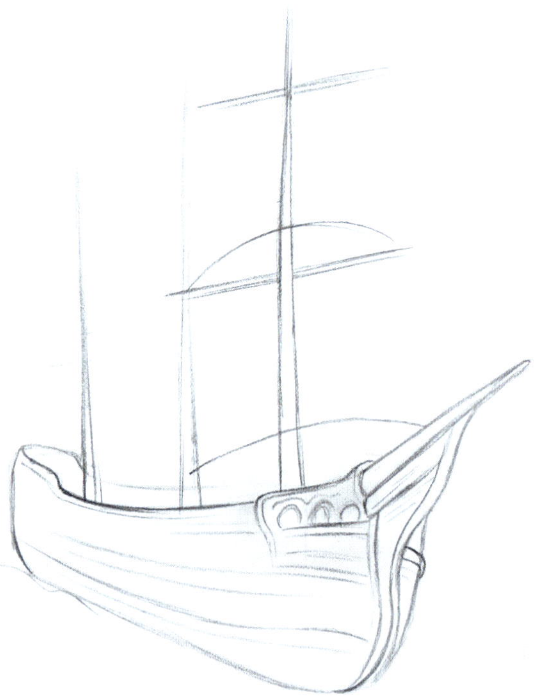

6

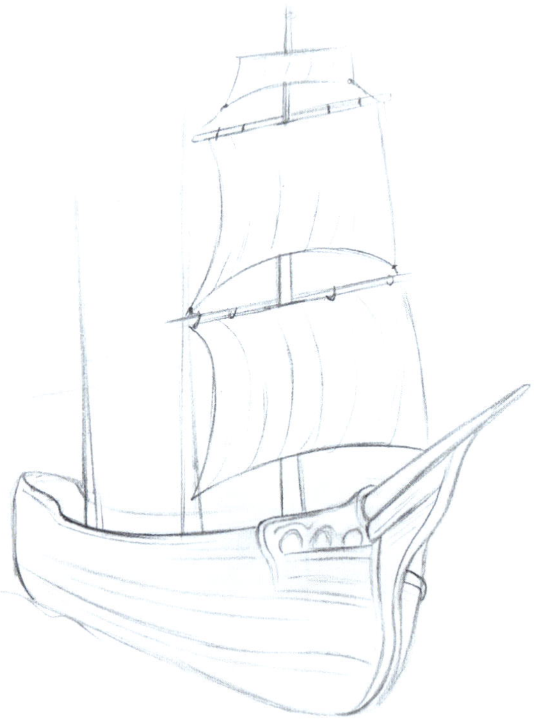

WEITER GEHT'S

5 Jetzt sind die Segel an der Reihe. Zeichne dazu zunächst für jedes Segel einen Bogen und verbinde ihn mit einer waagerechten Linie oberhalb.

6 So machst du es mit allen drei Masten. Außerdem habe ich den Stoff mit ganz vielen Falten verdeutlicht. Ich habe im Laufe des Prozesses gemerkt, dass zwei Segel etwas leer aussehen, daher habe ich ganz oben jeweils noch ein Minisegel eingezeichnet.

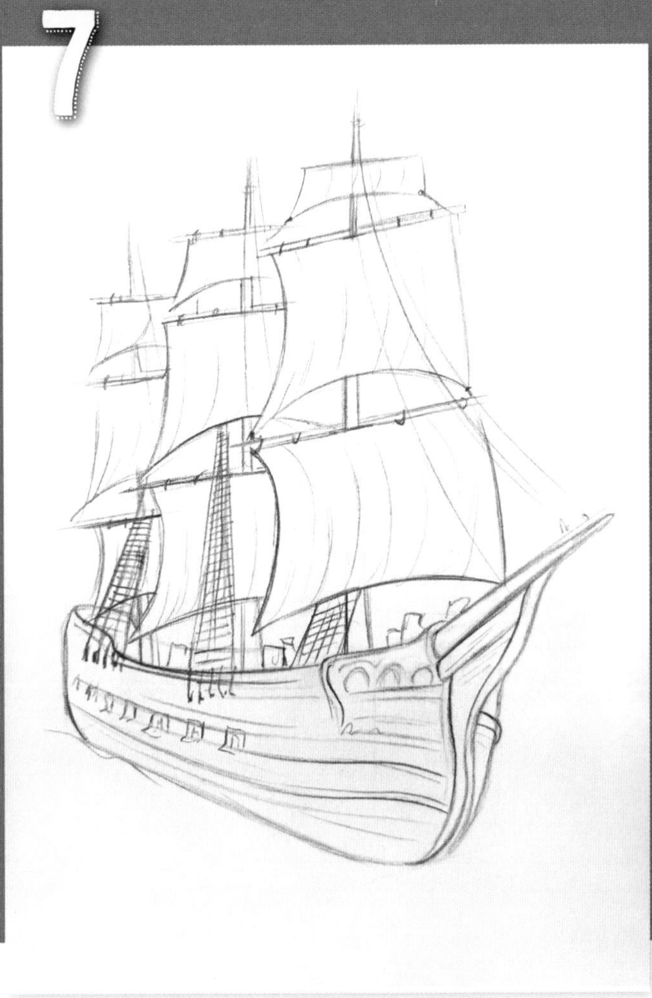

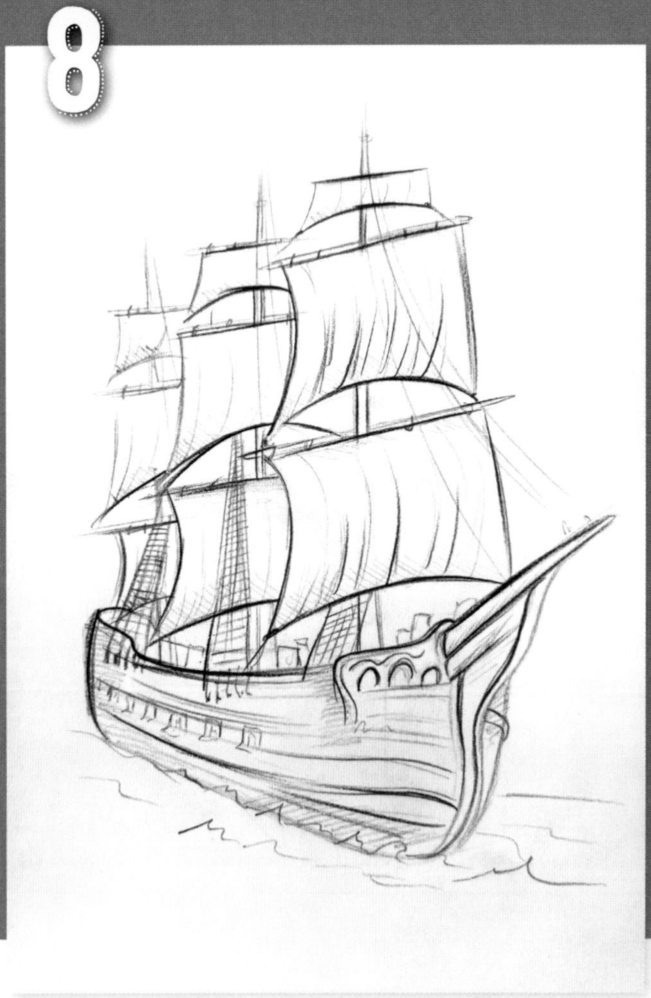

7 Wenn du mit den Segeln zufrieden bist, kannst du weitere kleine Details dazumalen, wie z. B. Netze oder viele Schnüre, die die Segel stabilisieren.

8 Um das Bild zu vervollständigen, ist es sinnvoll, einen Hintergrund hinzuzufügen, in diesem Fall natürlich das Meer. Mit kleinen Wellen kannst du es andeuten.

AUTO

Der Erfindung des Autos standen viele Leute skeptisch gegenüber. Sie sahen dafür keine Zukunft und machten sich sogar über die Erfindung und den Erfinder Carl Benz lustig. Vielleicht gibt es auch Leute in deinem Umfeld, die deine Zeichnungen, also deine eigenen Kreationen, lächerlich finden und nicht an dich glauben. Denke in solchen Situationen an Carl Benz und das Auto, das sich trotz aller Widerstände durchgesetzt hat. Heutzutage kennt es jeder, und fast jede Familie besitzt ein Auto.

MATERIAL

- BLEISTIFT HB
- SCHWARZER STIFT
- RADIERGUMMI
- LINEAL

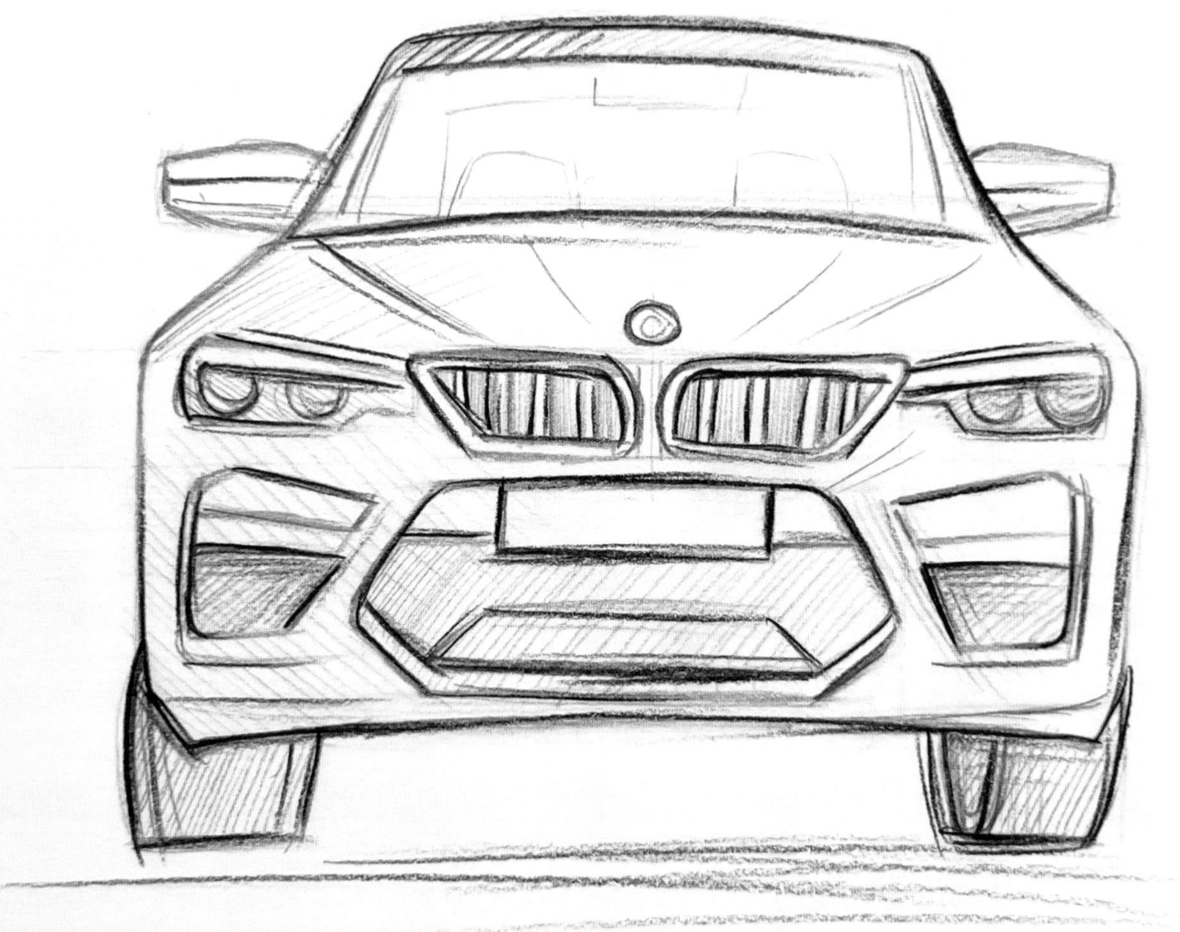

1

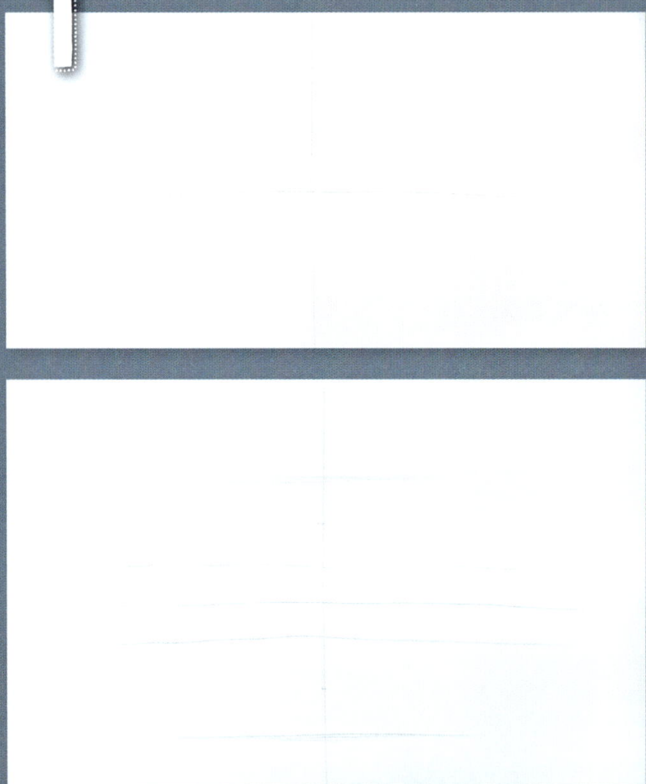

2

SO GEHT'S

1 Ein großes Kreuz schafft eine perfekte Grundlage für diese Zeichnung. Autos sind symmetrisch, da sie in der Industrie produziert werden, hier müssen wir also sehr genau arbeiten. Markiere jeweils drei Punkte ober- und unterhalb der Hauptlinie: Am ersten Punkt zeichnest du eine lange waagerechte Linie ein und an der dritten Markierung malst du eine etwas kürzere Linie.

2 In diesem Schritt merkst du, dass jede Markierung hilfreich ist. In den ersten Streifen oberhalb der Hauptlinie kommen die Scheinwerfer. Zeichne weitere Autoteile ein, wie auf der Vorlage. Orientiere dich dabei immer an deinem Raster.

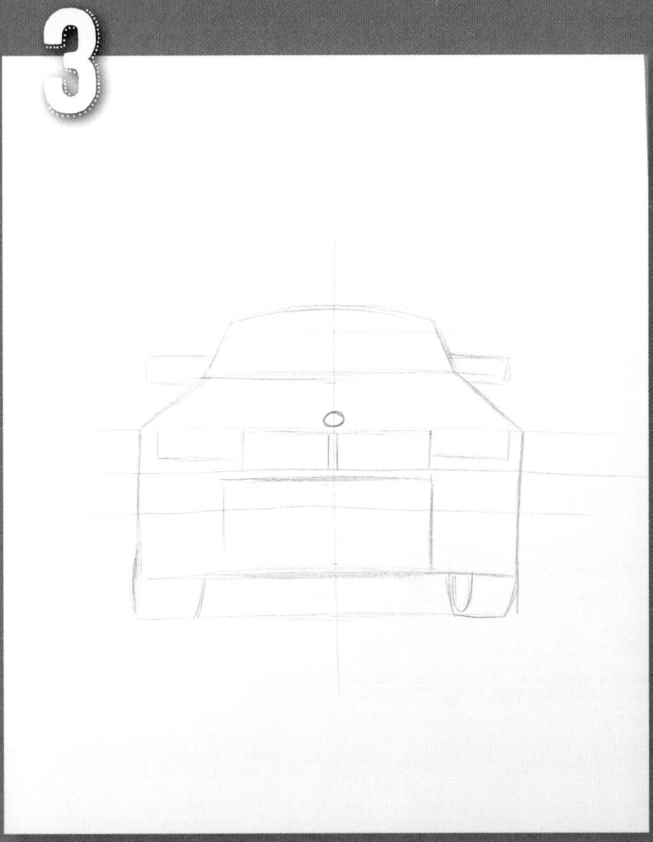

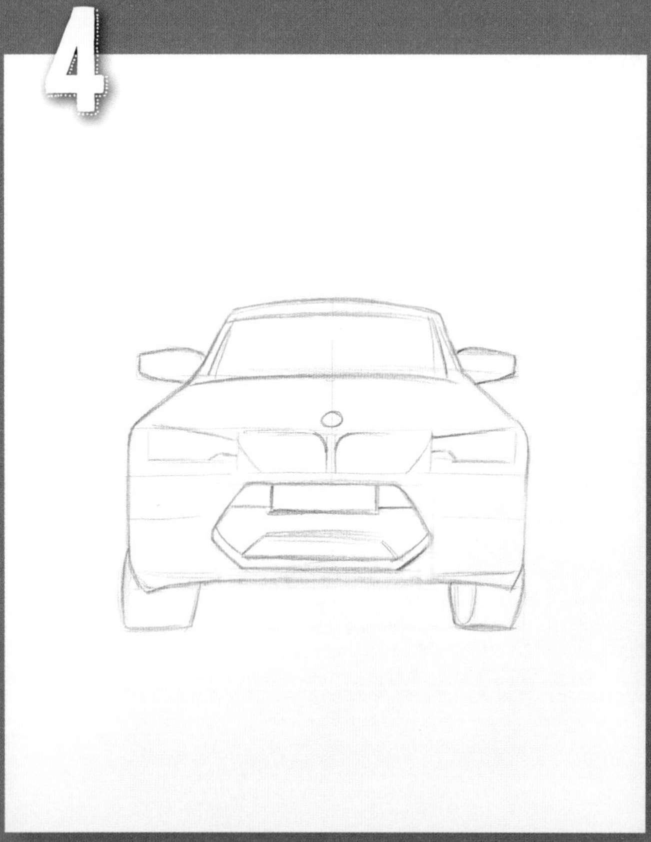

3 So langsam kann man das Auto schon erkennen. Skizziere auch das Dach, die Reifen und die Seitenspiegel. Die Ecken sollten dabei etwas abgerundet sein. Das Raster radiere ich beim Zeichnen der einzelnen Elemente nach und nach weg. Wenn du das Gefühl hast, du brauchst noch eine Stütze, dann lasse die Linien gerne noch da.

4 Die Zeichnung wird immer detaillierter. Wenn du ein bestimmtes Modell zeichnen willst, dann betrachte es ganz genau und versuche, so viele Einzelheiten wie möglich zu übernehmen.

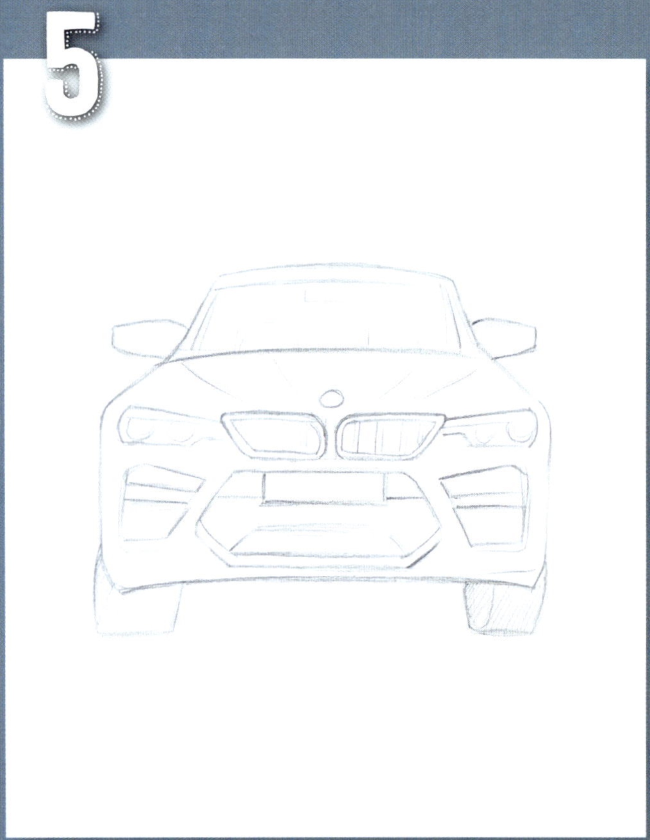

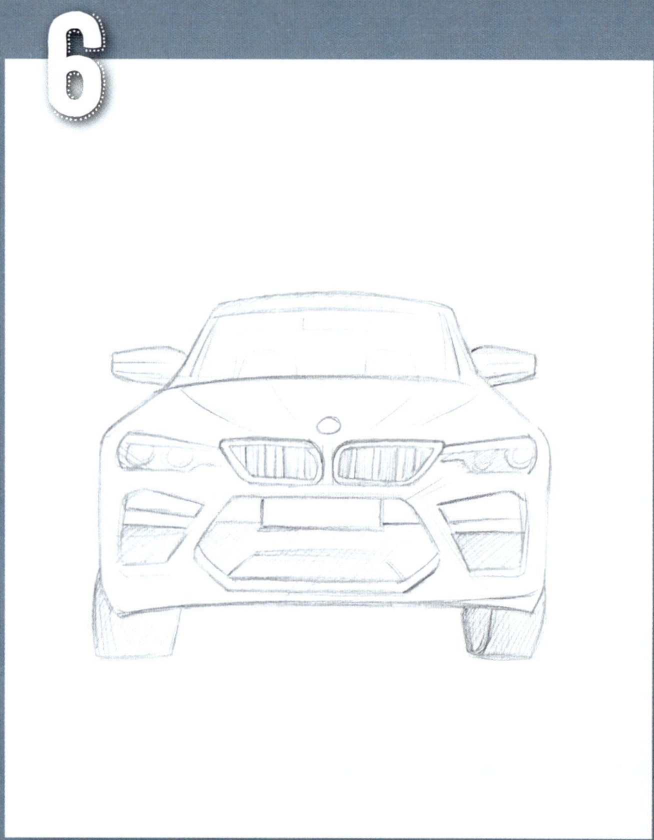

WEITER GEHT'S

5 Dadurch, dass du nun schon so viele Details des Autos eingezeichnet hast, ist es von jetzt an viel einfacher, deine Zeichnung so richtig aufzupeppen. Zeichne in die Flächen verschiedene Strukturen, Muster und z. B. auch den Innenraum von deinem Auto.

6 Die meisten Details sind bei Autos ziemlich dunkel. Es gibt zwei Möglichkeiten: Entweder du schraffierst wie bei der Eidechse (Seite 120) die komplette Fläche und radierst bestimmte Bereiche weg, oder du malst die dunklen Stellen einfach aus.

7

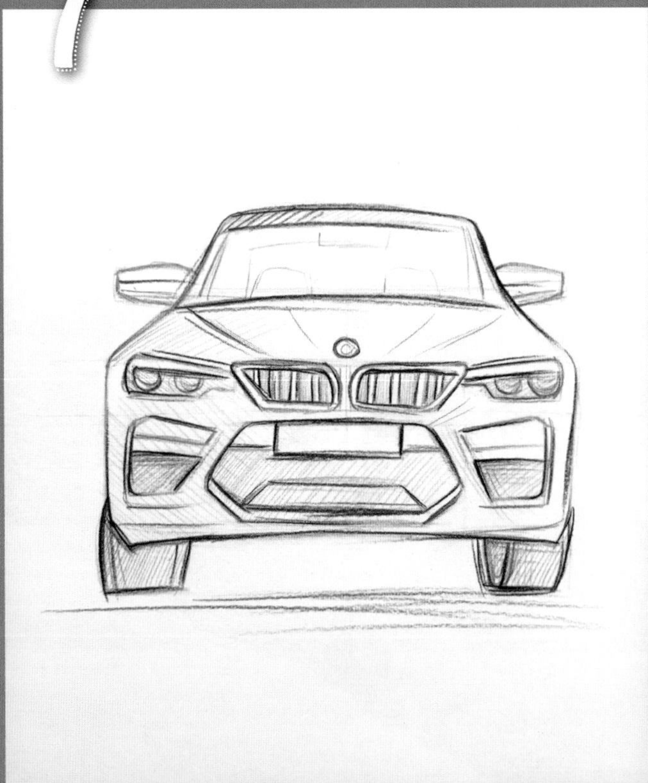

7 Bei dieser Zeichnung kommen die schwarzen Akzente, die du mit deinem Buntstift einzeichnest, richtig gut zur Geltung. Wenn du Oberflächen zeichnen möchtest, die glatt und glänzend sind, dann solltest du sehr wenig verblenden, gerade bei schnellen Skizzen. Auch die Linienführung an sich sollte sehr hart sein. Das heißt, es sollte keine weichen Übergänge geben.

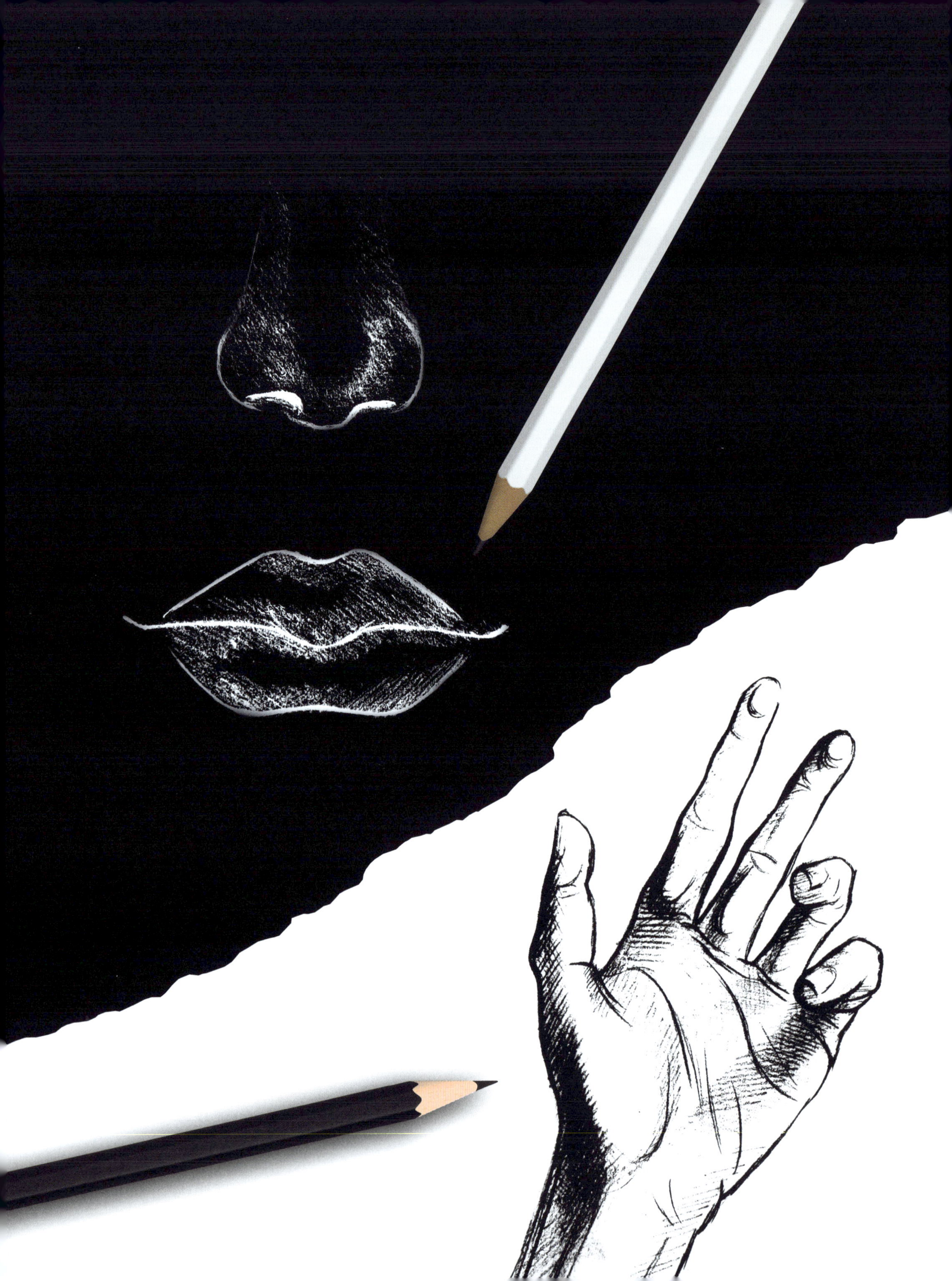

MENSCHEN

Vor rund sieben Millionen Jahren begann die Geschichte des Menschen. Unsere Gattung war am Anfang noch den Affen ähnlich. Der Mensch und vor allem das Gehirn entwickelten sich allerdings stetig weiter und passten sich an die Umweltverhältnisse an. Der gesamte Körperbau veränderte sich: Die Fortbewegung auf allen vieren wurde Geschichte, und es entstand der aufrechte Gang. Aufgrund der Schwerkraft verlagerten sich unsere Organe, was vor allem bei Frauen eine Taille entstehen ließ. Aus den Urmenschen ist also vor ca. 300.000 Jahren unsere aktuelle Gattung entstanden: der Homo sapiens. Heutzutage sitzen wir extrem viel und bewegen uns kaum noch, Überlebensinstinkte sind in der Regel nicht mehr notwendig. Ich würde unfassbar gerne wissen, wohin das noch führt und wie der Mensch in weiteren Jahrtausenden aussehen wird.

GANZKÖRPER-ZEICHNUNG

Es ist beeindruckend, wie sich der Mensch entwickelt hat. Früher war unsere Anatomie ganz anders. Die Unterschiede hat man vor allem am Gesicht und Gehirn feststellen können. Auf unserer langen Zeitreise sind wir nun letztendlich beim Homo sapiens angelangt. Obwohl wir Menschen alle unterschiedlich aussehen, ist unsere Anatomie als erwachsene Person in der Regel ziemlich identisch. Dies können wir uns beim Zeichnen zunutze machen.

MATERIAL

- BLEISTIFT HB
- SCHWARZER STIFT
- RADIERGUMMI
- LINEAL

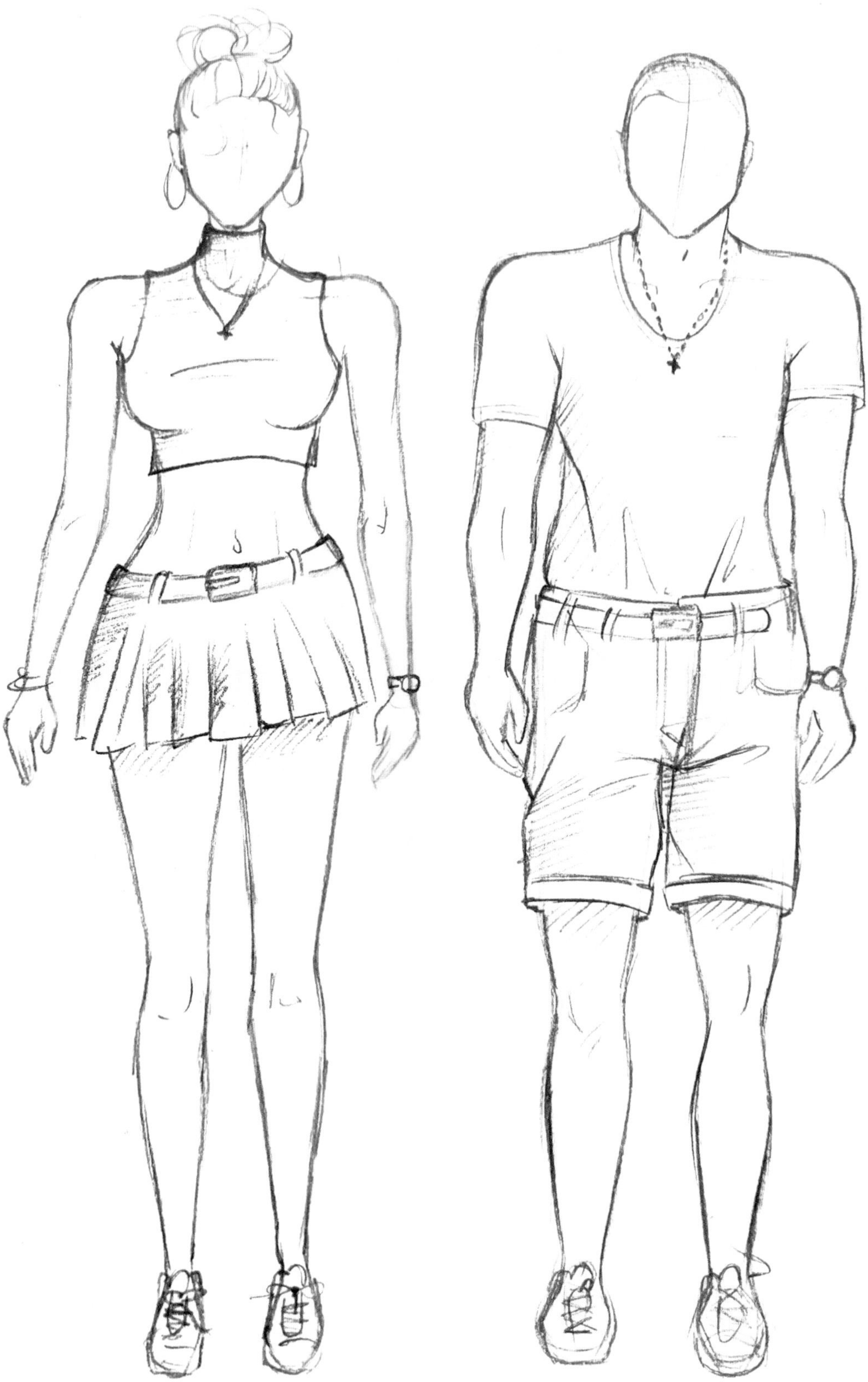

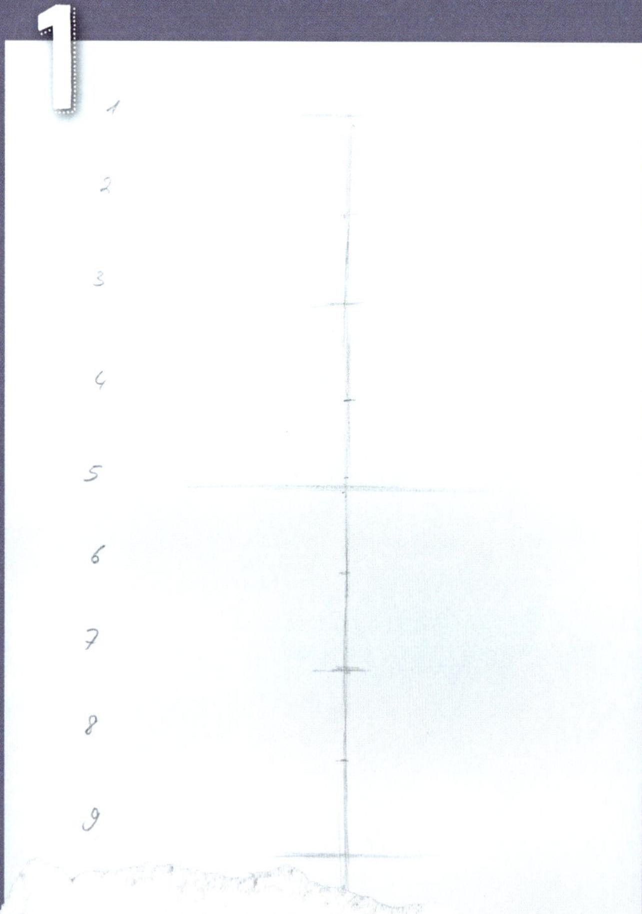

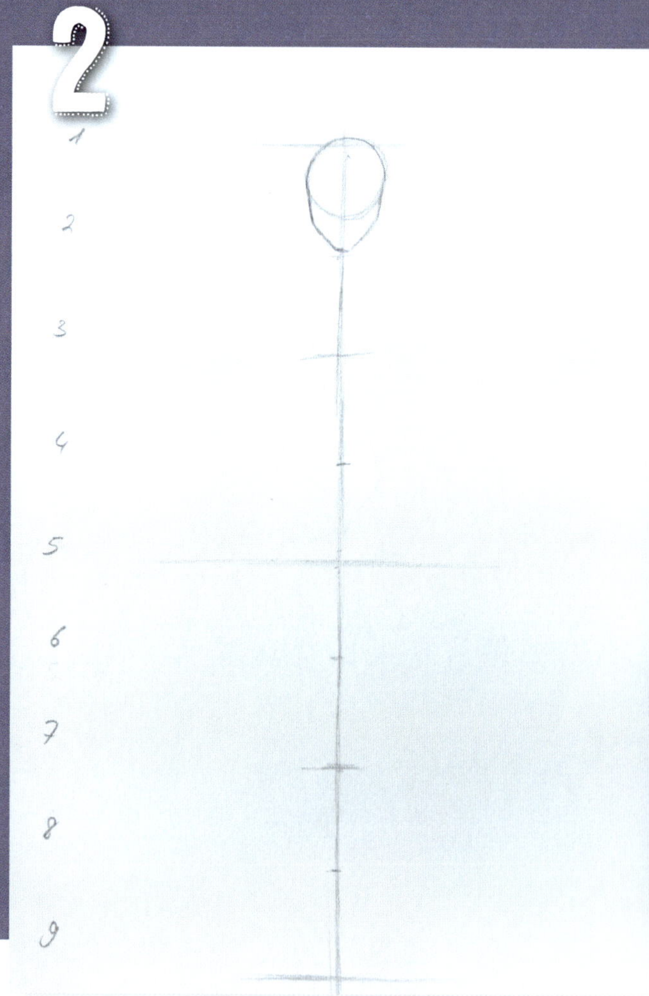

SO GEHT'S

1 Die Länge des Körpers ist bei einem idealen erwachsenen Menschen in genau acht Teile aufgeteilt. Das kannst du genauso skizzieren, indem du eine senkrechte Linie zeichnest und an diese neun Punkte setzt, die alle gleich weit voneinander entfernt sind.

2 Ich habe alle Punkte nummeriert, um einen besseren Überblick zu schaffen. In den obersten Teil, zwischen die Punkte eins und zwei, kommt logischerweise der Kopf. Mit einem Kreis schaffst du die Grundform. Darunter kommt das Kinn.

GANZKÖRPERZEICHNUNG

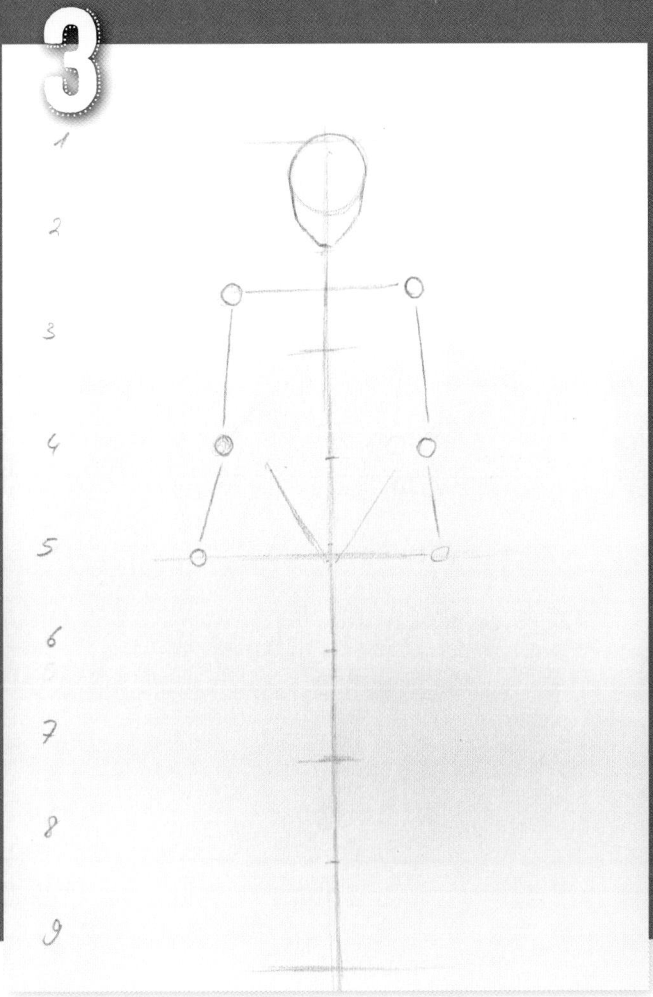

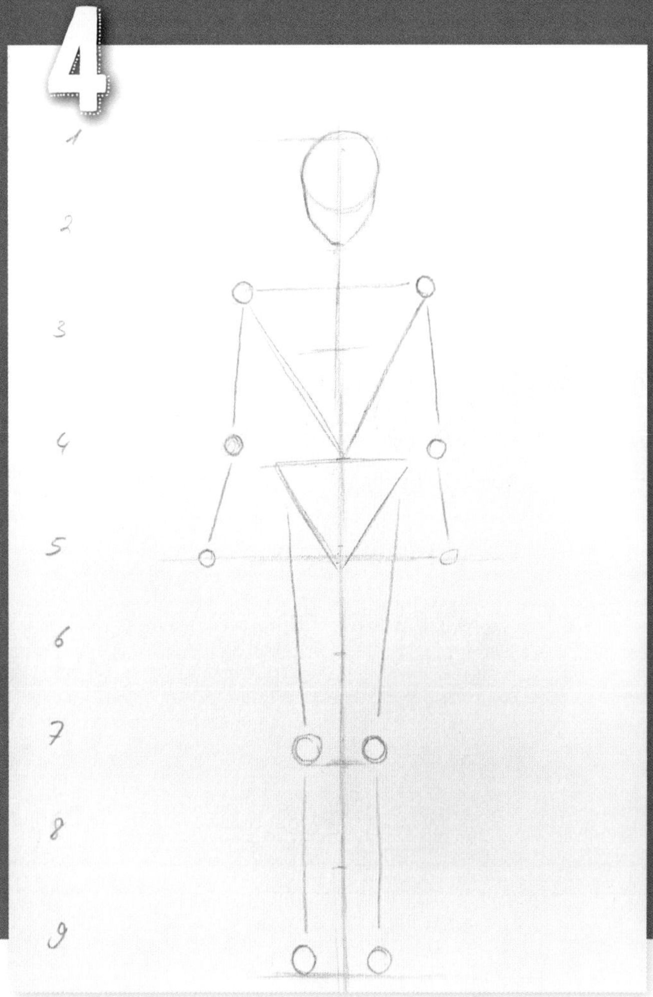

3 Die Schultern fangen zwischen dem zweiten und dritten Punkt an, ungefähr in der Mitte. Die Gelenke markiere ich immer mit einem Kreis. Beim vierten Punkt befinden sich die Ellenbogen, beim fünften Punkt die Handgelenke. Genau auf derselben Höhe fängt die Hüfte an. Diese kannst du mit einem Dreieck andeuten.

4 Genauso kannst du den Oberkörper mit einem Dreieck andeuten. Die Beine sind in der Regel viel länger als unsere Arme. Ungefähr doppelt so lang, um genau zu sein. Daher sind die Gelenke bei Punkt sieben und neun.

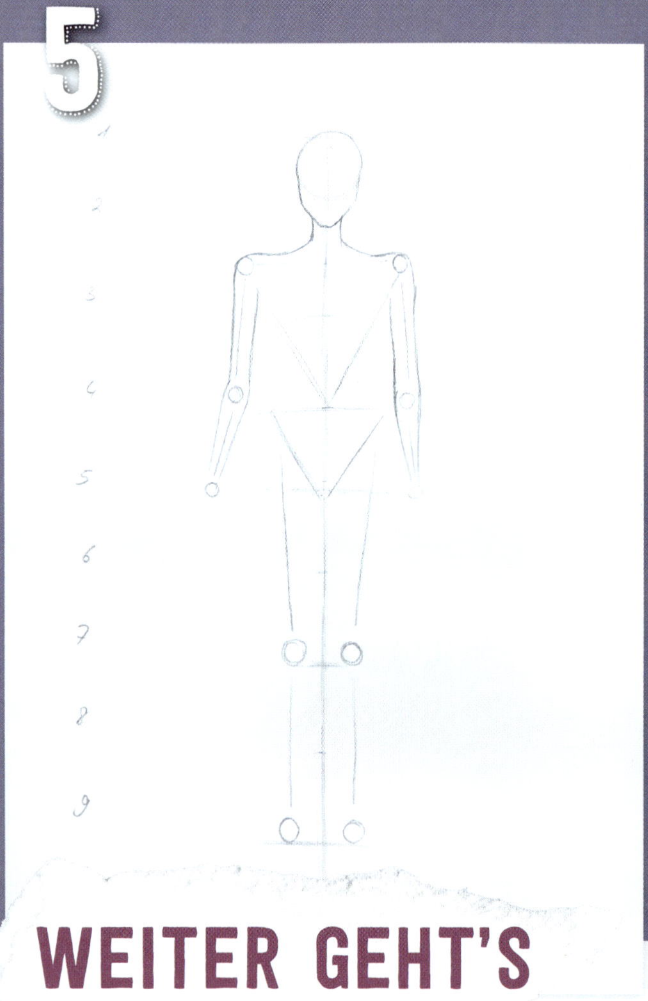

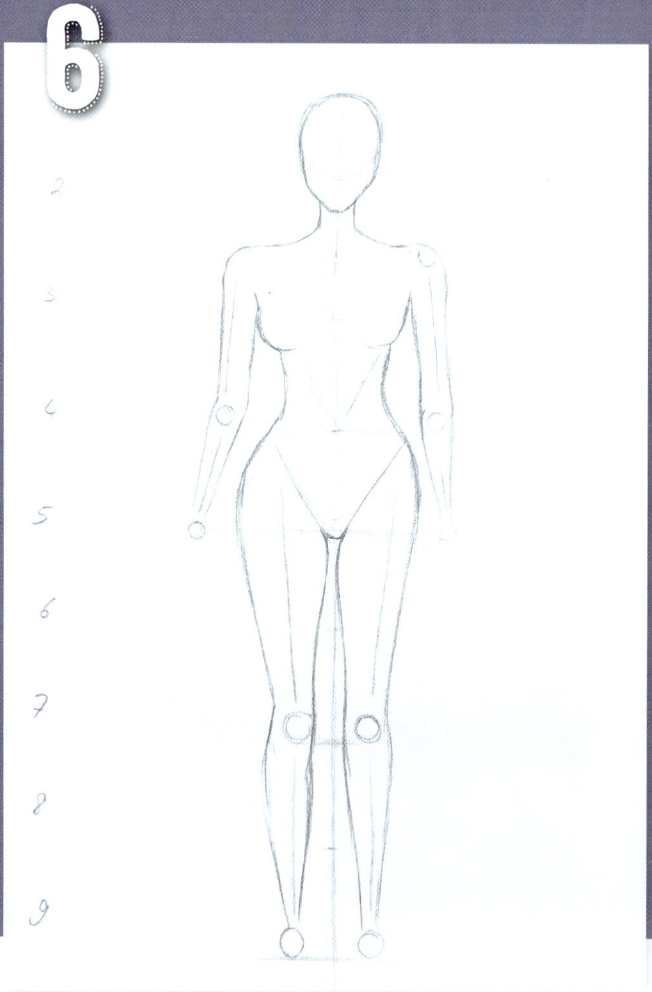

WEITER GEHT'S

5 Jetzt kommt es darauf an, wen du zeichnen möchtest, ob Mann oder Frau, und welche Statur die Person hat. Auf dieser Doppelseite zeige ich dir einen Frauenkörper, auf den Seiten 172 und 173 findest du die Anleitung für einen Männerkörper. Umfahre mit dem Bleistift das gesamte Konstrukt. An den Gelenken sind die Stellen immer am breitesten.

6 Beim Frauenkörper ist je nach Körperbau eine deutliche Taille zu sehen. Markant ist auch der Brustbereich. Die Oberschenkel sind im Verhältnis zu den Unterschenkeln meist dicker.

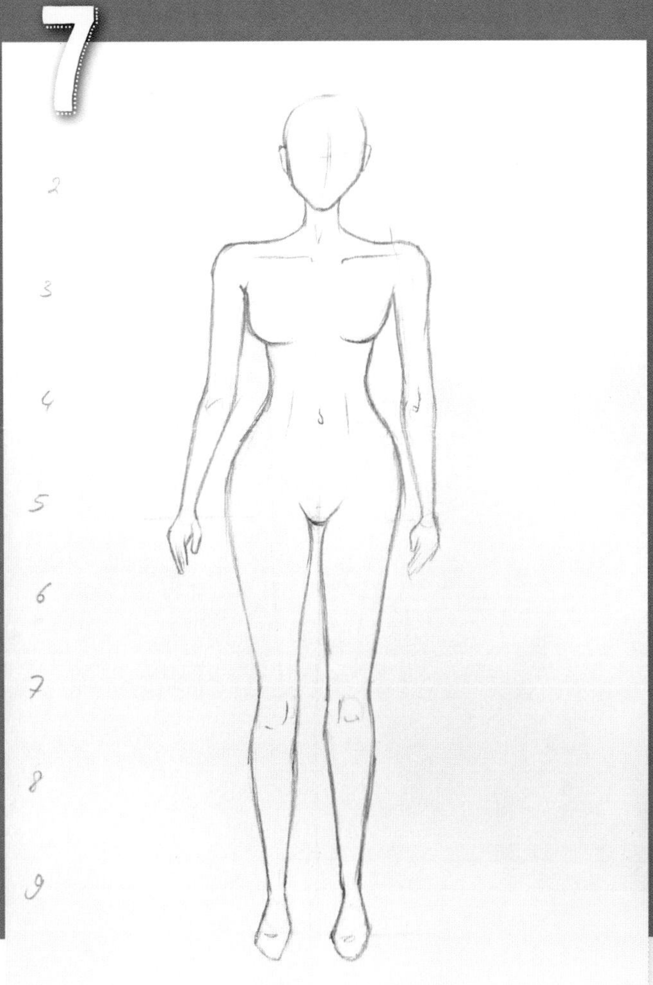

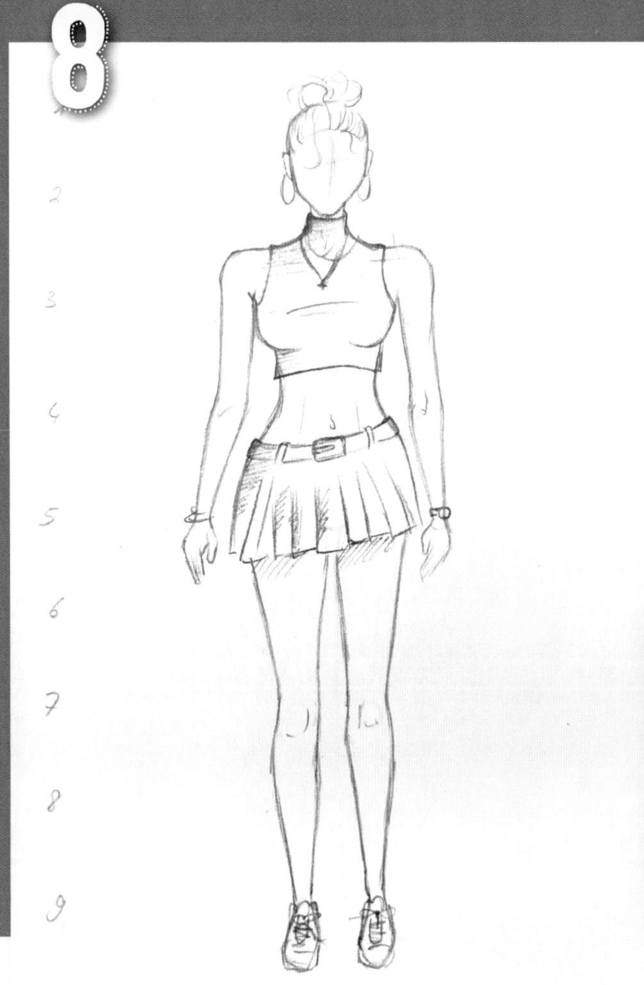

7 Entferne die ganzen Hilfslinien und umfahre die Umrisse noch einmal genauer. Außerdem kannst du sichtbare Knochen und Falten einzeichnen, wie an den Knien, dem Bauchnabel usw. Bei Frauen sind die Gelenke viel schmaler und zierlicher als bei Männern.

8 Ich habe meiner Figur noch ein modernes Outfit gegeben und Haare eingezeichnet. Du kannst dich immer weiter steigern und verschiedene Posen ausprobieren. Versuche doch mal, die eine Hand angehoben zu zeichnen oder das Bein angewinkelt. Gerne kannst du auch Klamotten zeichnen.

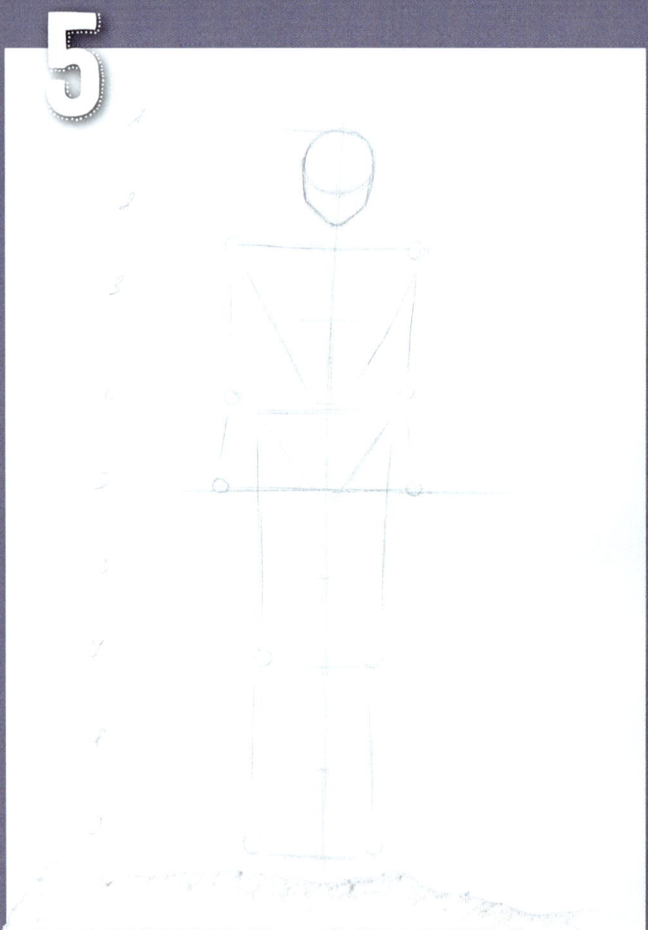

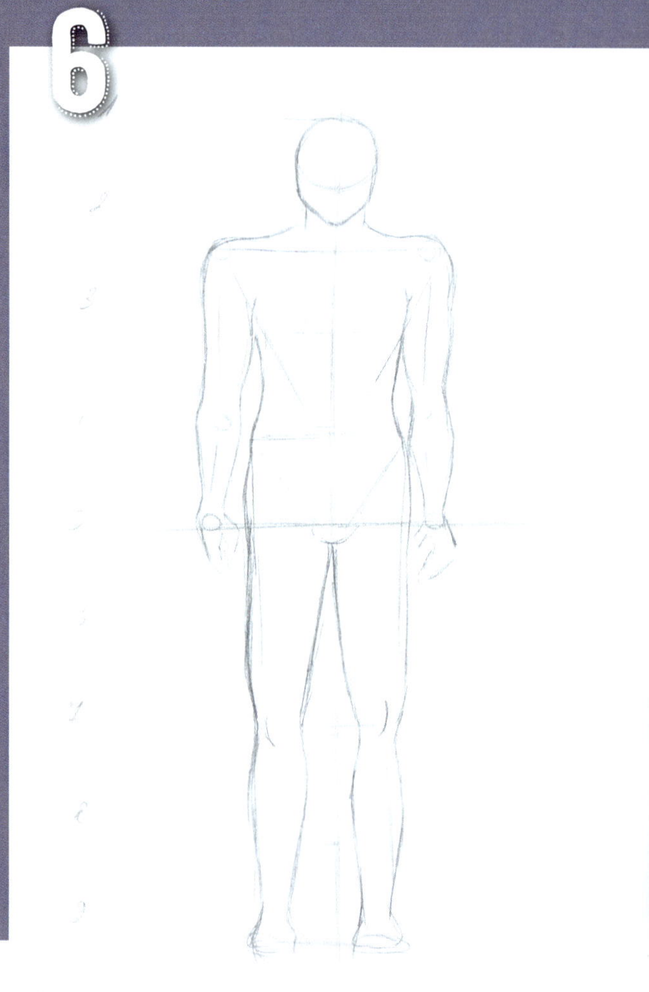

WEITER GEHT'S

5 Auch für den Männerkörper umfährst du das gesamte Konstrukt. Die Umrisse werden hier aber etwas weiter weg von der Linie gezogen, damit der Männerkörper etwas breiter wirkt.

6 Männer und Frauen unterscheiden sich im Körperbau massiv. Bei Männern zeichnest du viel breitere Schultern und kaum eine Taille. Wie schon erwähnt sind Männer von Natur aus nicht so kurvig. Wenn man den gesamten Körper betrachtet, erinnert er an einen umgedrehten Kegel. Dabei sind die Schultern der breiteste Punkt.

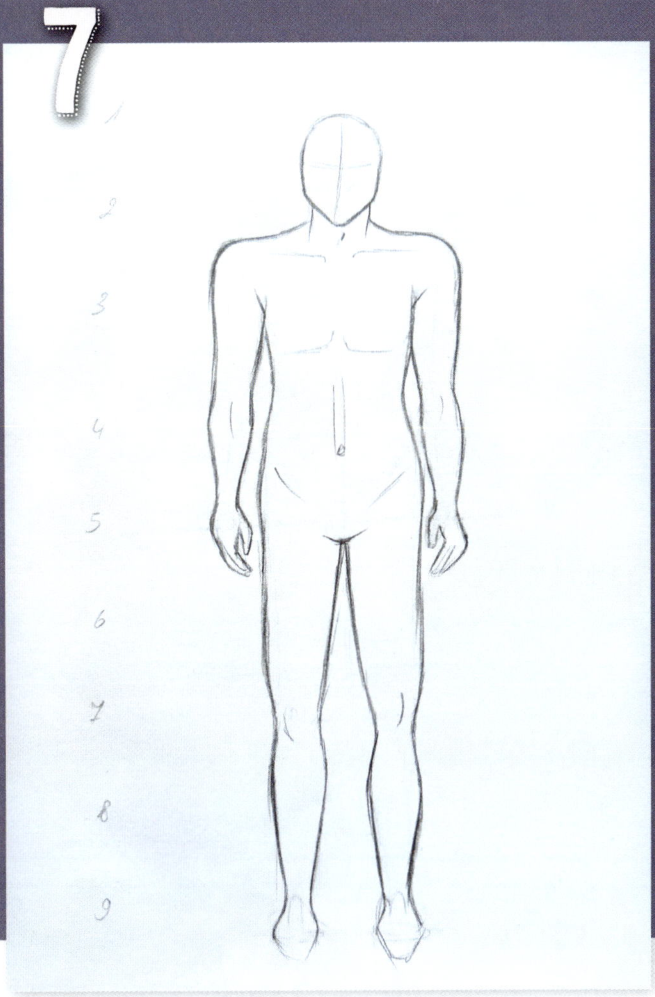

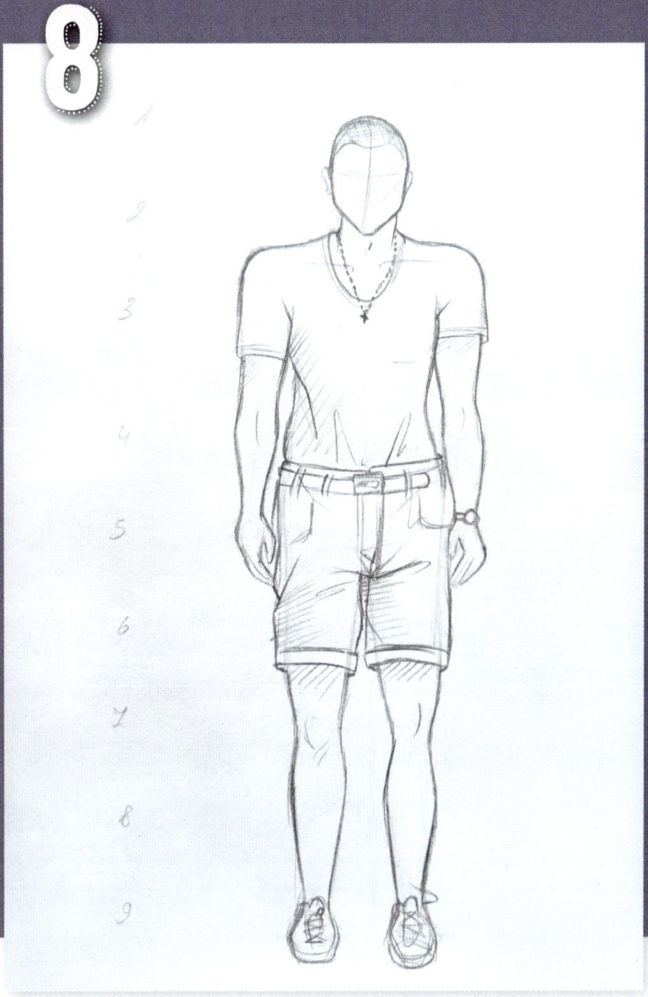

7 Radiere die Hilfslinien weg und umrande nochmals die Person für klare Konturen. Beim Mann sind oft deutlich Muskeln zu erkennen, da er von Natur aus mehr Muskelmasse besitzt. Bei Frauen werden die Körperteile hingegen ziemlich gerade gezeichnet.

8 Auch für den Mann kannst du dir ein Outfit überlegen. Wenn du Lust hast, kannst du dich in deinen nächsten Zeichnungen an Menschen in verschiedenen Posen trauen. Frag doch mal deine Liebsten, egal ob Mann oder Frau, ob jemand Modell stehen möchte.

NASE UND MUND

Nachdem du nun weißt, wie man den gesamten Körper zeichnet, zeige ich dir, wie du die Einzelheiten des Gesichts aufs Papier bringen kannst. Die Herangehensweise ist bei Nasen und Mündern ähnlich, deshalb fasse ich sie dir in diesem Tutorial zusammen. Beachte aber, dass jede Nase und jeder Mund einzigartig sind. Daher kannst du das folgende Prinzip zwar für jede Nase und jeden Mund anwenden, jedoch solltest du die Proportionen jeweils anpassen.

MATERIAL

- BLEISTIFT HB UND 3B
- SCHWARZER STIFT
- RADIERGUMMI
- LINEAL
- VERWISCHWERKZEUG ODER PINSEL

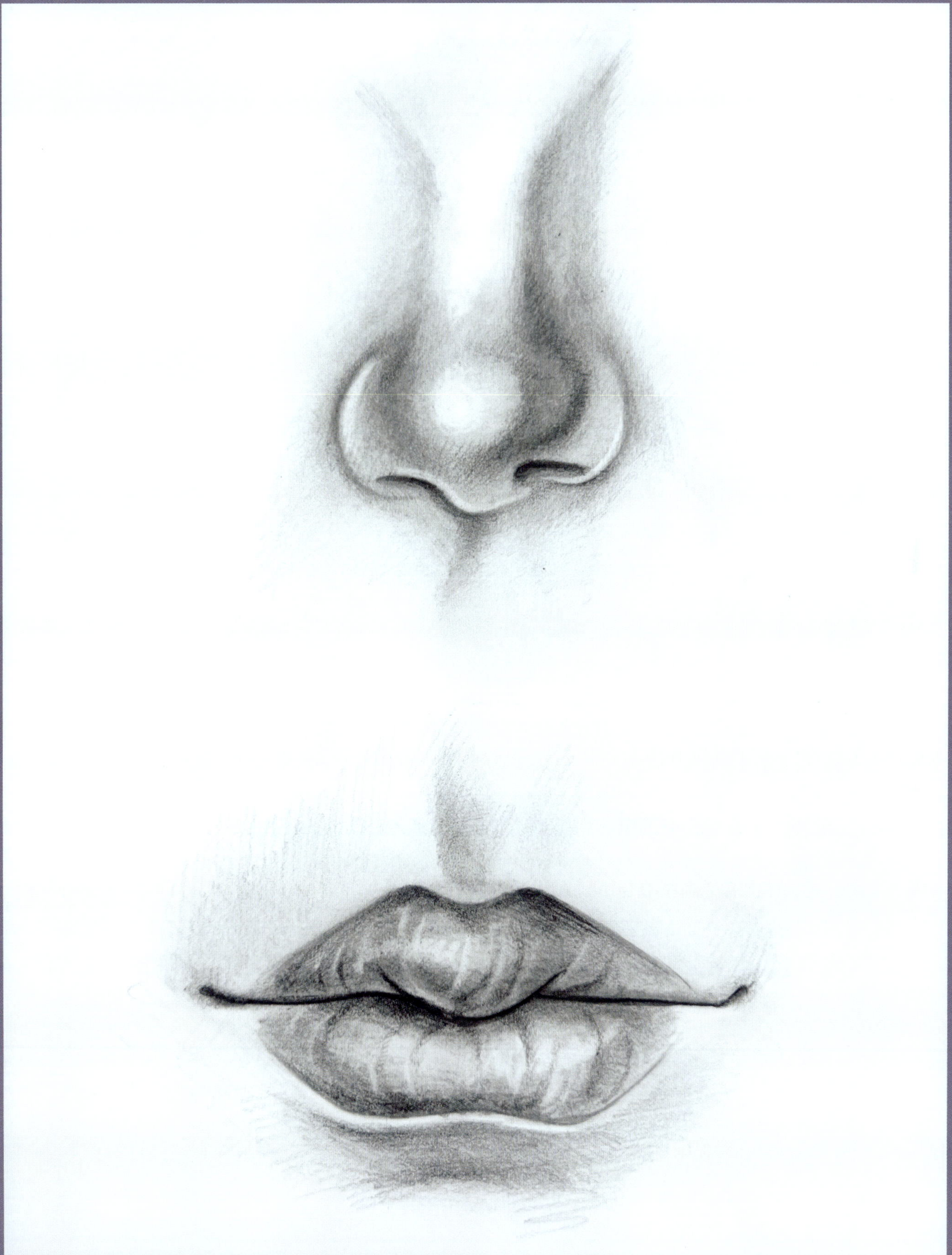

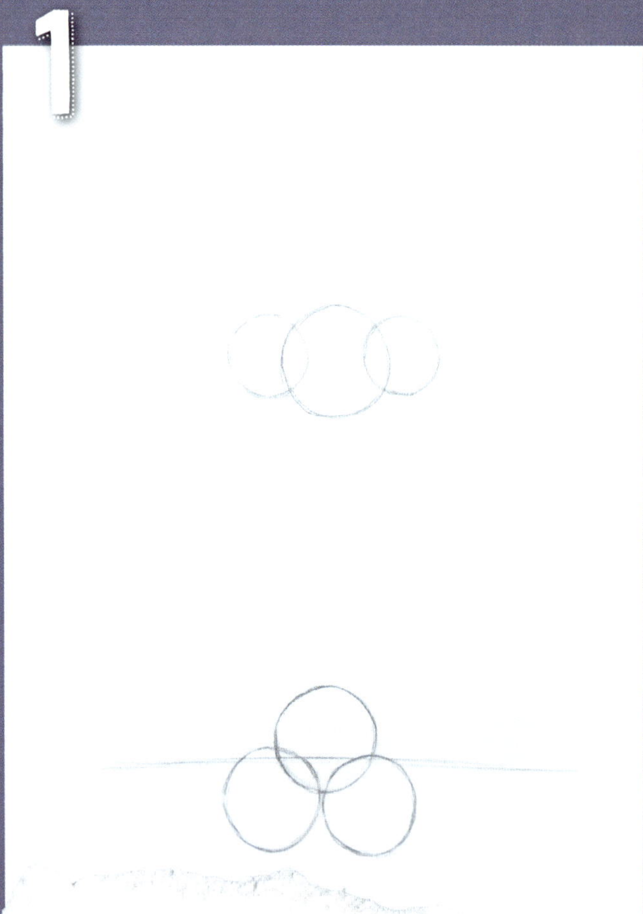

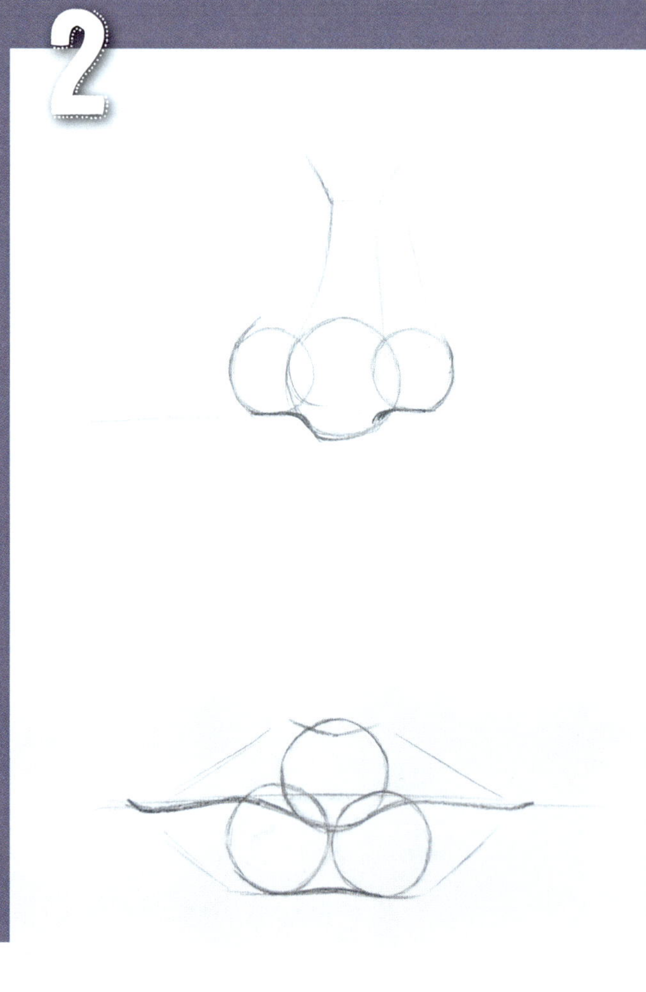

SO GEHT'S

1 Bei Nase und Mund brauchen wir eine horizontale Linie als Basis und jeweils drei Kreise. Bei der Nase (oben) malst du neben den großen Kreis zwei weitere, die aber ein wenig kleiner sind. Bei dem Mund (unten) malst du drei gleich große Kreise.

2 Jetzt kannst du bei beiden Objekten die Grundform einmal andeuten. Die Kreise, die du zuvor gemalt hast, bieten dafür eine ideale Basis.

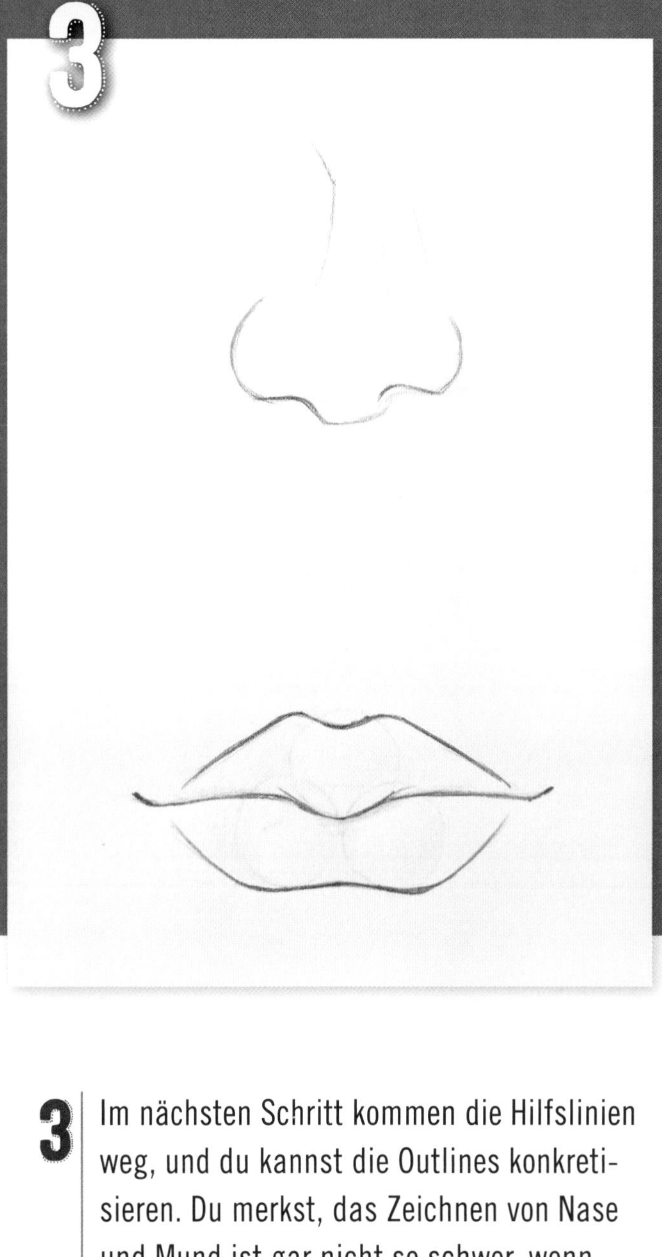

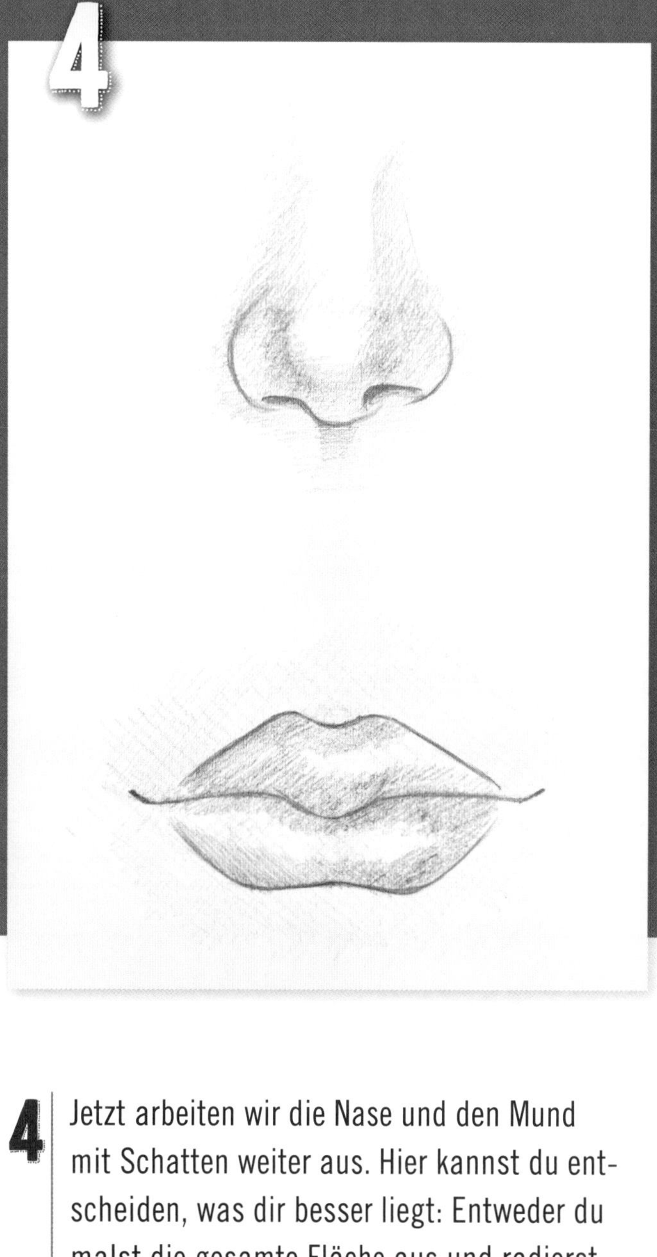

3 Im nächsten Schritt kommen die Hilfslinien weg, und du kannst die Outlines konkretisieren. Du merkst, das Zeichnen von Nase und Mund ist gar nicht so schwer, wenn man sich eine kleine Hilfe vorbereitet.

4 Jetzt arbeiten wir die Nase und den Mund mit Schatten weiter aus. Hier kannst du entscheiden, was dir besser liegt: Entweder du malst die gesamte Fläche aus und radierst dann Highlights hinein und malst dunklere Schatten, oder du traust dich und schattierst direkt die entsprechenden Stellen.

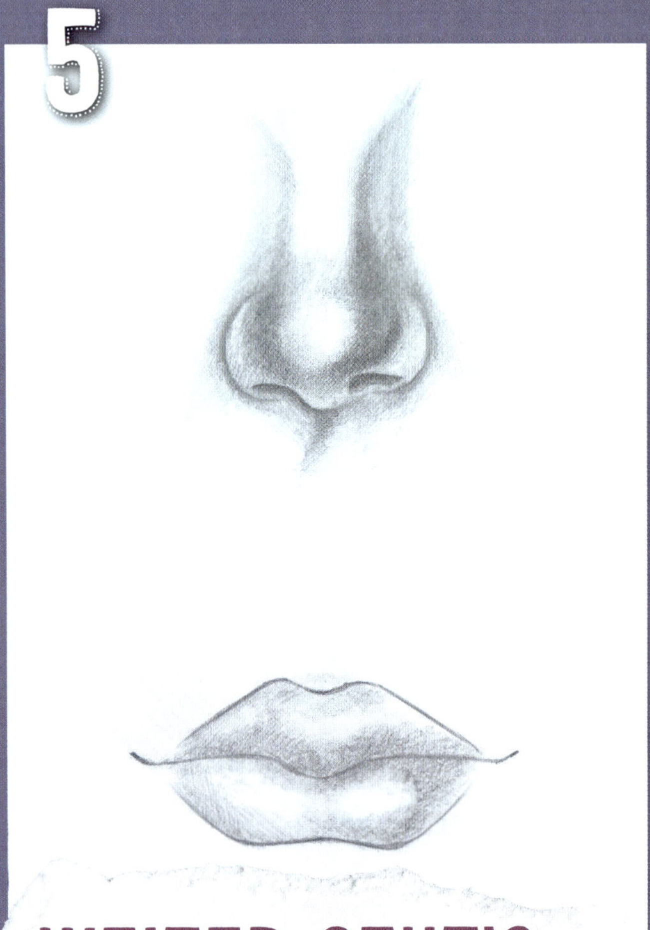

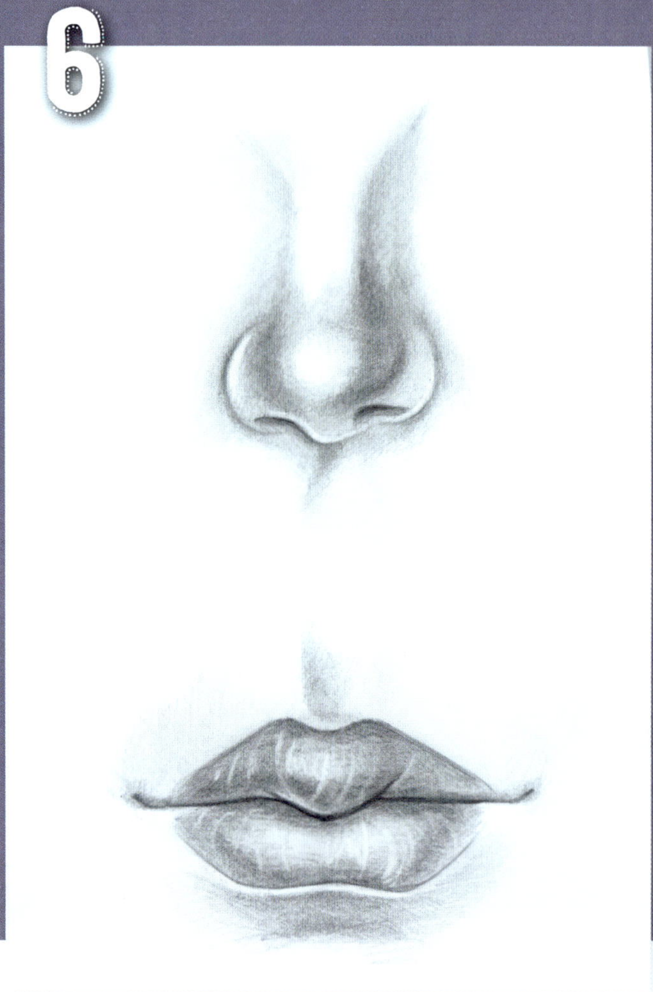

WEITER GEHT'S

5 Verblende anschließend das Grafit gut, das ist bei Haut superwichtig. Ich arbeite hier mit dem Pinsel. Wiederhole den Vorgang (zeichnen und verblenden), bis du zufrieden bist.

6 Damit die Körperteile nicht so abgehackt aussehen, kannst du die Haut drum herum auch andeuten. Mit einem sehr gut angespitzten Radierstift radierst du nun Highlights und Falten in deine Zeichnung.

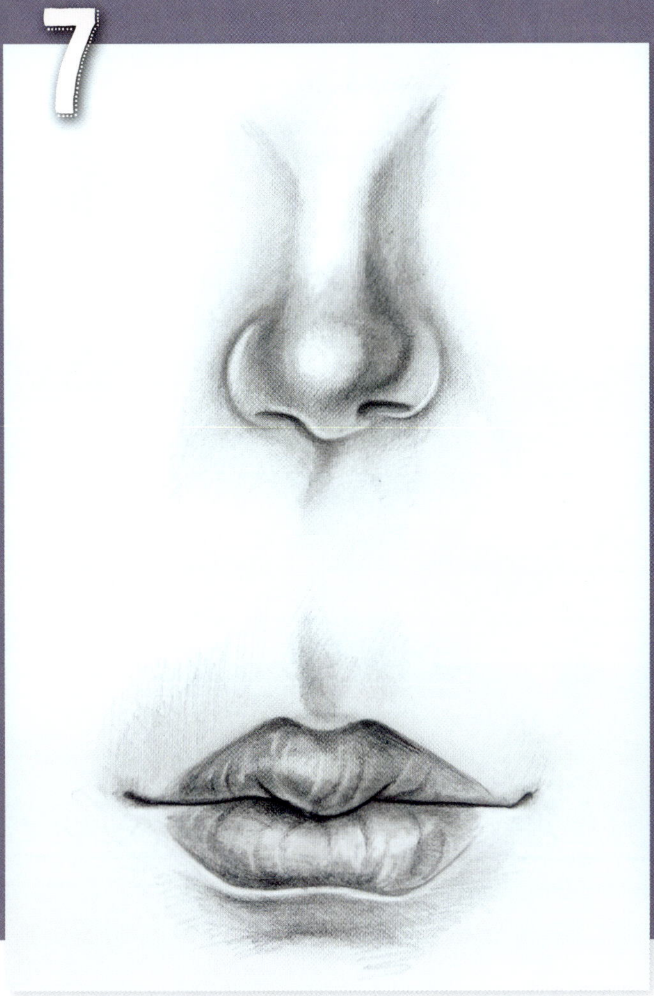

7 Im letzten Schritt definierst du diese Falten noch mal und zeichnest eventuell weitere Falten ein. Und wenn du möchtest auch weitere Details wie Poren. Zum Schluss setzt du noch letzte Lichtreflexe.

HAND

Eine Hand zu zeichnen ist einfacher, als viele denken. Man muss sich nur ein wenig mit der Anatomie auseinandersetzen. Keine Angst, du musst kein*e Arzt*Ärztin sein und jeden Muskel studieren. Es reicht vollkommen aus, ein paar Eckdaten zu wissen. Übrigens kannst du mit demselben Prinzip auch Füße zeichnen. Dabei musst du nur die Grundfläche länger zeichnen und die Zehen kürzer als die Finger. Nutze am besten immer ein Referenzfoto.

MATERIAL

- BLEISTIFT HB
- SCHWARZER STIFT
- RADIERGUMMI

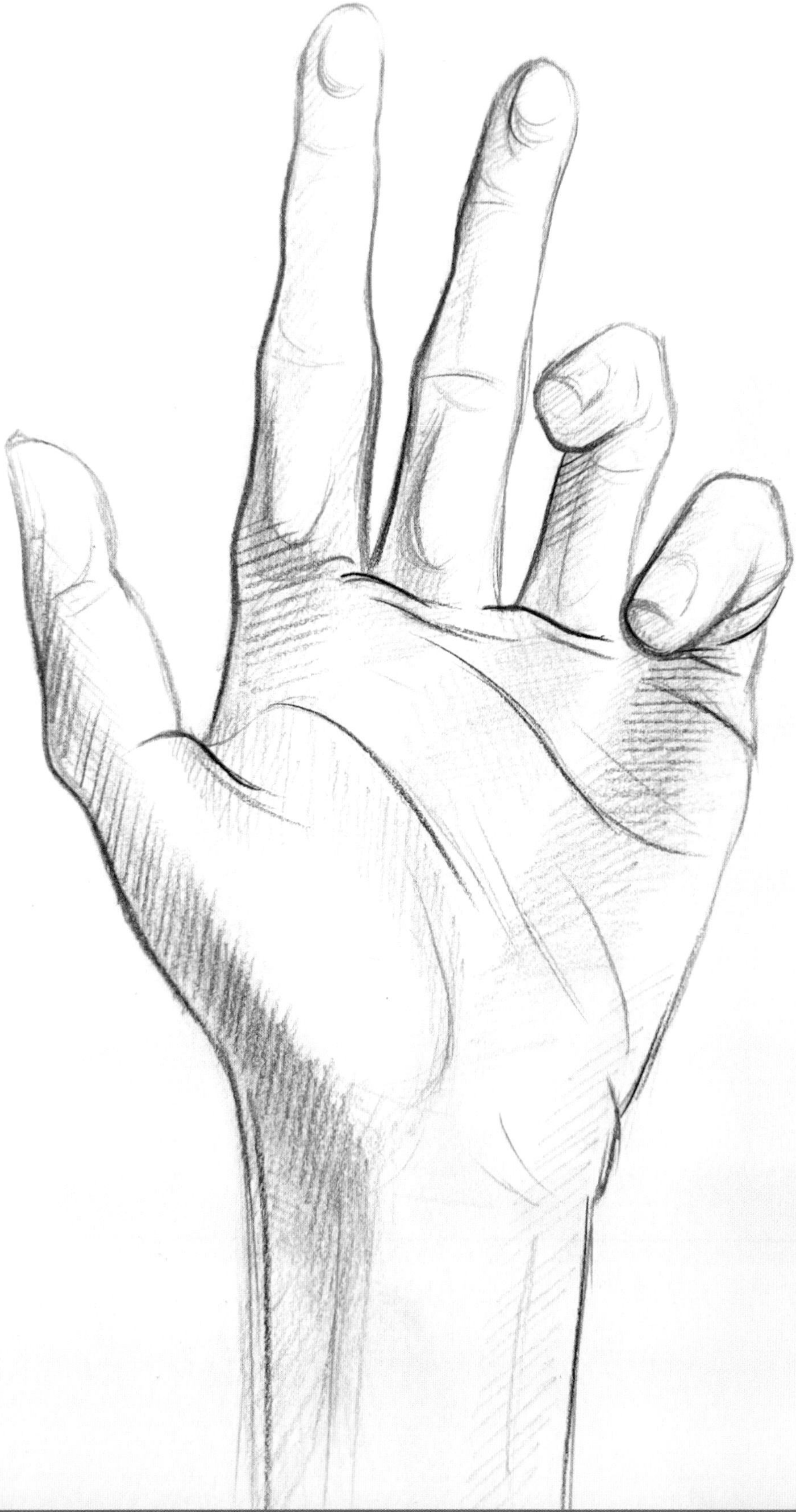

1

2

SO GEHT'S

1 Fang für den Handteller mit einem Viereck an. Zugegeben, das ist ziemlich schief, aber so soll es auch sein.

2 Erinnerst du dich noch an die Ganzkörperzeichnung? So ähnlich funktioniert das System auch bei Händen und Füßen. Für jedes Gelenk malst du einen kleinen Kreis. Um die richtige Position für jeden Finger zu treffen, kannst du einen langen Bogen zeichnen.

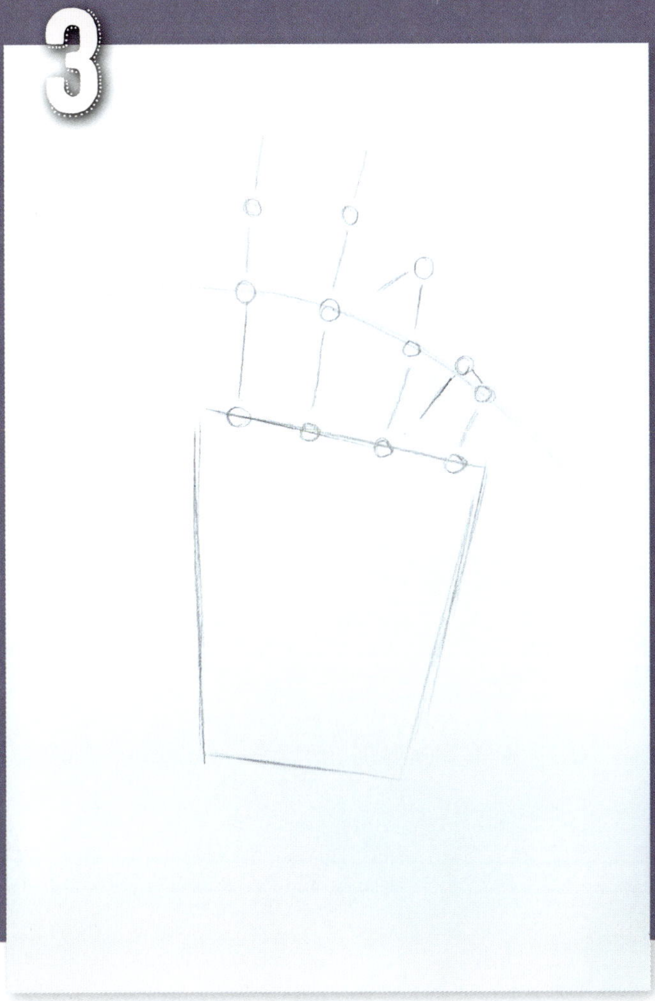

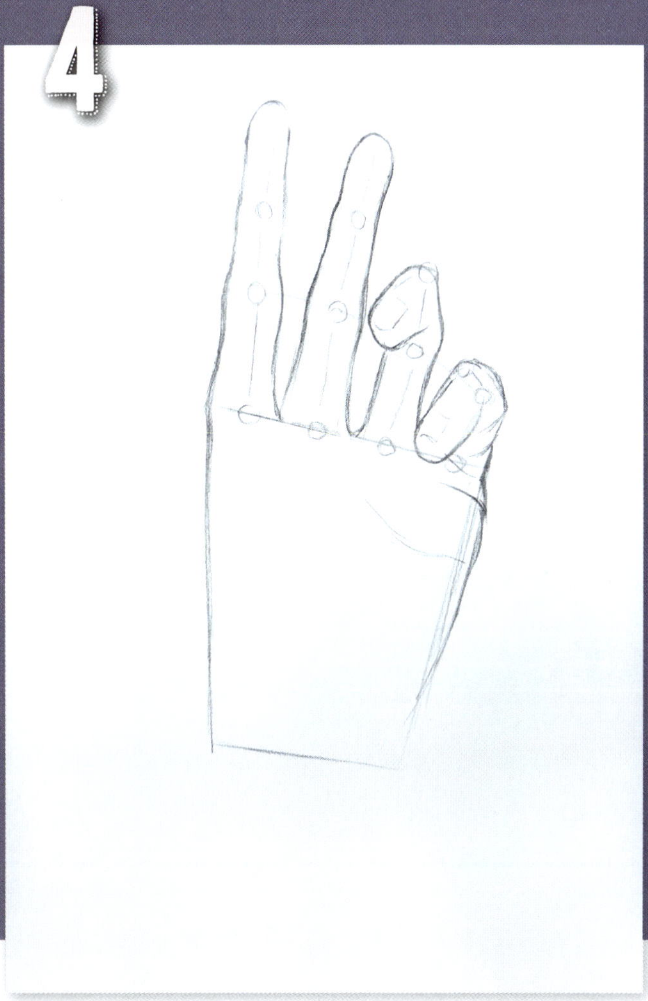

3 Das machst du genauso mit allen anderen Fingern. Die letzten beiden Finger sind abgeknickt, daher ist die Position von den Kreisen etwas anders. Mit Linien kannst du die Richtung bestimmen und dich besser orientieren.

4 Wie auch bei dem Rest von unserem Körper sind die Stellen, wo sich die Gelenke befinden, meist etwas dicker. Das kannst du beim Umranden beachten. Zum Daumen kommen wir gleich.

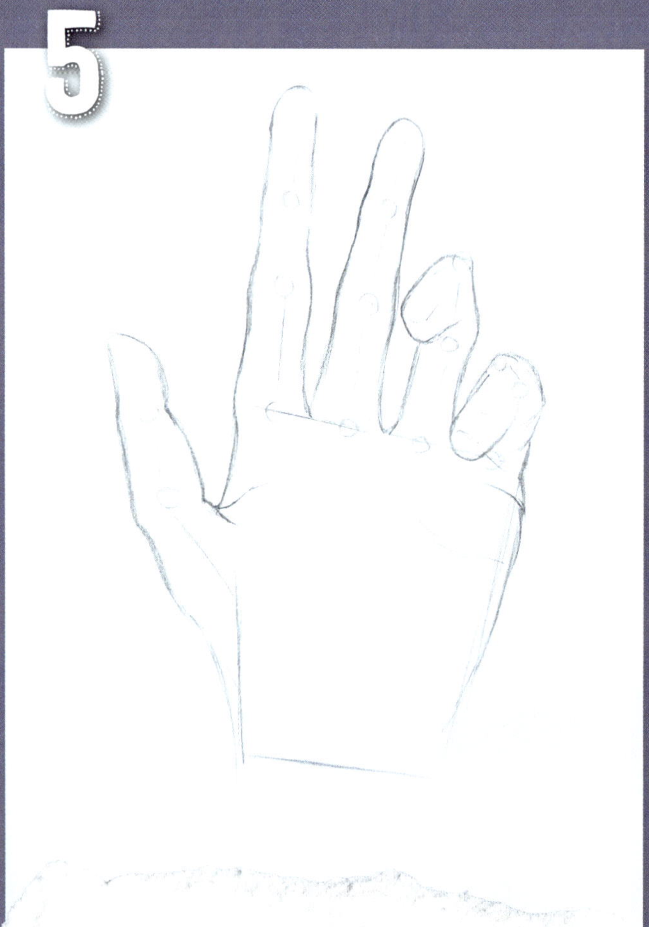

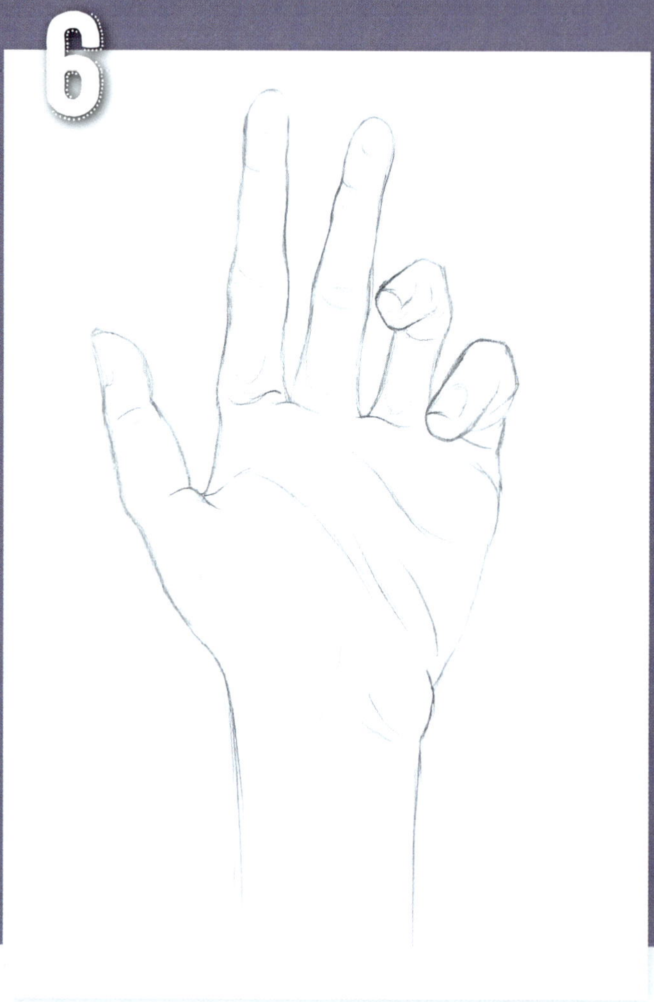

WEITER GEHT'S

5 Beim Daumen gehen wir in ähnlicher Art und Weise vor. Die gebogene Hilfslinie kannst du etwas weiterführen, um die richtige Position ausfindig zu machen. Und genau wie bei den restlichen Fingern zeichnest du erst mal die Kreise und umrandest alles danach.

6 Wenn du das gesamte Gerüst wegradierst und Details wie Falten und Fingernägel andeutest, erkennt man die Hand auf alle Fälle schon sehr gut. Du kannst das Ganze mit jeder Handbewegung machen, die du abbilden möchtest. Mit der Technik, zuerst die Gelenke zu zeichnen, geht das supereinfach.

7

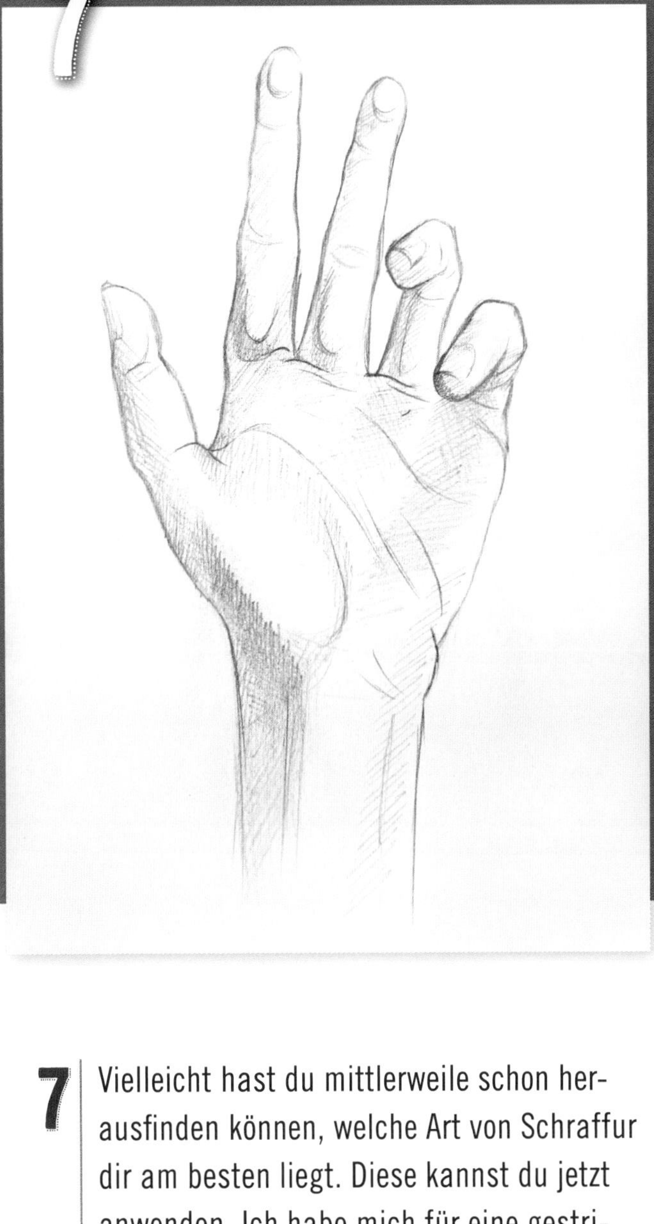

8

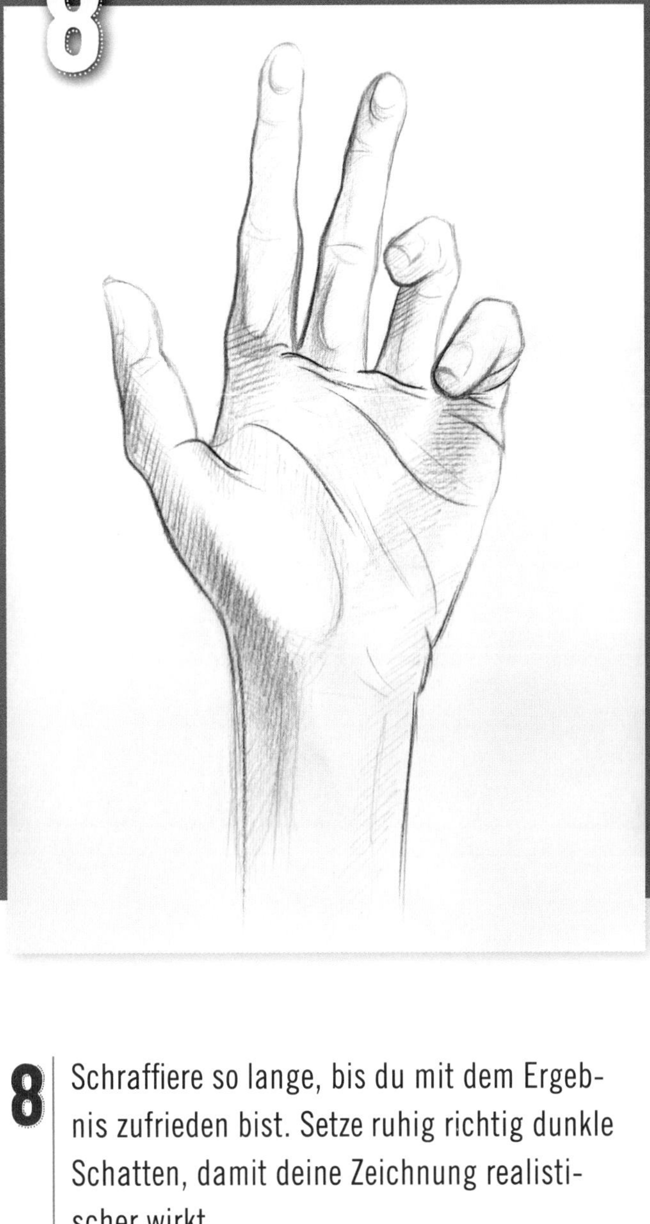

7 Vielleicht hast du mittlerweile schon herausfinden können, welche Art von Schraffur dir am besten liegt. Diese kannst du jetzt anwenden. Ich habe mich für eine gestrichelte Schraffur entschieden. Die sieht bei Körperteilen immer besser aus, wie ich finde, weil sie die Skizzenoptik noch mal unterstreicht.

8 Schraffiere so lange, bis du mit dem Ergebnis zufrieden bist. Setze ruhig richtig dunkle Schatten, damit deine Zeichnung realistischer wirkt.

GESICHT

Das Gesicht ist der spannendste Teil am modernen Menschen, wie ich finde. Du wirst feststellen, dass die Loomis-Methode, die ich dir hier zeige, auf alle Gesichter anwendbar ist. Natürlich ist jedes Gesicht unterschiedlich, und die entsprechenden Gesichtszüge sind individuell anzupassen. Dennoch ist die Vorgehensweise immer gleich beim Zeichnen. Und je mehr Gesichter du skizzierst, desto besser werden deine Ergebnisse sein.

MATERIAL

- BLEISTIFT HB
- SCHWARZER STIFT
- RADIERGUMMI
- LINEAL
- ZIRKEL

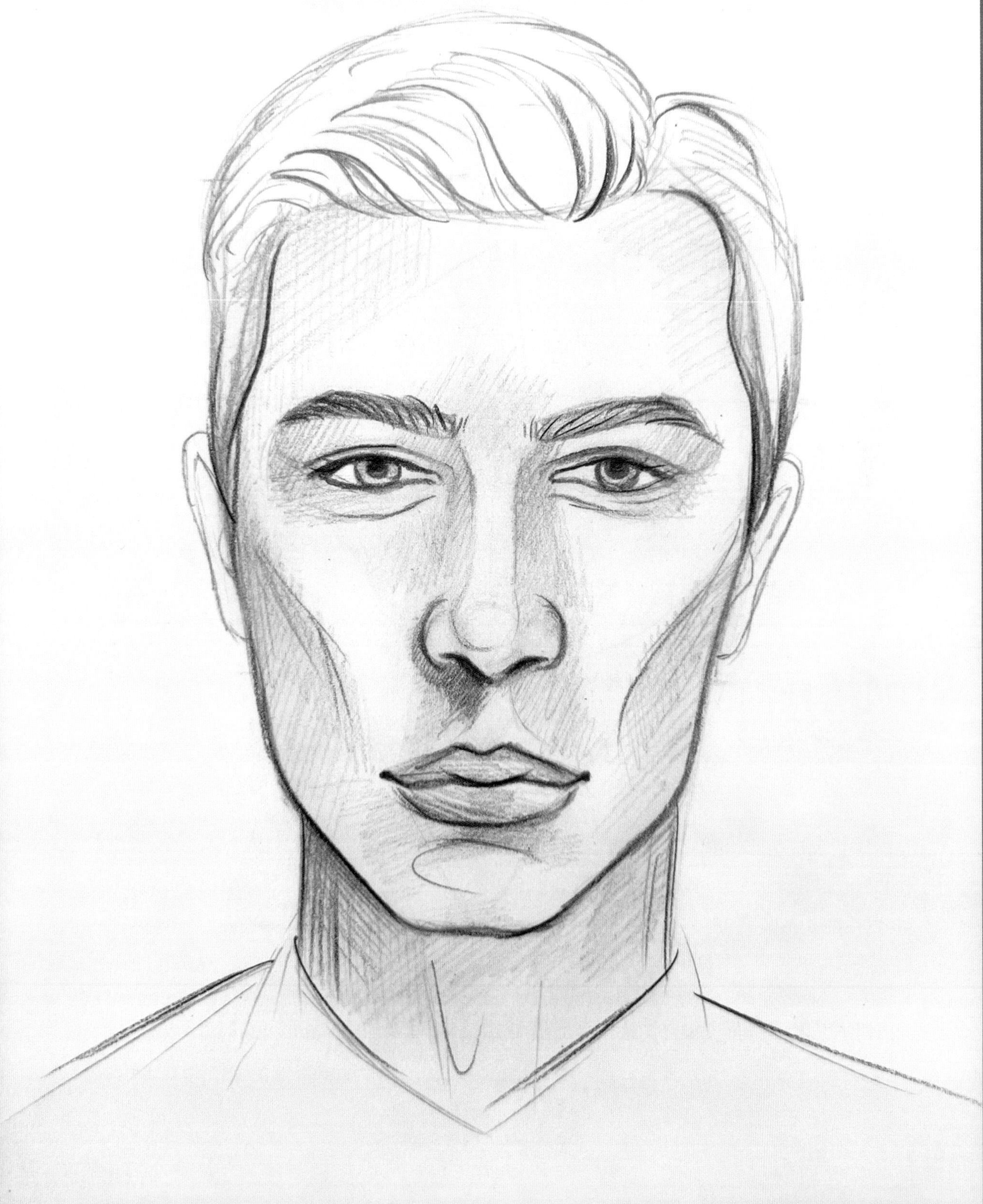

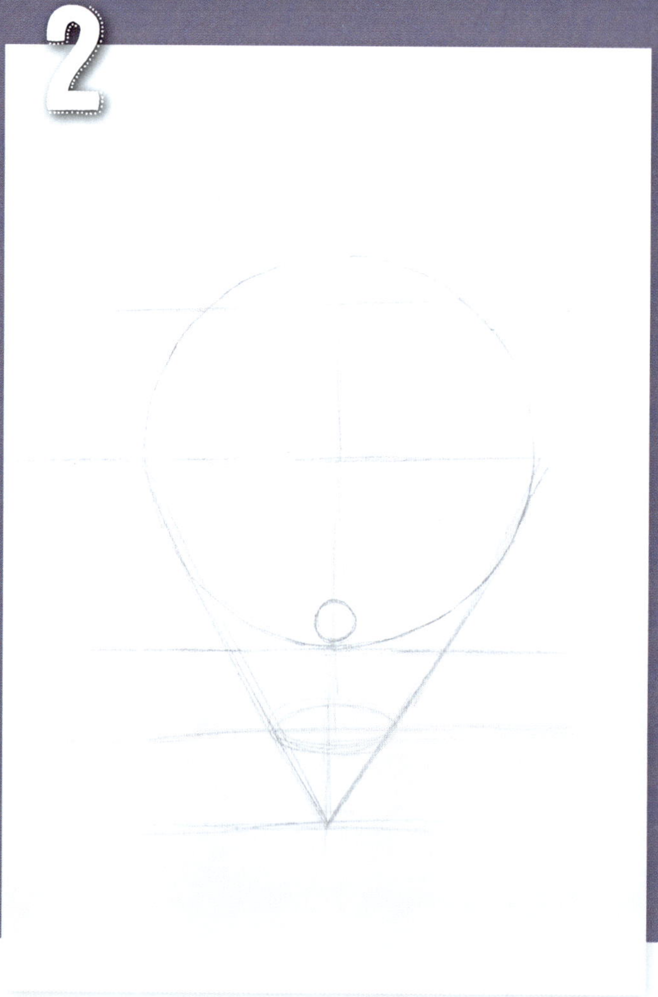

SO GEHT'S

1 Fang mit einem Kreis an, den du in zwei Teile teilst, sowohl horizontal als auch vertikal. Zeichne dann weitere horizontale Hilfslinien ein: eine ein wenig unterhalb vom oberen Kreisende, eine unten am Kreis und eine noch weiter unten, die den gleichen Abstand zur unteren Linie hat wie diese zur mittleren Linie.

2 Bei der Loomis-Methode geht es darum, bestimmte Ansatzpunkte ausfindig zu machen, um von dort aus weitere Gesichtszüge zeichnen zu können. Von ganz unten aus zeichnest du ein Dreieck, welches du mit der zweiten Linie von oben verbindest. Indem du den untersten Bereich halbierst, kannst du die Position für den Mund andeuten.

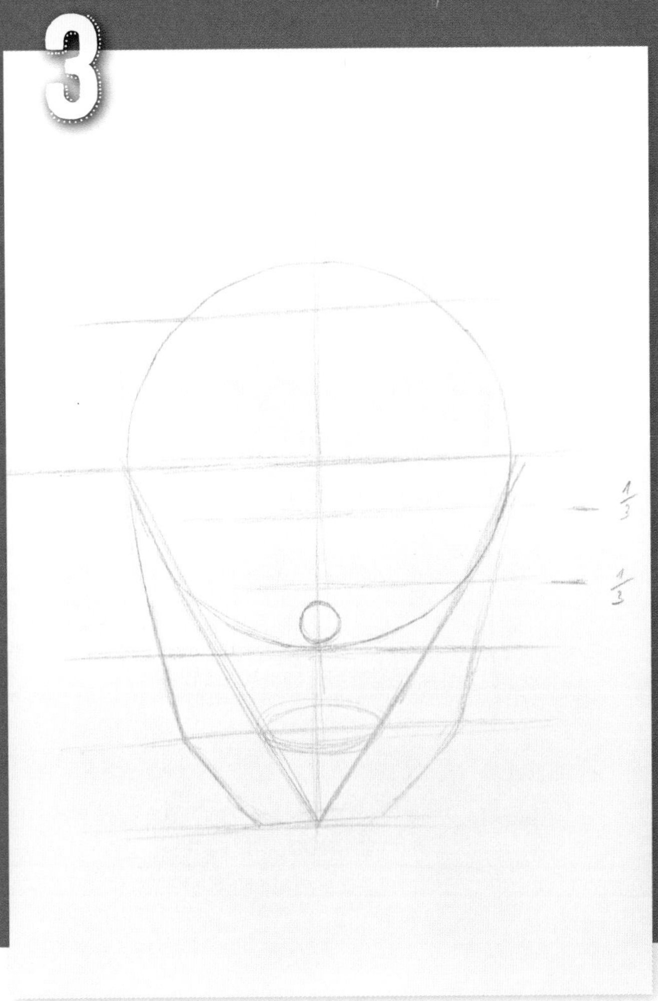

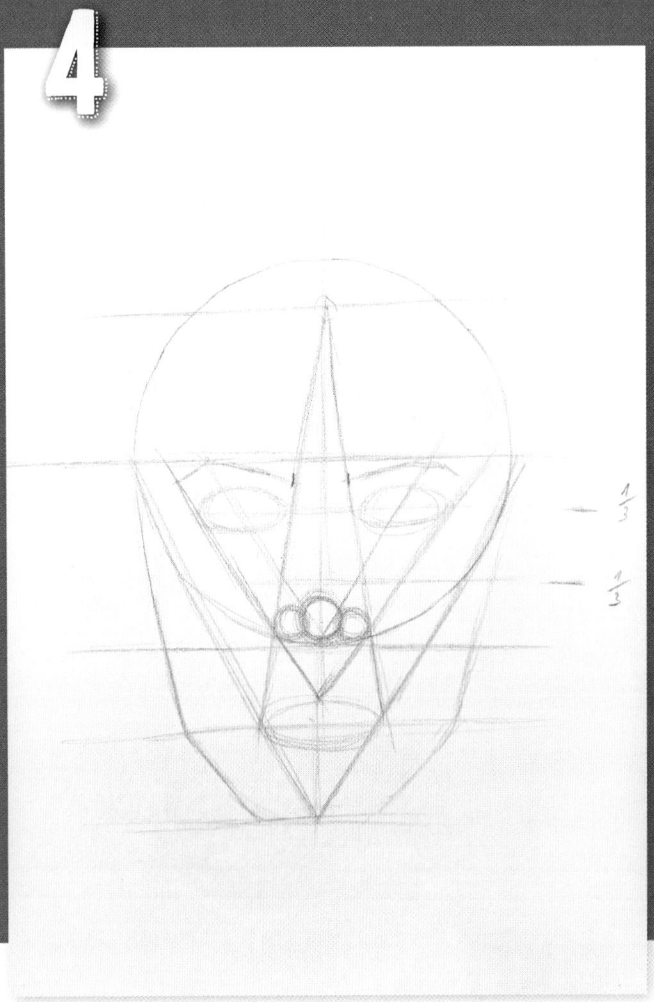

3 Ich habe festgestellt, dass es meist sehr gut hinkommt, die drei Bereiche entweder zu teilen oder noch mal zu dritteln, um das Gesicht weiter zu untergliedern. Mache das mit dem mittleren Teil und deute auch schon mal den Kiefer an.

4 Zeichne nun die Augenbrauen und Augen ein. Die Position für diese findest du heraus, indem du den obersten Punkt an der Stirn mit den Mundwinkeln verbindest. Auf dieser Linie fangen die Augenbrauen und die Augen an. Die Nase liegt genau zwischen den zwei Linien.

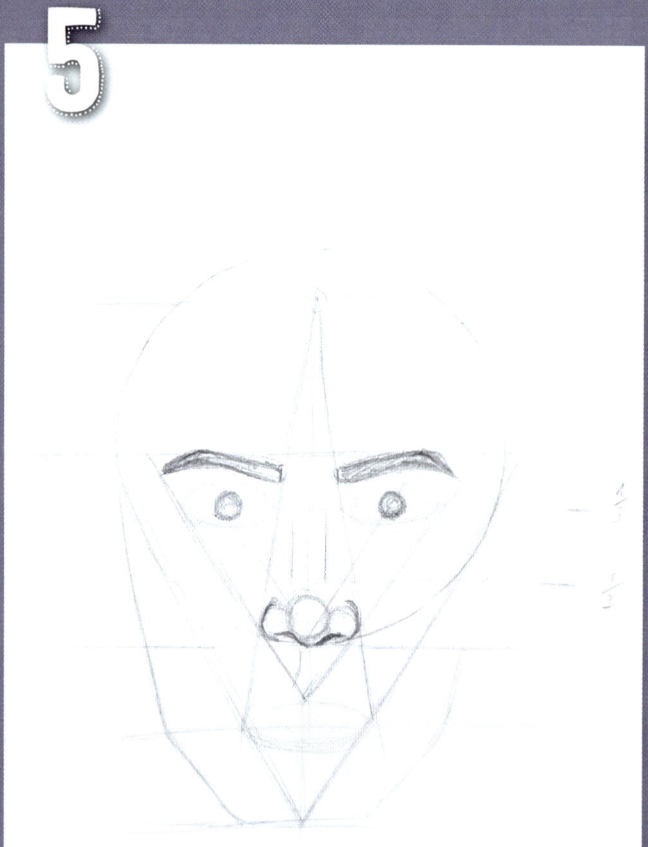

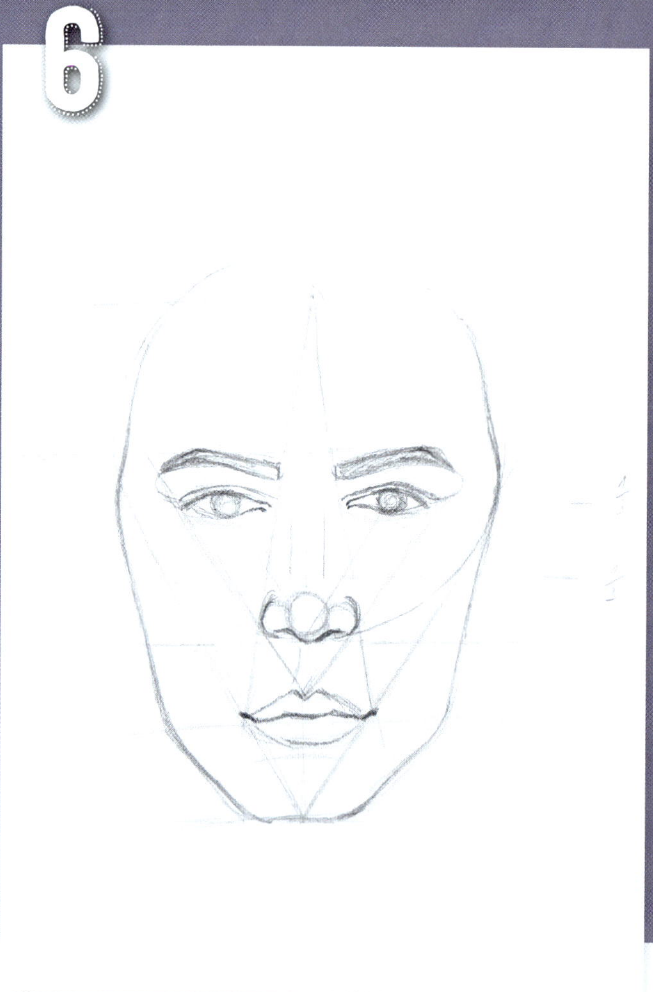

WEITER GEHT'S

5 Nach und nach kannst du dein Gesicht formen und immer mehr Details malen. Beobachte dazu gut deine Vorlage.

6 Du kannst immer mehr Hilfslinien zeichnen. Vielleicht findest du selber noch mehr Zusammenhänge. Auch die Lippen kannst du entweder mit der Methode zeichnen, die du hier schon gelernt hast, oder du orientierst dich an den Hilfslinien.

7

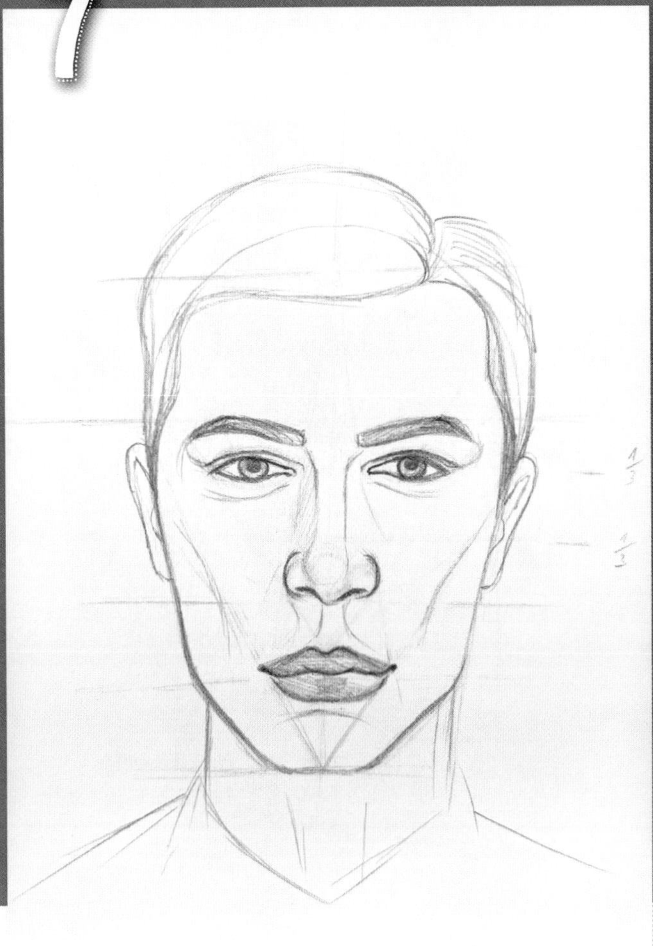

8

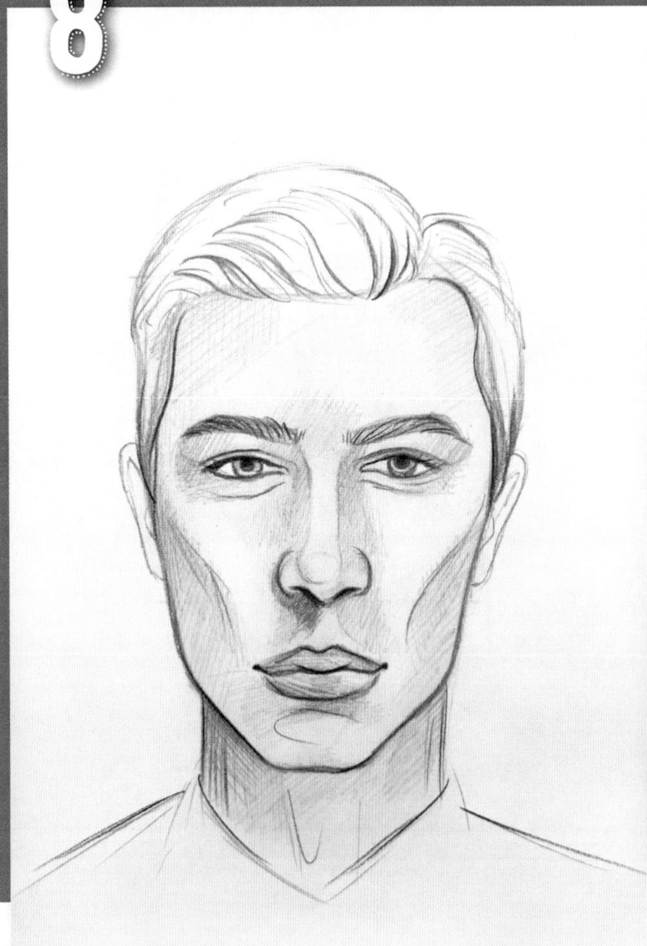

7 Zeichne auch die Haare ein, die Frisur kannst du natürlich selbst wählen. Nach und nach entfernst du dann die Hilfslinien.

8 Zum Schluss kannst du das Gesicht noch schattieren und weitere Haare sowie Falten hinzufügen. Beobachte sehr genau deine Vorlage und wo die Schatten liegen. Beachte, dass es sich dabei um eine Skizze handelt. Wenn du eine fotorealistische Zeichnung erreichen möchtest, dann braucht das meist viele, viele Stunden. Gehe von Bereich zu Bereich und arbeite deine Zeichnung weiter aus.

HAUTTEXTUR

Da du dich genug mit Proportionen auseinandergesetzt hast, lernst du nun noch etwas anderes, und zwar das Zeichnen von Haut. Denn nicht nur die Gesichtszüge sind ausschlaggebend, um eine Person zu zeichnen, sondern auch die Hauttextur. Sie verrät uns unter anderem das Alter der Person. Und die Hauttextur ist bei jedem Menschen total individuell, wie unser Fingerabdruck.

MATERIAL

- BLEISTIFT 3H UND 3B
- SCHWARZER STIFT
- RADIERGUMMISTIFT
- VERWISCHWERKZEUG

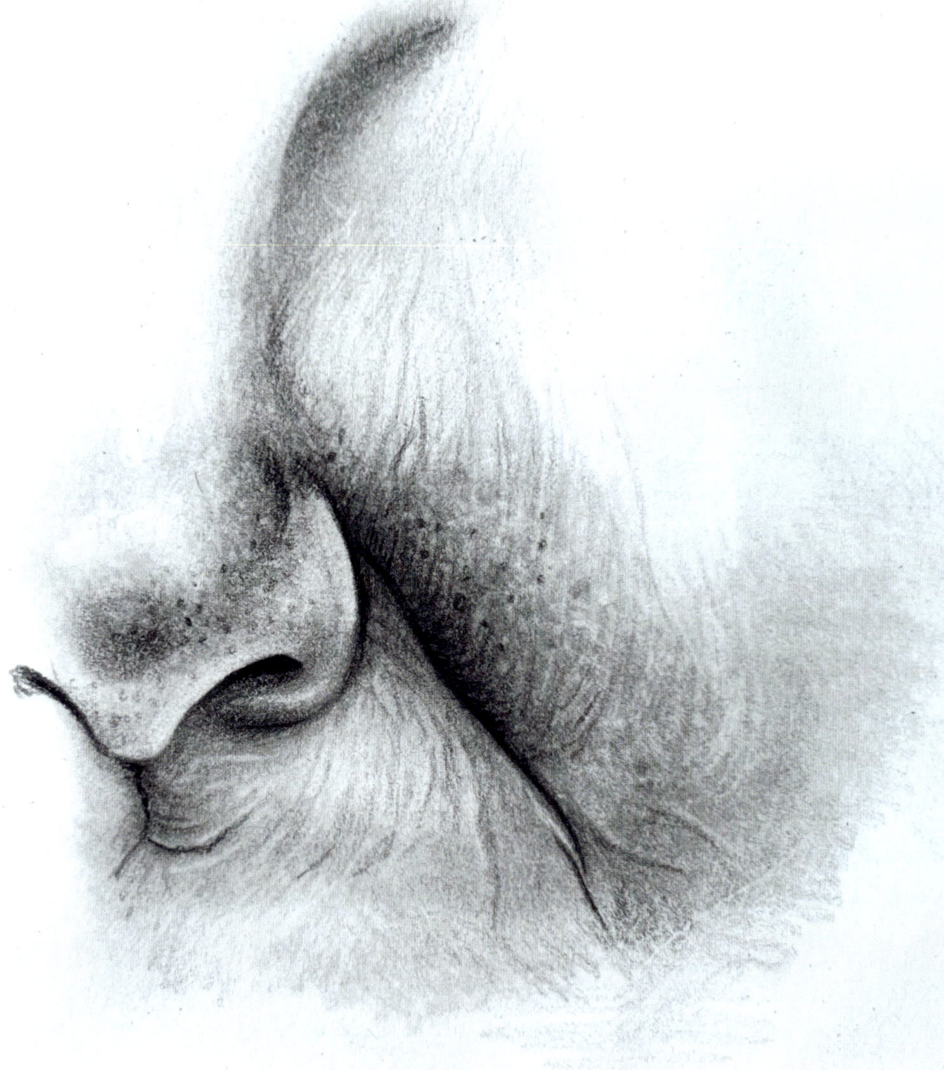

1

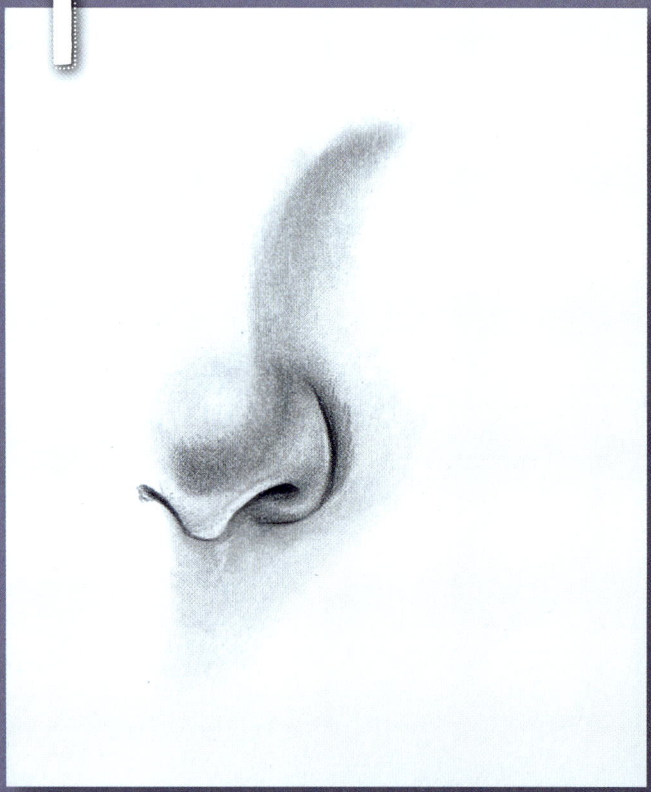

2

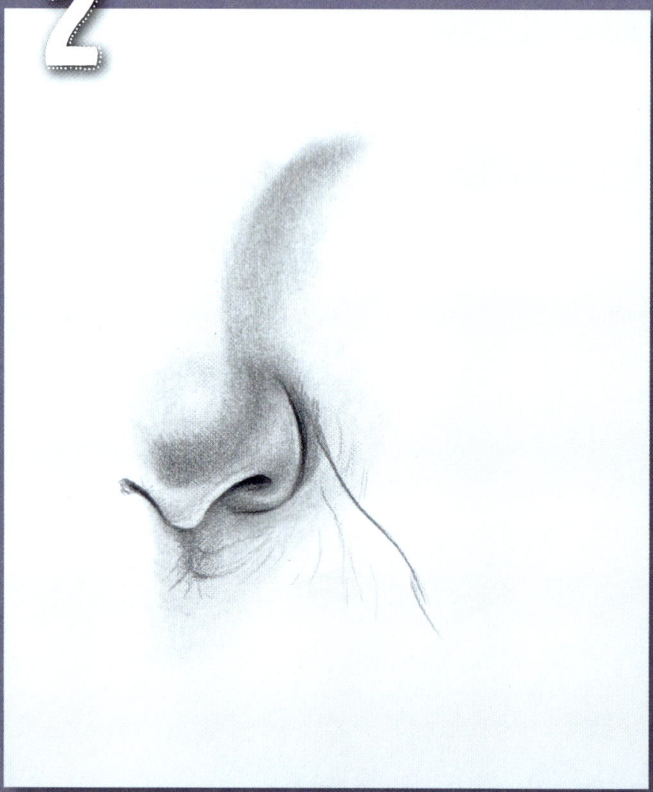

SO GEHT'S

1 Um es verständlich darzustellen, habe ich hier einen Nasenflügel gezeichnet. Diesen kannst du mit dem Tutorial auf den Seiten 174 bis 179 ganz einfach nachzeichnen.

2 Nun kannst du schon mal die ersten Falten leicht andeuten. Dabei kommt es natürlich auf die Person bzw. auf das Alter der Person an, die du zeichnest. Beobachte die Person oder deine Fotovorlage ganz genau.

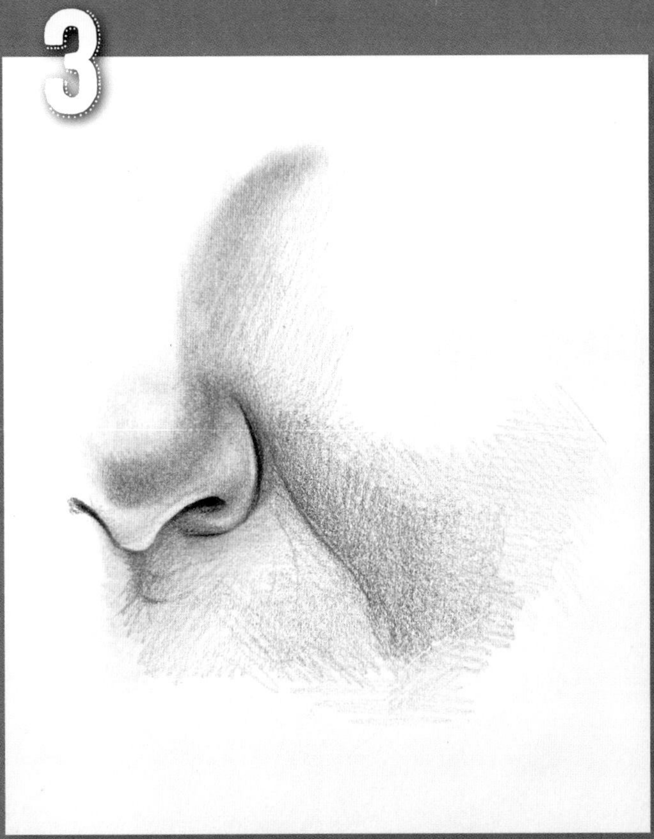

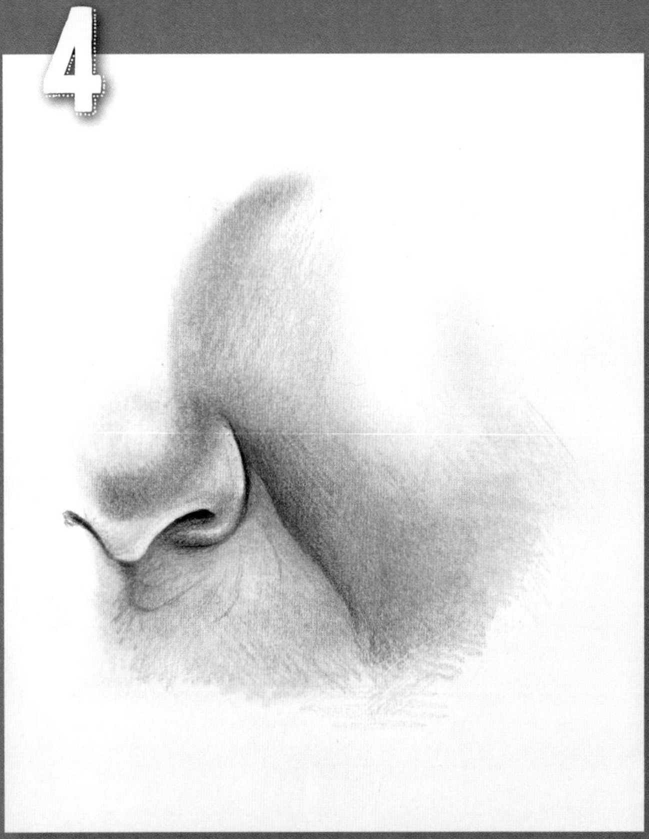

3 Jetzt kannst du an den richtigen Stellen Schatten setzen. Je tiefer die Falte, desto stärker ist der Schatten. Achte in diesem Fall auch auf die Falte vom Nasenflügel.

4 Wichtig ist immer das Verblenden. Es ist eine wesentliche Grundlage für die nächsten Schritte, in denen immer mehr Details einradiert werden. Falls die Falten zu sehr verblassen, kannst du diese noch mal nachzeichnen.

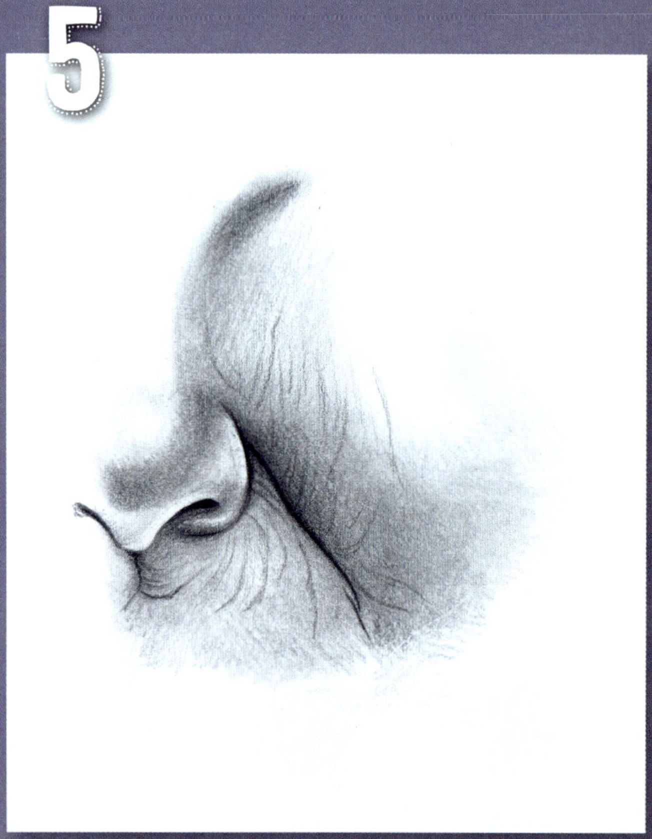

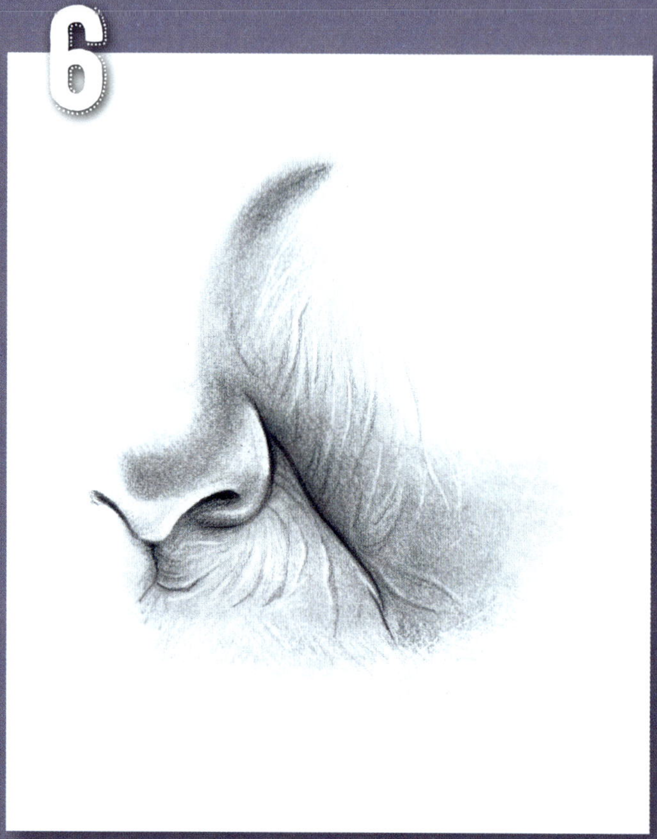

WEITER GEHT'S

5 Zeichne weitere Falten ein, wenn deine Person schon älter ist. Ältere Leute sind superspannend zu zeichnen, wie ich finde. Die Falten laufen immer an den Gesichtszügen entlang.

6 Überall, wo du ein Fältchen gemalt hast, brauchst du jetzt einen superfeinen Lichtreflex. Das machst du wie immer mit einem scharf angespitzten Radierstift. Drücke jedoch nur sehr leicht auf.

7

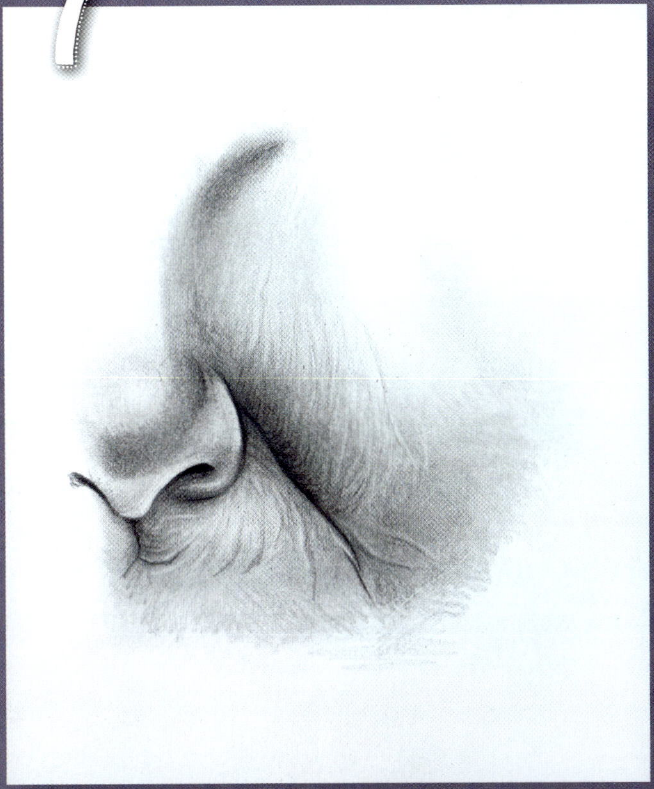

8

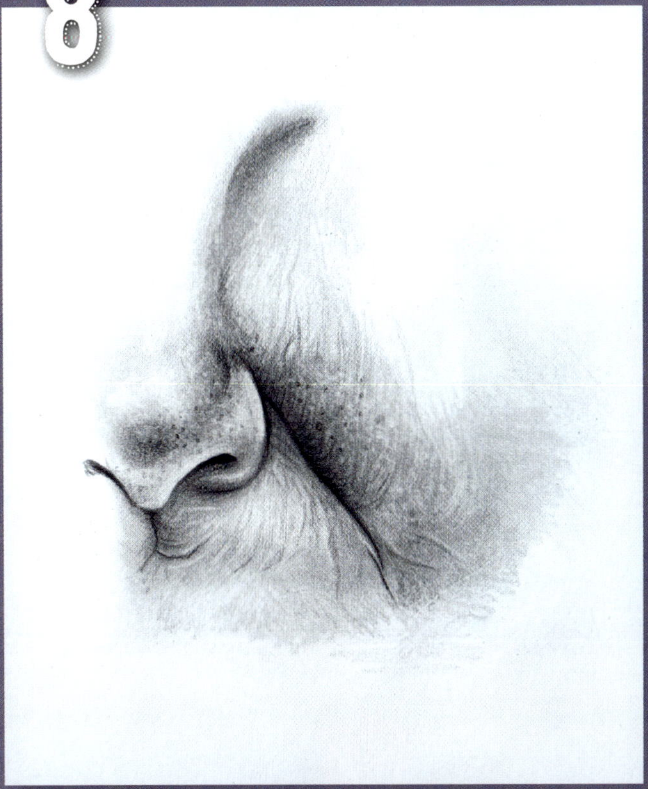

7 Du kannst nun mit einem Bleistift oder schwarzen Stift weitere kleine Fältchen zeichnen. So bekommt die Haut eine schöne Textur.

8 Zum Schluss fehlen noch die Poren. Die hat so gut wie jeder Mensch. Sie sind besonders an der Nase und drum herum zu sehen. Diese kannst du mit einem dunklen Stift zeichnen und zusätzlich ganz viele kleine Punkte mit dem Radierstift freiradieren.

PROFITUTORIAL ASTRONAUTIN

Du bist weit gekommen auf deiner Reise. Merkst du schon, dass du dich weiterentwickelt hast? Je öfter du zeichnest und skizzierst, desto leichter wird es dir fallen, die Anleitungen nachzuzeichnen. Vielleicht hast du ja auch schon eigene Motive aufs Papier gebracht? Hier habe ich noch eine letzte Anleitung für alle, denen es nicht ausreicht, unseren Planeten Erde zu erkunden. Deshalb geht es nun noch mal in den Weltraum.

MATERIAL

- BLEISTIFT HB
- SCHWARZER STIFT
- OPTIONAL: BUNTSTIFTE
- RADIERGUMMI

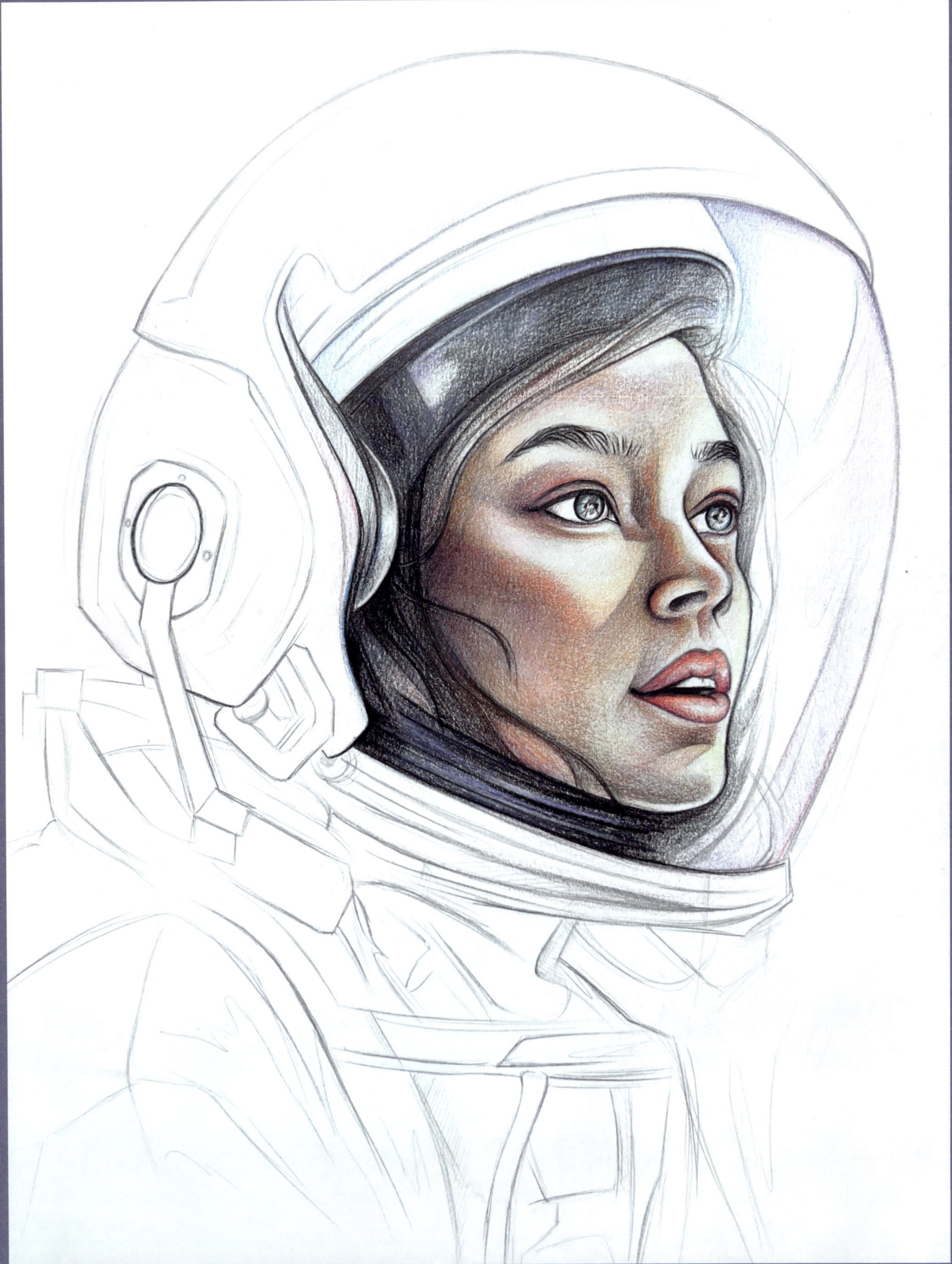

1

2

SO GEHT'S

1 Hier habe ich wieder die Loomis-Methode angewendet. Ich habe mich absichtlich für ein Gesicht entschieden, welches von der Seite zu sehen ist, da es etwas anspruchsvoller ist. Zunächst einmal zeichnest du ein Kreuz, das einmal durch die Augen und einmal durch die Gesichtsmitte geht. Verwende hier gerne die Formentechnik, die du im Grundlagenteil schon gelernt hast, und zeichne das zuerst in deiner Vorlage ein.

2 Unterteile die Linie in drei ungefähr gleich große Abschnitte: Teil eins ist der Haaransatz bis zu den Augenbrauen, Teil zwei sind die Augenbrauen bis zum Nasenende, und Teil drei geht von der Nase bis zum Kinnende. An dieser Basis kannst du dich für die Gesichtszüge orientieren. Je nachdem in welchem Winkel der Kopf steht, können die Abstände zwischen den Markierungen nach unten oder nach oben hin kürzer werden.

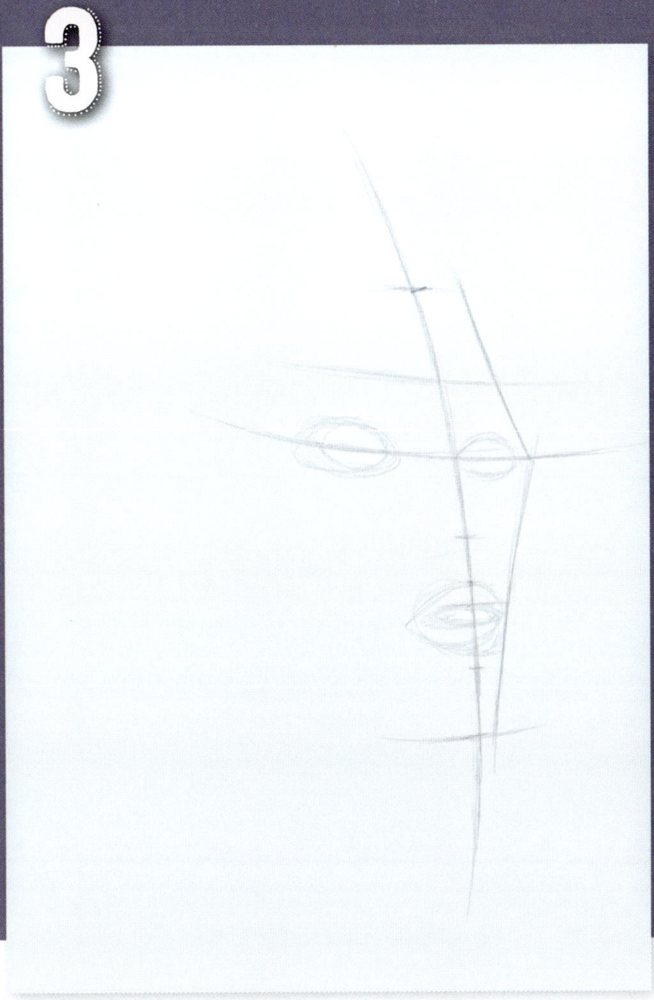

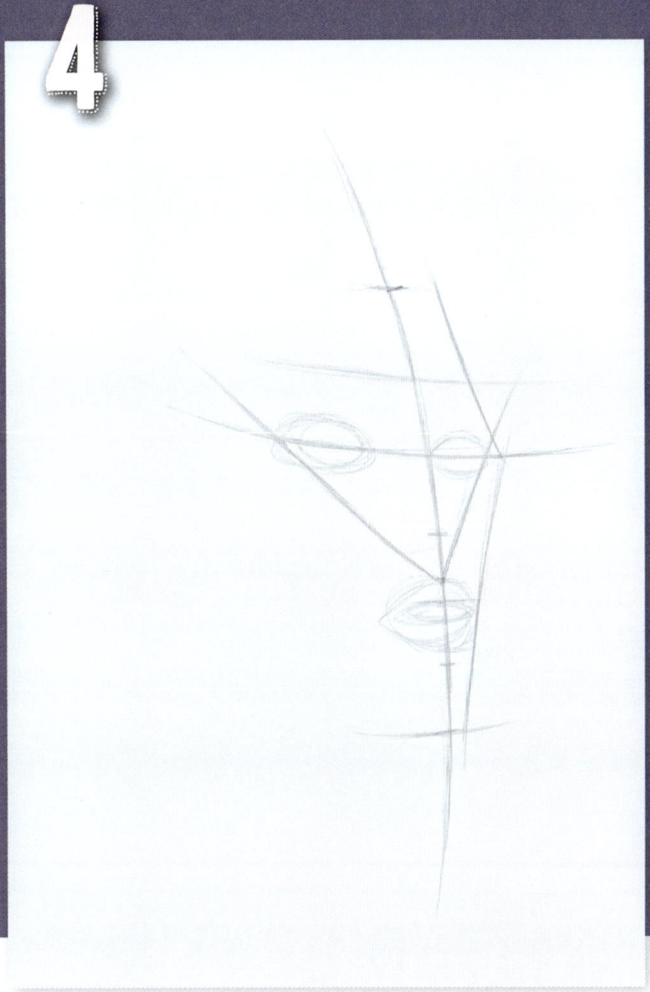

3 Beobachte nun deine Vorlage sehr genau (oder auch dein Raster, wenn du eines erstellt hast). Jetzt kannst du dich an die Gesichtsform herantasten. Achte dabei immer auf die Abstände auf dem Kreuz. Deute Augen, Nase und Mund an. Ich mache das gerne mit ganz groben Kreisen/Ovalen, denn so kannst du schon mal einschätzen, ob du die Proportionen richtig getroffen hast.

4 Ganz genau kannst du das aber überprüfen, indem du die Verbindungen herstellst. Also vom Lippenherz bis zum äußersten Punkt der Augen. Da das Gesicht von der Seite zu sehen ist, ist das kein geometrisches Dreieck mehr, wie es bei einer Frontalansicht der Fall wäre. Diese Methode trifft auf jedes Gesicht zu, denn unsere Anatomie ist dieselbe.

5

6

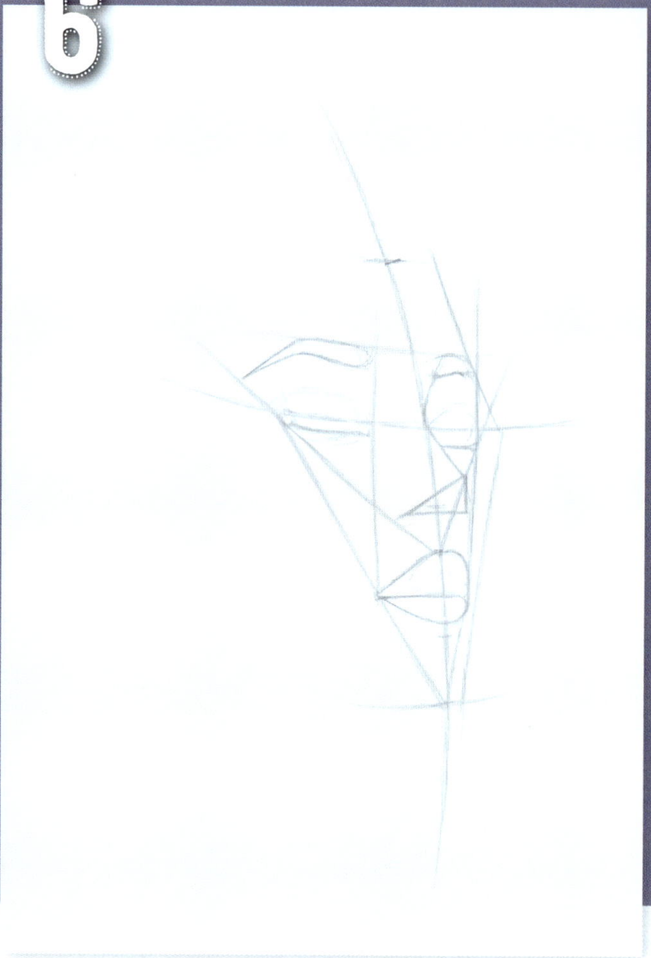

WEITER GEHT'S

5 Schritt für Schritt kannst du weitere Verbindungen herstellen. Von der Mitte des Kinns bis zum äußersten Punkt der Augen. Genau auf dieser Linie befinden sich die Mundwinkel. Deute die Umrisse des Gesichts immer mehr an und zeichne die ersten Konturen.

6 Eine weitere wichtige Verbindung ist die von den Mundwinkeln bis zum inneren Punkt der Augenbrauen. Auf dieser Höhe befinden sich die Augenwinkel. Du kannst dir ja mal ein Lineal schnappen und es an deinem Gesicht ausprobieren. Das hilft dir, die Anatomie besser zu verstehen.

7

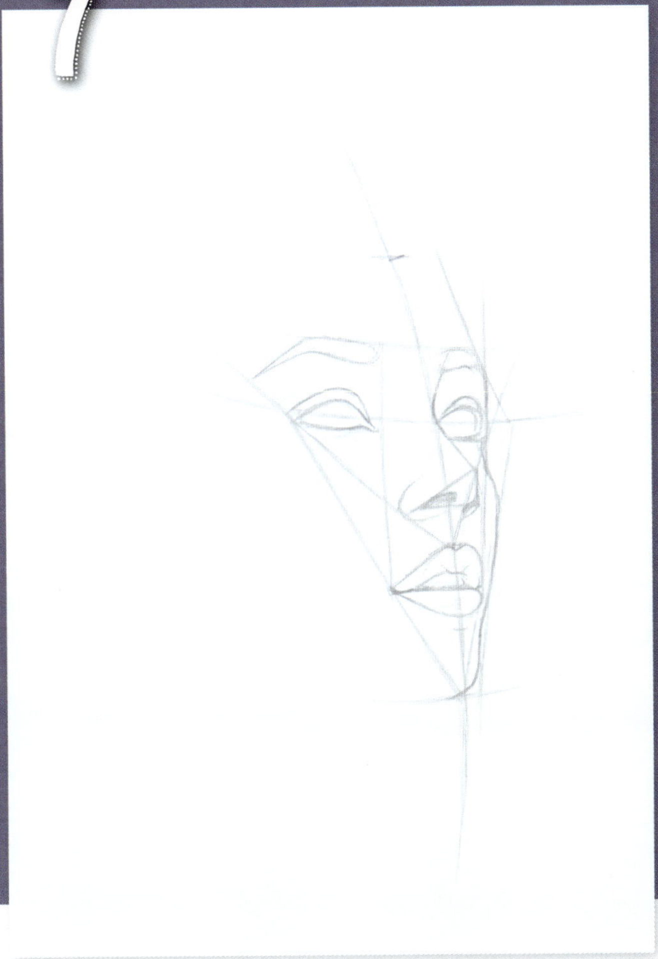

8

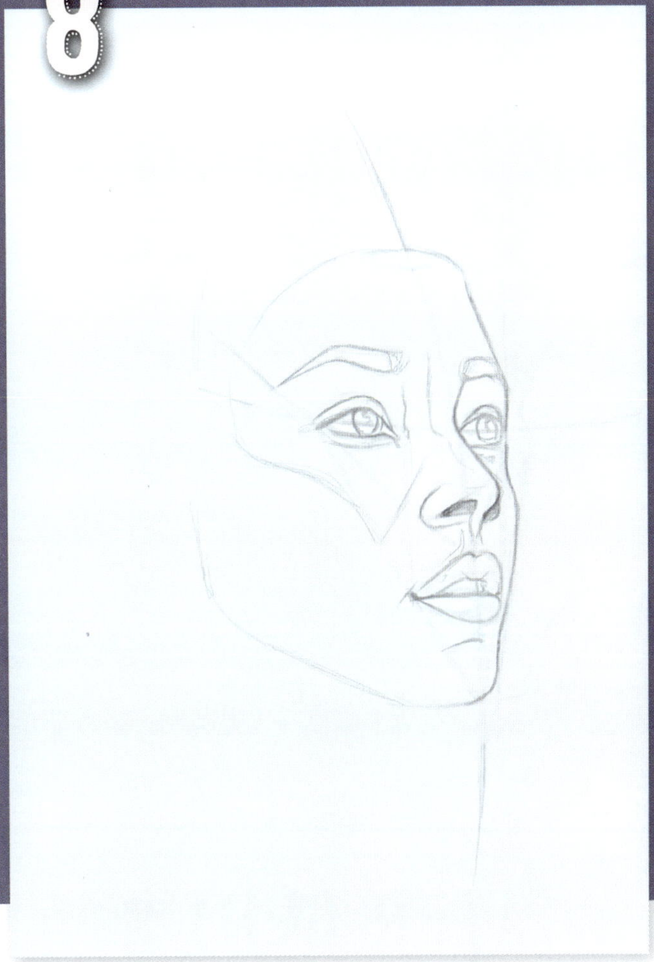

7 Da du die richtigen Positionen nun größtenteils eingezeichnet hast, kannst du die Gesichtszüge immer mehr ausarbeiten und diese in Form bringen.

8 Nun kannst du dich so langsam von den Hilfslinien verabschieden und den Rest des Gesichts zeichnen. Arbeite auch immer weiter Details und die richtige Form aus. Da jeder Mund und jede Nase ganz individuell sind, ist es hier besonders wichtig, deine Vorlage genau zu betrachten.

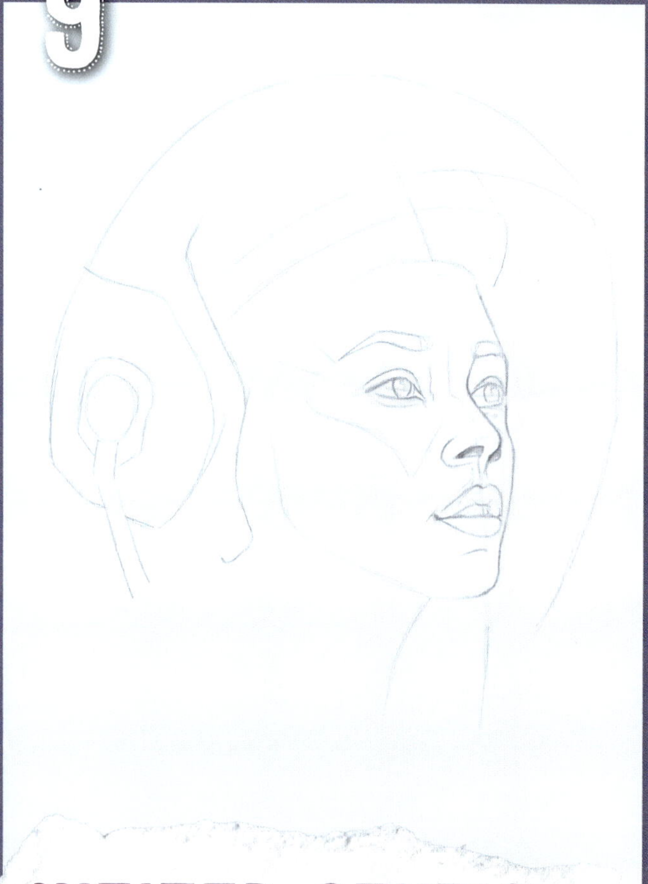

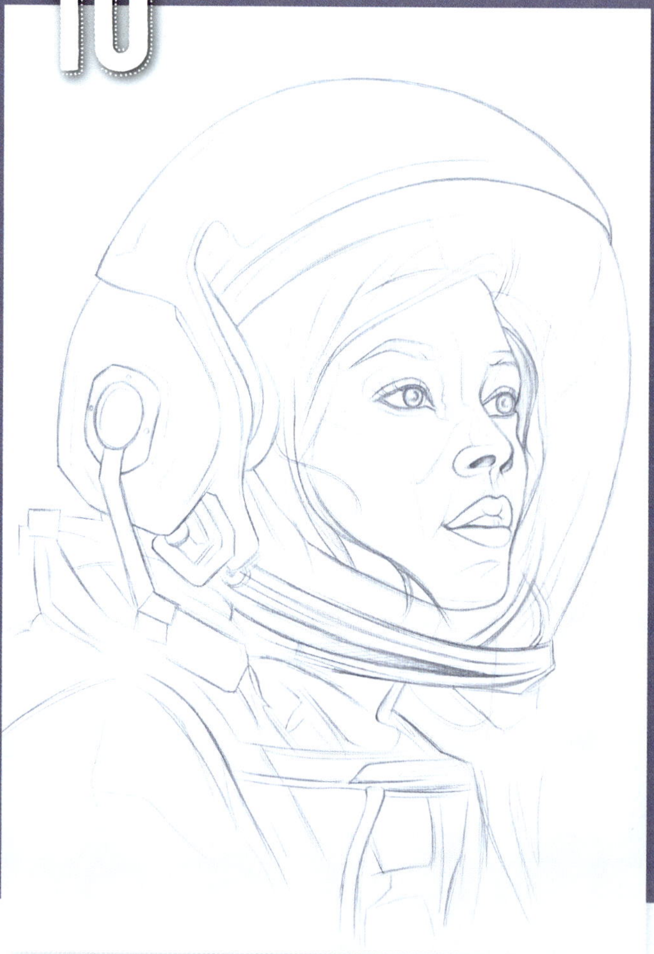

WEITER GEHT'S

9 Da wir ja eine Astronautin zeichnen, darf der Helm auf keinen Fall fehlen. Diesen kannst du auch erst mal ganz vorsichtig anskizzieren und danach immer weiter ausarbeiten. Auch den Körper habe ich ein wenig angedeutet, der Fokus soll jedoch weiterhin auf dem Gesicht liegen, weshalb ich den Anzug nicht sehr detailliert zeichnen werde.

10 Das Gesicht wird von Schritt zu Schritt immer detaillierter. Hier ist es natürlich Geschmackssache, wie weit du ins Detail gehen möchtest. Ich persönlich kenne da kein Halten und will immer mehr Einzelheiten zeichnen.

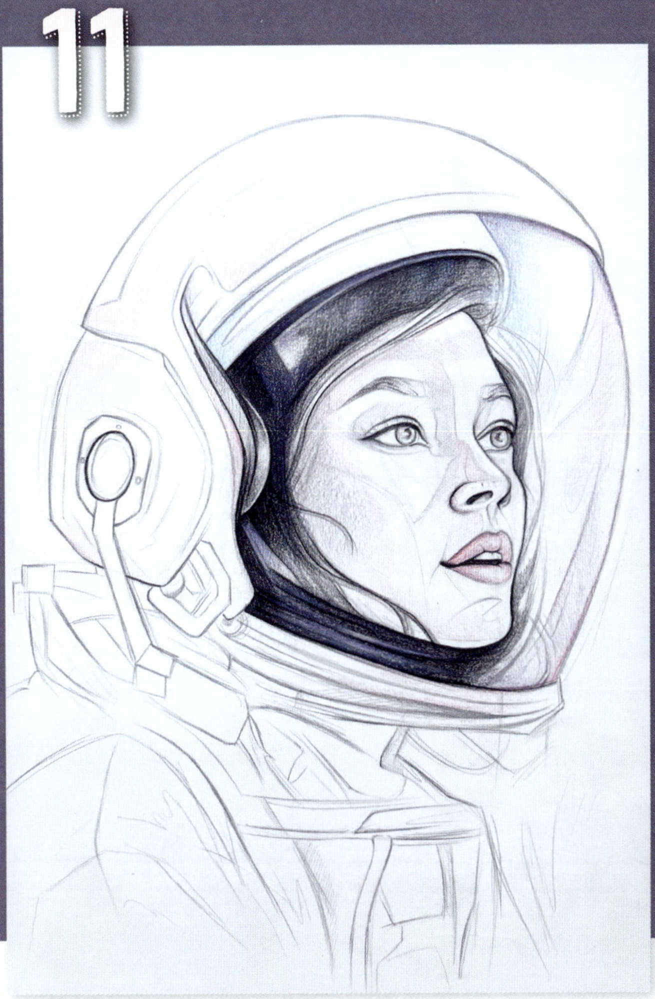

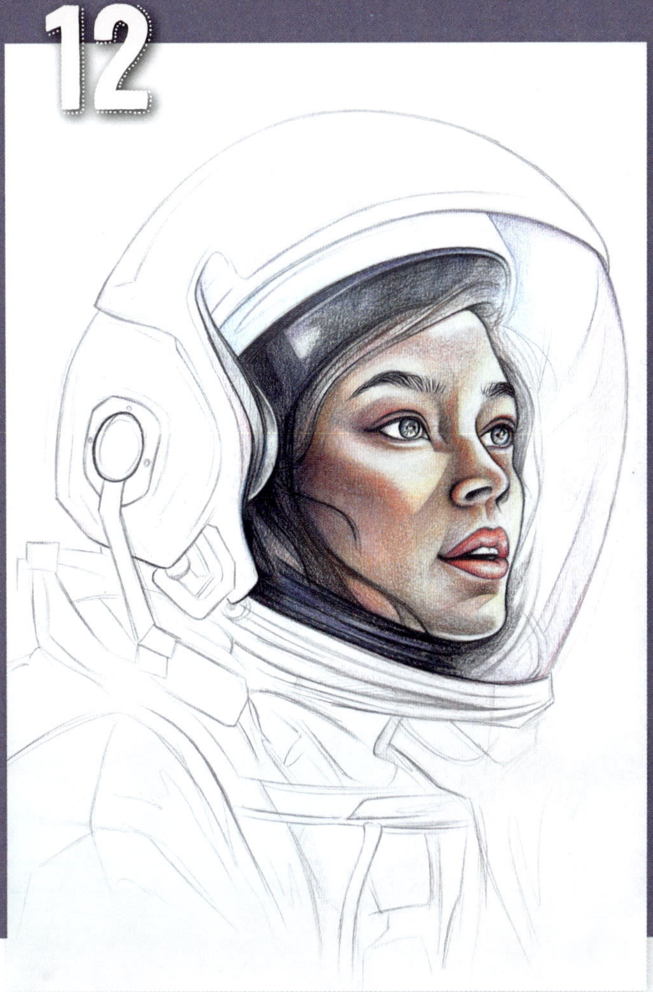

11 Die Zeichnung kannst du nun entweder so lassen oder ausmalen. Ich finde den Sketch-Stil total spannend und habe mich dafür entschieden, die Zeichnung in diesem Stil zu kolorieren, das heißt, nur mit Linien, außer die ganz dunklen Stellen.

12 Mega, du hast es geschafft! So sieht mein Endergebnis aus. Vielleicht hast du ja schon erkannt, dass dies die Zeichnung vom Cover ist. Versuche doch mal, weitere Gesichter zu zeichnen. Ich würde so gerne jedes einzelne Bild ansehen, welches du hier nachgezeichnet hast.

ÜBER DIE AUTORIN

Kristina Konradi (geb. 2001) zeichnet seit ihrem 2. Lebensjahr, weshalb schon früh klar war, dass Kunst eine große Rolle in ihrem Werdegang einnehmen wird. Sie hat eine Ausbildung zur Grafik-Designerin gemacht, arbeitete allerdings nur ein Jahr lang in diesem Beruf, weil sie schnell merkte, dass es ihr viel mehr Freude bereitet, anderen das Zeichnen beizubringen. Seitdem ist sie hauptberuflich Porträtzeichnerin und macht zusätzlich regelmäßig Zeichenvideos auf Social Media. Mittlerweile hat sie auch einen eigenen Onlinekurs, in dem sie ihren Zuschauer*innen das Zeichnen von Beginn an beibringt.

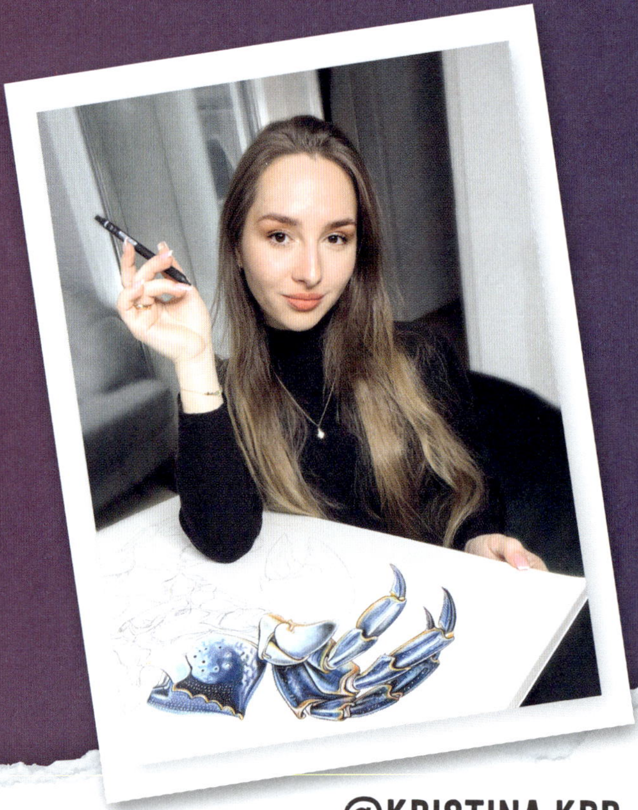

@KRISTINA.KRD

DANKE

Das ist nun wohl der Teil, den kein Mensch liest. Dennoch möchte ich zum Abschluss noch ein paar Sätze loswerden, in der Hoffnung, dass sie die eine oder andere Person erreichen. Zunächst einmal hoffe ich, vielen angehenden Künstler*innen Mut gemacht und viele nützliche Tipps weitergegeben zu haben. Wenn du dieses Buch durchgelesen hast und schon alle Übungen nachgezeichnet hast, hast du bereits einen riesigen Schritt in die richtige Richtung gemacht. Denke daran, dass ich auch mal an deiner Stelle war und mir nie hätte erträumen können, dass ich anderen Menschen das Zeichnen beibringen werde und sogar mein eigenes Buch in den Händen halten werde.

Dieses Buch war für mich ein sehr besonderes Projekt und ich hoffe, diese Erfahrung irgendwann wiederholen zu dürfen. Ich möchte mich an der Stelle ganz herzlich bei dem EMF Verlag bedanken. Das ganze Team hat eine unfassbar gute und professionelle Arbeit geleistet, ohne sie wäre das Buch nicht mal halb so gut.

Und genau so geht der Dank an meine Liebsten: meine Eltern, meine Tante und meinen Partner, die die ganze Zeit über mitgefiebert und mir Mut zugesprochen haben. Denn hinter jedem Erfolg steckt meist ein ganzer Haufen Leute, die sehr wertvoll sind.

Bis zum nächsten Mal!

Eure

Kristina Konradi

IMPRESSUM

Bibliografische Information der Deutschen Bibliothek.

Die Deutsche Bibliothek verzeichnet diese Publikation in der Deutschen Nationalbibliografie. Detaillierte bibliografische Daten sind im Internet über http://www.dnb.de/ abrufbar.

Bei Fragen zur Produktsicherheit wenden Sie sich an

Edition Michael Fischer GmbH
Kistlerhofstr. 70
81379 München
kontakt@emf-verlag.de

EIN BUCH DER EDITION MICHAEL FISCHER

2. Auflage 2025

Cover: Luca Feigs
Layout & Satz: Sabine Mayr
Redaktion und Lektorat: Saskia Hauck

Bildnachweis
Illustrationen von der Autorin, mit Ausnahme der Folgenden: Papierecken: © swavo/Shutterstock; Papierschnipsel: © Krzysztof Bubel/Shutterstock; S. 23 Kreise: © Vlad Ra27/Shutterstock, Spiralen: © Anastasiia Gevko/Shutterstock.

Fotografien von der Autorin, mit Ausnahme der Folgenden: S. 34/35: © Shutterstock.AI/Shutterstock; S. 38: © Shutterstock AI Generator/Shutterstock; S. 42: ©msh11133/Shutterstock; S. 45: © Africa Studio/Shutterstock und © Buch and Bee/Shutterstock.

ISBN 978-3-7459-2411-4

Gedruckt bei PNB Print SIA „Jansili“, Silakrogs, Ropazu novads, LV-2133, Lettland

www.emf-verlag.de